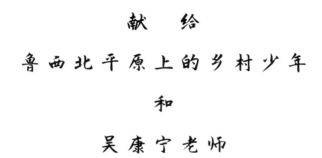

献 给

鲁西北平原上的乡村少年

和

吴康宁老师

本书由聊城大学出版基金资助出版

村庄里的青春期

一部乡村少年的传记

康海燕　著

中国社会科学出版社

图书在版编目(CIP)数据

村庄里的青春期:一部乡村少年的传记/康海燕著. —北京:
中国社会科学出版社,2018.4
ISBN 978 - 7 - 5203 - 2131 - 0

Ⅰ.①村…　Ⅱ.①康…　Ⅲ.①农村—青少年教育—研究—中国
Ⅳ.①G775

中国版本图书馆 CIP 数据核字(2018)第 037823 号

出　版　人	赵剑英
责任编辑	陈肖静
责任校对	韩海超
责任印制	戴　宽

出　　版	中国社会科学出版社
社　　址	北京鼓楼西大街甲 158 号
邮　　编	100720
网　　址	http://www.csspw.cn
发 行 部	010 - 84083685
门 市 部	010 - 84029450
经　　销	新华书店及其他书店

印　　刷	北京明恒达印务有限公司
装　　订	廊坊市广阳区广增装订厂
版　　次	2018 年 4 月第 1 版
印　　次	2018 年 4 月第 1 次印刷

开　　本	710×1000　1/16
印　　张	20.5
字　　数	301 千字
定　　价	88.00 元

凡购买中国社会科学出版社图书,如有质量问题请与本社营销中心联系调换
电话:010 - 84083683

目　　录

目　录

图目录

表目录

第一章　导论

这是一项文化研究，试图运用质性研究的方法，选取一些农村青少年做案例，研究他们的文化状况，了解他们的精神、情感、趣味、价值取向……在此基础上研究其影响因素及其对这些青少年未来生活的影响。

第一节　选题缘由

对于农村和农村青少年的关注源于我的许多亲人、朋友、同学、学生以及身边许多熟识的人，很长时间以来，他们的命运、行为、思想、观念、情感让我感到非常好奇和困惑。当然，这一兴趣的产生经历了相当漫长的时间才逐渐清晰起来。

1981年，我随在西藏工作的父母内调，回到老家山东。最初的两个月，父母还在假期中，还没去工作单位上班，暂住在乡下奶奶家。有一天，村子里有人离世，左邻右舍的人，关系近的去吊孝，关系远的常常去看热闹，人们称为"看哭的"，我也跟着其他孩子一起去看，心里很不理解，丧事这种悲伤的事也能当热闹看？看到丧事的场景时，我是震撼的，场景中的人和事让我觉得丑陋、不堪和怪异。正在我被惊呆的时候，身后传来两个妇女的议论声，一个说"你看你看，儿媳妇哭了吗？"另一个说"儿媳妇不是真哭"。

回老家后，我刚上初中，就在接下来的三四年里，我的那些生活在农村的堂或表的兄弟姐妹就已经依照当时的农村习俗被父母安排好了婚事，找好了媳妇、婆家，订婚了，那时他们也不过十三四岁或十五六岁，这让我觉得不可思议，震惊于那些在旧电影里看到的情节竟然出现在今天的现实生活里。上高二时，我又惊讶地听说，班里的一个农村同学已经在父母授意下"成亲"了。我很困惑，这一切给当时的他们带来怎样的心理感受？他们之间怎样谈论他们的"婚事"以及他们的"对象"？多年后，一个表哥结婚、离婚、又结婚，一个堂妹与人私奔，过了没多久又回娘家，最后还是被家人安排了另一门婚事，还有两个堂妹，成年后，由于种种原因，退掉了当年的婚事，另寻了亲事。

脏话是一个民族语言中必不可少的部分，中学正是学习脏话的年龄，进入新的学校，我也开始学习这个"课程"。由于缺少相关的习俗知识的储备，我被同学们的脏话搞得晕头转向，在和同学们的"口仗"中显得像个白痴。不过我还是努力地"学习"，一边学一边在心里分析这些脏话的含义，试图理解它们在这个文化系统里成为羞辱性话语的内在逻辑，其实，有些话至今我也只理解它的字面含义，无法解释它成为羞辱性话语的奇怪逻辑。

很多年过去了，这些事一直让我不能忘怀。不仅如此，我与家乡习俗和观念的冲突始终伴随着我，给我的思想、感情和生活带来种种困扰，也因此深刻地影响了我对生活的感受、判断和选择。

现在，我希望能从社会学、人类学的视角去考察，这块土地上的、曾让我觉得如此怪异的习俗背后的文化心理和文化逻辑究竟是怎样的？它又如何影响下一代的农村孩子的生活、心理和行为？我想知道，学校、学习、谋生、家庭、婚姻、父母、恋爱、生育、日复一日的生活……，所有这一切，对这些孩子来说，究竟是怎样的？意味着什么？他们如何思考和应对这些事件？……

80年代以来，中国的城市和农村发生了巨大的变化，但城乡间的差别依然存在，或许更大了。事实上，城市孩子和农村孩子生活在两个世界，他们不是同一类人。但无论如何，今天农村孩子的生活与上世纪八、九十年代大不相同了：多数孩子没有那么多兄弟姐妹，很多孩子的父母去城市打工，电视成为他们生活的一部分，网络、手机也不再是新鲜物品……，这一切使得他们的生活比上世纪末的农村孩子更加复杂，毫无疑问，这种复杂性会影响他们对世界、社会、家庭、父母、他人以及他们自己的看法，使得他们的文化无论与其父辈还是与今天的城市孩子相比，都呈现出不同的面貌。

有必要研究这个群体的生活，不仅因为其众多的人口数量，更因为在今天中国社会急剧变化，特别是城市化过程中，这个群体的现状和变化是整个农村变化的一部分，不仅是农村现实的一部分，更是农村的未来。对这些农村孩子来说，已经无法形成对农村和农村生活的心安理得的接纳，而城市作为一个想象中的精彩世界，充满了吸引力或者诱惑。在这个过程中，城市化对于农村青少年具有比他们的父辈、比城市孩子更不同于一般的意义。无论在生活，还是心理上，他们都将面临着比其他群体更为剧烈的震动和不安。因此，社会、国家和成年人不仅应当关注农村青少年的生活和教育状况，更应当关注他们的精神、情感和价值的世界。

第二节　研究的问题、目的、意义

一　研究的问题

本课题研究的主题是：农村青少年的文化状况及其影响因素。这个主题可以分解为以下几个问题。

第一，农村青少年的文化状况怎样？价值取向如何？具有怎样的特点？

第二，形成农村青少年文化的这些特点的影响因素有哪些（社会的、政治的、地域的、家庭的……）？

第三，农村青少年的文化状况对其未来的生活会产生怎样的影响？

二　研究的目的

中国正经历着一次社会变迁，在这个过程中，每个年轻人的生活都表现出与其父辈们完全不同的面貌，这种面貌所表现出来的种种特点反映的是与以往完全不同的物质基础、社会结构基础和文化意识。

对此，我的这项研究的目的是：描述社会变迁（或"转型"）过程中中国农村青少年的文化（或"教育"）生活状况，分析这一状况所反映出的社会问题，试图从这一角度了解在社会转型过程中，中国当代农村青少年的生活及生存状况，了解他们的社会处境，并希望能在此基础上进一步研究这种处境对其未来生活可能产生的影响。

三　研究的意义

无须过多地强调文化的重要性，卡西尔说"人是符号的动物"，符号正是一个群体文化的最深刻的象征物，从这个意义上讲，人是文化的动物。

依据社会学的观点，"所有社会的整合都依赖这样一个事实：它们的成员是在共同文化造就的结构化的社会关系中被组织起来的。没有社会，文化就不可能存在；反之亦然，没有文化，社会也不可能存在。没有文化，我们便根本不能被称为通常意义上我们所理解的'人'。我们将失去表达自我的语言，没有自我意识，我们的思考和推理能力也将受到极大的限制。"① 可见，文化是人之所以成为人的标志，也是通过文化，人的集合成为社会。此外，"社会化是一个过程，通过这一过程，无助的婴儿逐渐变成一个有自我意识、有认知能力的人，并对她或他生于其中的文化谙熟在胸"。② 从这个意义上讲，社会化的过程就是文化习得的过程。毫无疑问，对正在成长的、社会化过程中的青少年来说，文化更具有非同寻常的意义。正是通过文化，青少年逐渐确立起自己的角色，并建立起相应的社会认同和自我认同。因此，青少年文化的研究是有意义的。

从20世纪20年代起，青少年文化就成西方社会学研究的领域之一。西方对青少年亚文化的研究最初是由美国20世纪20年代青少年犯

---

① ［英］安东尼·吉登斯：《社会学》，赵旭东等译，北京大学出版社2003年版，第29页。
② 同上书，第36页。

罪、学校冲突等青少年成长过程中的社会和教育问题引发的。与西方不同，由于生产力、经济发展、文化传统、政治背景等多方面的原因，农村对中国社会具有非常复杂的意义，不仅意味着落后的生产方式和经济发展水平，还意味着民族传统和生活方式，甚至意味着某种政治和社会的身份和地位。因此，在中国，农村以及农村研究具有与西方不同的意义，从这一立场上讲，对"农村"青少年文化的研究是有意义的。

第三节　相关概念

一　文化

"文化"是一个抽象而含义丰富的概念，历来对它的解释非常多。

从词源上讲，在西方，"文化"一词来源于拉丁文"culture"，原义是"可以表达耕种、居住、敬神和保护当中的任何意义"，其最初的意义就是耕作和饲养活动。古罗马的西赛罗把文化的初始意义引申为培育人类心灵。到18世纪，文化"差不多成了'文明'的同义词，意指一种普通的知识、精神和物质进步的过程"。[1]

在汉语中，"文"既指文字、文章、文采，又指礼乐制度、法律条文等，"化"是"教化""教行"的意思，就社会治理的角度而言，"文化"是指以礼乐制度教化百姓。《词源》对此有所解释。

> 文化：文治和教化。汉刘向《说苑·指武》"凡武之兴，为不服也，文化不改，然后加诛"。《文选》束广微（晳）《补亡诗·由仪》"文化内辑，武功外悠"。……[2]

可以看出，东、西方"文化"概念的原始意义是不太一样的，西方"文化"一词的引申意义与中国"文化"的原始意义很接近，都有

---

① 曾军：《文化批判教程》，上海大学出版社2008年版，第17页。
② 《辞源》，商务印书馆1988年版，第734页。

"教化"的含义。

《不列颠百科全书》对"文化"一词的解释是：

　　　　文化：人类知识、信仰和行为的整体。在这一定义上，文化包括语言、思想、信仰、风俗习惯、禁忌、法规、制度、工具、技术、艺术品、礼仪、仪式及其他有关成分。文化的发展依人类学习知识和将知识一代代传下去的能力而定。社会科学家和人类学家对人类文化提出多种定义，代表各学派的思想。E. B. 泰勒在所著《原始文化》（1871）一书中，曾提出学术界公认的对文化一词的经典性定义，即文化包括作为社会一名成员的人所获得的全部能力与习惯。每一人类社会都有它自己特定的文化或社会文化体系，并在某种程度上与其他体系相重叠。社会文化体系的差别与生存环境及资源有关；与诸如语言、礼仪和风俗习惯等活动领域所固有的可行性范围，以及与工具的制造和使用有关；并与社会发展程度有关。个人的态度、价值、理想与信仰，受其生活中文化的影响很大；而个人当然也可能生活在或来往于几种不同的文化之中。①

《中国大百科全书》梳理了历史上重要的人类学家有关"文化"的定义，列举了他们对"文化"的诸多解释，最后引用了美国文化人类学家 A. L. 克罗伯和 K. 科拉克洪在 1952 年出版的《文化：一个概念定义的考评》一书中的定义，即：

　　　　文化存在于各种内隐的和外显的模式之中，借助符号的运用得以学习与传播，并构成人类群体的特殊成就。这些成就包括他们制造物品的各种具体式样，文化的基本要素是传统（通过历史衍生和由选择得到的）思想观念和价值，其中尤以价值观最为重要。②

---

① 《不列颠百科全书》（第五册），中国大百科全书出版社 1999 年版，第 55 页。

② 《中国大百科全书》（社会学分册），中国大百科全书出版社 1991 年版，第 409 页。

这是《中国大百科全书》在考察和分析了160多种文化定义的基础上选择的一个综合定义，是为许多现代西方学者所接受的定义。

A. L. 克罗伯和 K. 科拉克洪对他们收集到的文化定义按一些基本主题作了归类，"归类的结果得出9种基本的文化概念：它们分别是哲学的、艺术的、教育的、心理学的、历史的、人类学的、社会学的、生态学的和生物学的"。[①] 当然，这9种文化定义实际上是对西方文化观念发展历史的一个概括。

众多关于"文化"的定义表明，"文化"在诸多学科中被视为非常重要的概念，也说明人们可以从不同的角度去观照和解释"文化"。

不仅如此，"文化与时代发展的节奏永远是同步的，与不断变化的社会现实永远是形影相随，它永远具有毋庸置疑的当代性"。[②] 而在今天的全球化语境中，"文化的边界"敞开大门，文化的概念也不断扩展。

（文化是）一个有机的能动的总体，它关涉到人们观察和解释世界、组织自身、指导行为、提升和丰富生活的种种方式，以及如何确立自己在宇宙中的位置。[③]

这是 D. 保罗·夏弗给文化的定义。从这一总体视野的文化观念出发，他认为文化可以看作是一棵根深叶茂的大树，具有树干、树枝、树叶、根茎、花朵和果实，打个比方，神化、宗教、伦理、哲学、宇宙观和美学构成根茎，经济和军事体系、科学技术、政治意识形态、社会结构、环境政策和消费行为构成树干和树枝，教育体系、文学和艺术作品、精神信仰、道德实践等则为树叶、花朵和果实。这一方面显示了文化是一个总体，另一方面也突出了文化各个部门密不可分的相互依赖的交叉关系。从这个意义上理解，文化涵盖了人类生活的方方面面。

---

① 陆扬、王毅：《文化研究导论》，复旦大学出版社2006年版，第3页。
② 同上书，第8页。
③ ［加拿大］D. 保罗·夏弗，转引自陆扬、王毅《文化研究导论》，复旦大学出版社2006年版，第8页。

1983 年在墨西哥城举行的第二届世界文化政策大会上，联合国教科文组织成员国给文化作了这样的定义：

> 文化在今天应被视为一个社会和社会集团的精神和物质、知识和情感的所有与众不同显著特色的集合总体，除了艺术和文学，它还包括生活方式、人权、价值体系、传统以及信仰。[①]

在这个定义中，文化不再局限于艺术、过去的优秀遗产以及当代的优秀思想，而将日常生活的方方面面都包括了进来。这样一来，文化就是错综复杂的意义和意识的社会生产和再生产、消费和流通的过程。也正是在这一意义上，普通人的日常生活、儿童的成长世界、现代网络时空……呈现出前所未有的迷人色彩和特殊含义，具有了文化的意义，成为文化研究的一个领域。文化不再是少数精英的特权，文化研究的目光开始投向芸芸众生的庸常生活，文化成为"平常之事物"。

既如此，文化研究的内容是什么呢？这需要首先对文化的基本要素作一些分析。综合上述对文化的考察，可以分析出文化的一些基本构成要素：[②]

第一，精神要素，主要指哲学和其他具体科学、宗教、艺术、伦理道德以及价值观念等，其中尤以价值观念最为重要，是精神文化的核心。

第二，包括语言在内的各种符号。

第三，规范体系。规范是人们行为的准则，有约定俗成的如风俗等，也有明文规定的如法律条文、群体组织的规章制度等。

第四，社会关系和社会组织。社会关系和社会组织紧密相连，成为文化的一个重要组成部分。

第五，物质产品。经过人类改造的自然环境和由人创造出来的一切物品，

---

① ［加拿大］D. 保罗·夏弗，转引自陆扬、王毅《文化研究导论》，复旦大学出版社 2006 年版，第 8 页。

② 《中国大百科全书》（社会学分册），中国大百科全书出版社 1991 年版，第 410 页。

从以上分析可以看出，精神意识是文化的核心，凡是渗透了人的精神意识的人类产品，无论是物质的还是非物质的，都可以看作是文化。但这样一来，能被称为文化的事物就太多了，几乎所有的人类产品都可以称之为"文化"，事实上这是就广义而言的"文化"概念，如饮食文化、茶文化、建筑文化、服饰文化、殡葬文化、校园文化、青少年文化、制度文化……等等，举不胜举。严格地说，之所以给这些事物冠以"文化"之名，是因为它们在一定程度上体现出特定群体具有一定特点和一贯性的精神和心理状况。因此，确切地讲，以上所列诸种事物是文化的具体过程或结果，因其包含着某种精神内核，故而现在人们也称之为"文化"。所以，文化本身可以分为外显的内隐的两个层面，上述构成要素中的物质产品、社会关系和社会组织、规范体系以及精神要素中的宗教、艺术等都是文化的外在表现，而隐藏于其中的哲学观、伦理观、价值观是文化的内隐，是文化的精神内核。事实上，我们能够感受到的是文化的过程和结果，并且也唯有通过这一过程和结果，才能表现出文化或者感受和理解文化。

正是由于文化的这一特征，人们往往也容易将文化泛化，给所有的事物都冠以"文化"之名。这种"泛文化"的说法有其一定的理由，一方面人类所创造的一切都渗透着人的精神意识，有意无意中表现出人对世界、社会和生活的理解，从此种意义上讲，人类的所有产品都是文化产品；另一方面，要考察一个群体的文化也必须通过这个群体的种种创造物和创造过程——包括物质产品、艺术作品、宗教信仰、制度规范、风俗习惯、言语、组织方式等——来实现，正如必须通过研究语言的过程和结果——即话语——来研究语言。

以上对"文化"的概念及其基本构成要素作了一些分析，目的是为以后的研究确定明确的研究目的、对象、内容以及研究的视角。

在这项研究中，农村青少年的"文化"是指这个群体的精神、语言、规范体系、社会关系和社会组织以及物质产品，确切地说，是指通过具体的物质产品、艺术作品、宗教信仰、风俗习惯、言语、行为、交往方式等日常生活中的物质、社会活动以及象征性实践表现出来的

"生活的种种面向"①。当然，文化研究的目的不是要描绘这些事物本身，而是通过描绘去探究隐藏在这些文化过程和文化产品背后，支配这些在特定背景下的孩子们这样去表达和行动、保持如此的关系以及制作出某种产品的观念和信仰，也就是说，这是"一种对于'文化'的特殊使用方式的研究，以及对于处在特定语境下的人们，将何物视为文化的研究，同时也是对人们制造文化的方式的研究"。②

二　青少年

在汉语中，"青少年"一般是指11岁、12—14岁、15岁左右的孩子，这里涉及对人类生命周期阶段的划分及命名的问题。

人类生命周期阶段的划分依据的不只是人的生理周期，即不同年龄阶段的生理特征（像人们通常所认为的那样），事实上，"每个社会都有一种年龄的概念，并以此为基础来对人们进行区分。在所有社会中，青年人和老年人得到不同方式的对待。……这种年龄差异基于与身体、精神和社会相连的年龄识别的基础之上。……社会相信存在一个身体和精神的成熟过程，这个过程与年龄有关，而且这个过程必定形成于人民能够像一个成年人那样行动之前"③ 也就是说，人生周期阶段的划分还有心理的特别是社会的依据，不同的社会和时代对人类生命成熟过程的想象不同。

在当代，有的社会界定18岁达到成年期，有的社会则界定21岁，"然而在犹太人当中，承认一个男孩长大成人的仪式在他13岁时就已举行"。④ 至今，在中国农村的许多地方，人们希望十几岁的年轻人在他们有成年性能力时就结婚组织家庭并生育，早婚的现象并不少见。而且随着人类营养状况的改善和医学的发达，人类平均寿命大大延长，青年期也延长了。

---

① ［英］安·格雷：《文化研究：民族之方法与生活研究》，许梦云译，重庆大学出版社2009年版，第1页。

② 同上书，第16页。

③ ［美］罗伯特·博格、罗纳德·费德瑞柯：《人类行为》，梅毅译，中国社会科学出版社1993年版，第104页。

④ 同上。

生命周期阶段的划分意义，"在于每个阶段强调特殊生命任务的方式，即生命周期中特殊阶段上被认为是必须的（或者是）期望的活动，生命任务受文化规限并通过社会结构被引进期望的行动之中"。① 中国社会自古就期待男性少小努力学习，青年结婚生子、踏入仕途，中年建功立业、报效国家、光宗耀祖，老年退隐、颐养天年，这一思想影响至今。在今天的中国，孩子在 6 岁或 7 岁时被期望和要求去学校上学，只要他足够聪明和努力，家庭经济条件也允许，他可以一直读书到 25 岁或 28 岁而无须工作；但在美国，孩子在 18 岁以后便须独立生存。生命周期一个阶段接着一个阶段，生命被生理、心理、社会结构以及文化的种种因素加以规限和塑造。

如此看来，对生命周期阶段中的"青少年"做出年龄上的限定，不仅体现出一个当下社会对某个生命阶段乃至整个生命周期的想象，也表达了对这个年龄阶段年轻人的规限和期待。当然，生命周期阶段的划分不能基于个人的主观臆想，发展心理学和教育心理学的观点是应当接受的，因为他们的观点即具有客观的生理基础，又不乏理性的心理关怀，同时体现当代社会的理解和期待。

不同的心理学家对生命周期各阶段的界限认定和命名有所不同。

林崇德的划分：①婴儿期：0—3 岁；②学前儿童期：3—6 岁、7 岁；③学龄儿童期：6 岁、7—10 岁、11 岁；④青少年期（也称"青春发育期"）：11 岁、12—17 岁、18 岁，其中 15 岁前称"青少年期"，以后称"青年初期"；⑤成人前期：18—35 岁，又称"青年晚期"；⑥成人中期：35—55 岁、60 岁，又称"中年期"；⑦成人晚期：60 岁后。②

台湾心理学家张春兴的划分：①婴儿期：0—3 岁；②学前儿童期：3—6 岁；③学龄儿童期：6—12 岁；④青少年期：11 岁、12—21 岁、22 岁。③

---

① ［美］罗伯特·博格、罗纳德·费德瑞柯：《人类行为》，梅毅译，中国社会科学出版社1993 年版，第 105 页。

② 林崇德：《发展心理学》，浙江教育出版社 2002 年版。

③ 张春兴：《教育心理学》，浙江教育出版社 1998 年版。

美国心理学家詹姆斯·O. 卢格的划分：①婴儿期：0—3 岁；②儿童早期：3—5 岁，也称"幼儿期"；③儿童后期：6—12 岁；④青春期：10—17 岁，男、女青春期的出现不同，女孩在 10 岁左右，男孩在 12 岁左右；⑤青年期：18—25 岁；⑥成年早期：25（±5 岁）—35（±5 岁）；⑦成年中期：35（±5 岁）—50（±5 岁）；⑧成年后期：50 岁左右开始。①

可以看出，中外心理学家对生命周期阶段的划分和认定有少许差异。中国心理学家的看法更贴近中国人的生理状况和国家情况，卢格的观点反映了西方人的生理和社会状况，他没有使用"少年"这一概念，而是用"青春期"②，即英语中的"adolescence"一词来界定这一阶段的发展特征。这一阶段是人生发展的最新阶段，是西方文明中最受重视的生命期。现代意义上的"青春期"主要是由美国人在南北战争后在与义务教育、童工法和少年犯罪的特别法定程序有关的三种社会运动的基础上创立发展起来的，基本上是一种社会性发现。尽管如此，作为青春期到来的标志首先还是生物发展。③

不过，中外心理学家对生命周期阶段的划分和认定大体上还是一致的。林崇德说"青少年期"又称"青春发育期"，并特别注明英文"adolescence puberty"，也就是卢格所说的"青春期"，可见是借鉴了西方的说法。

如前所述，青春期是人生发展的最新阶段，而且随着所谓现代化——事实上的西方化——的进程，青春期也成为中国孩子成长过程的一个敏感而关键的时期。

青春期最初的特征是突然而快速变化的体态，以及与之相应的充沛的精力和性成熟过程中所特有的骚动。"在这一阶段中，年轻人往往自认为已然成年，但社会仍然坚持将他们视为非成年人，对他们正常的心理和生理需求没给予足够的关心和正确的指导。……在这样的背景下，

① ［美］詹姆斯·O. 卢格：《人生发展心理学》，陈国民等译，学林出版社 1996 年版。
② "青春期"（adolescence）一词来源于拉丁语 adolescere，意为"发育、成长"。
③ ［美］詹姆斯·O. 卢格：《人生发展心理学》，陈国民等译，学林出版社 1996 年版，第 541 页。

青春期的旺盛精力反倒可能引发更多的社会文化约束。这是年轻人易于同父母和社会发生冲突的主因。"① 这令青少年感到相当大的精神压力和心理冲击。

此外，伴随着生理上的成熟和身高的迅速增长而形成自我认同意识是青少年面临的一项最重要的任务。他们开始审视自我以及作为成年人自身未来的角色，开始试图努力寻求自我、生命的意义和自身的价值。对这些问题的思考和回答构成人生中一项极其重要的任务，否则便不能进而做出其他一些重要决定。在人生早期，个人的自我认同往往取决于他人的反应，"乃导源于镜中自我，即是说自我概念的形成依赖他人与自己的关系"。② 这一阶段的主要危机是认同混乱。这种混乱以各种各样的方式表现出来，事实上，青少年的拉帮结派、偶像崇拜、恋爱等行为都是对认同混乱的一种抵御，通过这些行为在群体中建立彼此的关系、期待和确定各自的角色，而"恋爱本身则是积极地寻求认同的一种表现，通过彼此间无拘无束地倾诉思想感情，青少年会更加明确自我和彼此的认同"。③

所有这一切使得青少年期特别是青春期早期成为教育的一个非常关键的阶段，使得这个时期的青少年教育，无论对社会、家庭，还是对于孩子自己来说，都不仅仅是充满了激动人心的选择和机遇，同时也充满了烦恼、痛苦甚至危险。

与这一时期自我认同相伴的是另外一种追求是个人道德观念的形成。"道德发展是一个终生持续不断的问题，但在青少年时期却显得异常关键，虽然有时候人们做出某种决断或选择时并不需参照某些具体的原则标准，但是青少年期形成的道德观念却往往会受用终生。"④ 根据柯尔伯格的道德发展理论，青少年正处于习俗层次（10—13 岁之间）向后习俗层次转化的时期。开始他们还努力按照外在的要求做个"好

---

① ［美］玛格丽特·米德：《萨摩亚人的成年》，周晓虹等译，商务印书馆 2008 年版，代序。
② ［美］查尔斯·H. 扎斯特罗、卡伦·K. 柯斯特—阿什曼：《人类行为与社会环境》，师海玲、孙岳译，中国人民大学出版社 2006 年版，第 349 页。
③ 同上书，第 348 页。
④ 同上书，第 354 页。

孩子"以取悦家长和老师，求得奖赏。但差不多一年以后，他们不再稀罕做个家长和老师眼中的"好孩子"，别人的夸奖不再能满足他们的要求。因此这个时期的孩子开始变得有自己的主见、难以管理和"不听话"，给家庭、学校和社会以及他们自身带来许多问题、烦恼和痛苦。毫无疑问，无论对孩子还是对家长、学校还是社会来说，青春期都是一个无法逃避的"多事之秋"。

基于以上原因，本研究将"青少年"的范围确定为12—15岁的初中学生，即青春期少年，希望能探索这个充满冲突和困惑时期的少年的们的观念和信仰。

三　农村

对普通人来说，"农村"首先是一个与城市相比较而存在的空间概念，在这种比较过程中，"农村"这个概念所引发的便是在自然景观、经济生产方式、生活方式和趣味、人际关系和交往方式、文化氛围以及身份等所有与城市相区别的有关农村风貌的联想或想象。细究下去会发现，在过去和现在、中国和外国（特别是西方），这些想象的内容存在着巨大差别。

《辞海》没有专门给"农村"和"城市"这两个相对的概念下定义，只是给"城市人口"和"农村人口"作了解释。

> 城市人口：亦称"都市人口"或"城镇人'"。与农村人口相对。指聚居在以非农业经济为主的城市和集镇地区的人口。[1]
> 农村人口：亦称"乡村人口"。与"城市人口"相对。指聚居在以农业经济为主的地区的人口。[2]

而且，按照《辞海》的说法，"在人口统计学上，一般将未划入城

---

[1] 《辞海》（缩印本），上海辞书出版社1989年版，第608页。
[2] 同上书，第427页。

市的人口均归属农村人口"。①。这样看来，《辞海》关于城乡含义中的城乡划分可以用下图表示（见图1-1）。

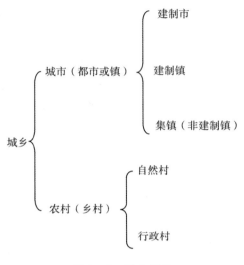

图1-1 城乡划分

依据《辞海》的解释，我国一些建制和非建制的镇都被划归为城市，似乎很牵强，因为就某些地区"镇"的生活和生产状况看，明显地更接近农村而非城市。此外，国家统计局1999年制定并发布了《关于统计上划分城乡的规定（试行）》也对城乡概念作了解释和划分，其观点与《辞海》基本一致，只是把"集镇（非建制镇）"划归为农村。②《辞海》和国家统计局的定义依据的是中国行政区划标准，这种标准只是考虑了国家政治管理的因素。

事实上，《辞海》和国家统计局的定义是中国的独特现象，反映了中国农村和城市概念及其区分的特殊历史，这两个概念的是由计划经济时期的政治、经济制度炮制而成，而非自然形成。与之相伴随的还有延续至今的"城镇户口"与"农村户口"的身份以及相应的权利、资源的分配的区分，这是一个众所周知的事实，在此无须多言。

---

① 《辞海》（缩印本），上海辞书出版社1989年版，第427页。
② 刘冠生：《山东农村劳动力研究》，中国农业科学技术出版社2007年版，第6页。

上述还只是中国的情况，事实上，城市和农村的定义与区分并非一成不变，在不同国家和时期，城市和农村的区分有所不同。在美国，1950 年以前凡是人口在 2500 人以上的市镇、村镇、城市，只要组织成自治单位就算城市；1950 年以后，不论其是否组织成自治单位，凡人口在 2500 人以上的市镇，成人人口达到每平方英里 1500 人以上的地区及城市郊区都算作城市。欧洲各国一般以居住地在 2000 人以下者为农村；而北欧的丹麦、瑞典、冰岛等国规定，居民超过 200 人以上的居民点即为城镇。

可见，城市和农村的区分有很多困难，特别是在中国这样尚未完成工业化的国家，从农村到城市的变化常常是不规则的。尤其是在中国经济起飞的近几十年里，经济发展的区域间的差异性非常大，东部发达地区的某些"镇"的城市化程度远远超过西部欠发达地区的县城甚至地级城市。因此，城市和农村的认定非常困难，特别是在目前正处于剧烈变化的中国社会，尤其如此。

虽然无法确切地说明"农村是什么？"社会学家还是用描述的方法、从比较的角度试图说明农村的含义。以下是两个比较全和严格的解释。

一个是刘豪兴的解释。

> 农村是指以农业生产活动为基础，以农业为主要职业的居民聚居地。……美国社会学家 R. 比勒和 R.D. 菲尔德等认为，与城市相比，农村一般具有这样几个特点：第一，自然生态方面，农村地域广袤，居民的生产和生活对自然生态环境依存性强；第二，人文生态方面，人口密度相对较小，人力资源素质偏低，但在相对的生存与发展空间中是个熟人社会，人际关系比较和谐；第三，谋生职业方面，以广义的农业为基本职业；第四，动态方面，其经济；政治、文化和社会结构长期变迁缓慢，但随着工业化、城镇化进程的加速而加速。[①]

---

① 刘豪兴：《农村社会学》，中国人民大学出版社 2008 年版，第 72 页。

另一个是风笑天的解释。

1. 从事农业生产活动的人口是农村社区的成员主体，这是农村社区区别于都市社区的主要特征之一。所谓农村，也可以说是"农"和"村"的紧密结合。即从事农业生产劳动的人口聚集在一起共同生活。农业生产具有这样一些特征：土地是基本生产资料、生产周期较长、具有季节性和地区性差异等等。这种生产方式的特征，决定和影响着农村社区的其他一些特点。

2. 从社会结构上看、农村社区多以血缘关系为纽带，或者说血缘关系是形成农村社区的最重要的社会关系。越是社会经济文化不发达的传统农村社区，这种特点就越明显。

3. 农村社区人口的同质性强。由于人们大都从事着同样的生产活动，有着同样的或相似的行为模式、心理特征和价值观念，因而各类农村社区中的人口内部具有很强的同质性。即无论是在生产方式、生活方式上，还是在风俗习惯、价值观上，相互间不存在大的差异。

4. 农村社区的封闭性强。即农村社区与外界的交流较少、信息传播的流量小。这一方面是由于农村社区的地理条件和自然环境使其交流受到一定限制；另一方面也是由于农业生产与土地密不可分的关系并且具有较长的周期等特征所致。经济相对落后、交通不便利、人们思想比较保守等等也是重要的原因。

5. 农村社区成员具有较强的社区意识和认同感，成员间的人际关系比较密切。由于农村社区的规模一般比较小，一个社区中的成员人数不多且世代同处一地，接触机会多，因而社区成员相互之间比较熟悉。对事物的看法也比较一致，对社区有着较强的认同感和内聚力。相互交往更为真诚、热情。

6. 传统道德与习俗规范在农村社区中起着重要作用。无论是整个社区正常生活秩序的维持。还是人们行为规范的确定，或是是非观念的评判。农村社区中更经常地依赖传统的道德观念和世代沿袭的风俗习惯。因而，无论是生活方式的进步、价值观念的改变，还是社区生活的发展，在农村社区中往往比在城市社区中更困难、更缓慢。①

第一个解释中提到的 R. 比勒和 R. D. 菲尔德的表述有比较强的涵盖性，从自然、人文、生活、变化过程等几个方面对农村作了描述，几乎能够概括世界上所有农村的特点。第二个解释更体现出中国农村特色，强调农村生活的血缘纽带、社区意识和传统价值观重要性。

基于以上分析，本研究在选择样本时，基本是依据最后两个定义所表述的社区特征为标准，同时结合传统上的户籍标准。希望这样能够真正契合中国的现实和传统，使得本研究的内容和过程是真正的中国"农村"青少年的文化研究，体现出不同于城市青少年文化的特色。

第四节　文献综述

与心理学研究不太一样，文化研究的学者习惯上将 12 岁以后的"少年"阶段与 15 岁以后的"青年"阶段笼统地称为"青少年"，称这个时期的文化为"青少年文化"，也有专门研究青年的"青年文化"研究，这一般是指青春期后期和青年期的文化，在学龄上指中学高年级和大学阶段。

或许由于青春期是人生的多事之秋，无论对青少年个人抑或是家庭和社会，这个阶段都不仅意味着激情、活力与希望，更意味着种种的问题、冲突和迷茫，因此国内外对"青少年文化"的研究非常多，而且对这一概念内涵的解释也大抵一致。

一　国外学者的研究

青少年文化的研究常常是与青少年亚文化的研究相关联的，或者从

---

① 风笑天：《社会学》，华中师范大学出版社 1994 年版，第 216 页。

某种意义上说，首先是青少年亚文化①引起了学者的关注才引发了人们对青少年文化的深入研究。"亚文化概念，特别被用于对较大社会分化中的特定社会群体或社会分支的信仰、价值观与实践的分析，这些群体或分支常以阶级或年龄为划分的基础。"② 不仅如此，西方对青少年亚文化的研究最初是由美国20世纪20年代青少年犯罪、学校冲突等青少年成长过程中的社会和教育问题引发的，60年代，欧洲与澳大利亚也开始关注类似的话题。

20世纪二三十年代芝加哥城市生态学家研究了青少年亚文化与地域分化的关系。研究者创造了"自然地域"一词，力图发现地理与越轨行为之间的关联（Park et al.，1967，Brake，1980）。他们关注青少年、贫穷以及战后以发展和大衰退为特征的社会趋势、社会失调（特别体现在邻里关系方面）等问题，受此激励，他们进行了青少年亚文化方面的研究。这一传统为青少年亚文化的研究者提供了一些具有开创性的重要案例（Thrasher，1927，Whyte，1943），他们从广义上理解城市与社会形式的关系，将它们看成是生态体系，即使出现人口的变更，某一地域也倾向于保留它的社会特征，以此可判断，青少年犯罪亚文化是社会失调、价值观相互冲突的产物。此命题存在循环论证的弊病，即越轨比例是邻里社会关系失调的证明，反过来，邻里关系失调又成为越轨的原因。当然，一些具体的研究颇具启发性，他们关注亚文化群体的复杂结构，突出青少年犯罪与更受尊重的传统之间的相似之处（Brake，1980，Matza，1969）。

---

① 亚文化（subculture）：整体文化的一个分支。它是由各种社会和自然因素造成的各地区、各群体文化特殊性的方面。如因阶级、阶层、民族、宗教以及居住环境的不同，都可以在统一的民族文化之下，形成具有自身特征的群体或地区文化即亚文化。亚文化具有本民族整体文化的基本特征，如语言文字、行为模式等，又具有自己的独特性。亚文化一经形成便是一个相对独立的功能单位，对所属的全体成员都有约束力。亚文化是一个相对的概念，是总体文化的次属文化。一个文化区中的文化对于全民族文化来说是亚文化，而对于文化区中的各社区和群体文化来说是总体文化，而后者又是亚文化。研究亚文化对于深入了解社会结构和社会生活具有重要意义。——引自《中国大百科全书》（社会学分册），中国大百科全书出版社1991年版，第451页。

② ［瑞典］T. 胡森、［德］T. N. 波斯尔斯韦特：《教育大百科全书》第二卷，西南大学出版社、海南出版社2006年版，第458页。

　　科恩（Cohen, 1955）也尝试解释工人阶级男生群体的青少年犯罪行为，这种观点是对默顿（Melton）提出结构性张力理论的回应。结构性张力，源于特定群体实现常人所认可的物质及社会声望方面的社会目标的失败。科恩反对此看法，他认为青少年犯罪倾向并不源于"结构性限制"，而是因为工人阶级男生在向上流动过程中遭遇重重障碍。默顿从个人病理反应的角度，分析没有实现社会目标给社会带来的威胁，而科恩强调青少年犯罪亚文化为工人阶级男生经历的共同问题提供了集体的解决方式。学校教育体验是关键，在这种经验中，学校制定了"中产阶级测量尺度"，反对工人阶级男生。因为两者具有不同的价值观与行为，工人阶级男生注定会失败。

　　科恩的理论招致大量的批判与争议，但是他的努力为青少年文化与亚文化研究提供了研究主题，迄今这仍是重要的议题。克洛沃德与奥林（Clowad and Ohlin, 1961）引用科恩的一个重要变体，关注经济公平问题。他们认为，不考虑阶级背景，人们都想实现物质上的成功，但是一些年轻人只有通过非法的（越轨的）手段才能实现。在有关青少年文化与教育成就的晚期作品中，此话题仍很重要。但此项研究存在一个重大问题，即青少年犯罪行为决不仅仅局限于工人阶级男生，因此需要大量的不同类型的证据与解释，来说明青少年犯罪行为跨越阶级的程度。

　　英国研究者对于美国亚文化研究理论与英国经验的相关性持保留态度，主要因为这两个社会在社会结构的历史发展方面具有显著的差异。自20世纪60年代中期开始，英国就十分关注亚文化方面的调查。对于英国的研究，布雷克（Brade）概括出四种研究途径：首先，20世纪50年代晚期、60年代早期进行的工人阶级邻里社会生态学早期研究；其次，青少年犯罪亚文化与教育社会学存在关联，此传统仍在延续，它检验了闲暇与青少年文化的关系，取代学业成就问题研究；再次，伯明翰大学当代文化研究中心重视文化研究；最后，关注当地青少年群体的当代邻里关系研究，与早期社会生态学家不同，这些研究重视当代越轨理论与社会反作用的影响（Brake, 1980）。

　　这其中，有两种研究格外重要，对政策创新与深入研究有重大意义：第一是"解决"学校冲突的亚文化。受科恩对青少年犯罪男生研究的影响，唐斯（Downes，1966）继续关注学校对许多工人阶级青少年教育的失效，从该角度出发解释青少年犯罪。此解释的核心是强调学校教育的结构与内容在促使某些学生与学校教育相分离。因此，亚文化的形成是对这种情境的反作用。此情境要求青少年或者"自求上进"或者"接受他的生活处境"。为了避免这一规则的残酷意义，处于"绝境"社区中的青少年工作"无出路"，认为工作只是收入的简单分配，别无他用，因此产生了进入"非工作"领域的念头（Downnes，1966）。哈格里夫斯（Hgreaves，1967）更为详细地描述了学校在亚文化形成中作用的方式，它有时以相当特殊的方法出现。他的研究关注英国工人阶级中学分流的做法。他发现，高学业成绩组学生的价值观与教师一致，而低学业成绩组的学生反对学校教育与教师，导致两种截然不同的亚文化出现。"反学校"亚文化中的学生如果想追求学业成绩就会被同学嘲笑、被排斥在外。一些学生为了提高自己在同学中的地位，故意在校表现不好。哈格里夫斯进一步指出，不仅分流的制度化造成了亚文化，而且特定教师（无经验的或者容易刺激学生的）的配置促成了"反学校"亚文化的形成。科里（Corrigan，1979）对此进行了进一步分析，他特别关注并探讨了学生正面拒绝学校课程时会出现什么样的情况。除了重视学生及其亚文化在学校与青少年冲突中所充当的积极角色，他还关注更为广泛的社会力量的重要性。他认为，学生反抗的不仅仅是管教的问题，而且是更为广泛的权力关系。

第二是文化研究与青少年文化。20世纪70年代，英国许多理论传统汇合在一起，推动了新的青少年文化研究思路与理论的形成。以伯明翰大学当代文化研究中心（CCCS）为基础，形成了研究的"新潮流"：马克思阶级结构与冲突论，传统的青少年犯罪与邻里关系研究，越轨理论家对于标签与社会反抗的新见解，国家机构如学校、福利机构采取的政策的影响，大众传媒与文化表达形式方面的研究。

科恩的作品首次清晰地表达了当代文化研究中心主要的研究方法。他对东伦敦社区工人阶级生活进行研究，由此分析亚文化。他关注工人阶级生活三个变量的关联，即广泛的亲戚网络、作为物理空间的邻里关系及当地的经济。它将工作场所与家庭、邻里联系起来。战后的发展对这些社会关系的影响是深远的，重大的社会、文化与物质问题交给了幸存人员特别是年轻人处理，他们被迫解决复杂的紧张关系。在这种情况下，为了"表达与在想象中解决"父母与青少年所面对的冲突，亚文化在青少年学生（特别是男生）中形成了。正如布雷克（1980）指出的，科恩的分析引进这样一种观点，即亚文化力图解决的问题总是被观念性和体验性地解决。因此，亚文化阻止了青少年挑战他们所面对的真实的权力关系，这种矛盾冲突只能"在一种想象的关系"中实现再定位。

当代文化研究中心一批学者力图从广义上更为清晰地展现青少年文化与亚文化，如霍尔与杰斐逊（Hall and Jefferson，1976）。他们的着眼点与 20 世纪 20 年代芝加哥学派相似，即战后"青少年"一词作为显著的社会类型与社会变化特征而出现。克拉克等（Clarke et al.，1976）指出了促进"青少年"观念形成的五个方面的变化：战后家庭的相对富裕；大众传媒的出现，这促进了大众文化与流行文化概念的形成；独特的青少年生活方式的浮现（Hebdige，1976）；面向所有人的中学教育，这意味着许多年轻人由于年龄因素待在学校的时间更长；战争本身有助于识别那些注定以后与众不同的人。以此为背景，他们认为青少年亚文化不仅是观念上的建构，而且是阶级关系与年龄关系斗争的积极参与者。至少，他们"为青少年赢得了空间"。除此之外，他们采用和改变物质目标——物品与财产，并且把他们重组为自己独特的"风格"，用以表达自己作为一个群体中的人的共性。这些关心、活动、关系与物质，体现在关系、特定场合与活动的形式中（Clarke et al.，1976）。

当代文化研究中心研究项目，揭示了亚文化的意识形态维度。正如霍尔与杰斐逊作品的标题《利用仪式抵制》所暗示的那样，青少年亚文化不能简单地在物质上弥补就业、教育不利、低收入与工人阶级劳动力减少等特定的问题。

威利斯（Willis）重返一个持续不断研究的主题，即学校教育与青少年亚文化形成的关系。这是当代文化研究中心研究方法运用的典型案例。威利斯（1977）研究一群自称为"放荡不羁之人"的工人阶级男生。他们反对那些积极看待学校的人，将之称为"马屁精"。他们表现的是一种敌对性文化，主要特征为学校中具有攻击性的大男子主义。他们反对学校提供的知识形式及价值观，喜欢车间环境中形成的文化。威利斯详细分析了这些"放荡不羁之人"与他们所处的学校环境的关系，得出这样的结论，即在他们积极地投入到职业生活的准备过程中，继承、延续了父母的文化传统。

当代文化研究中心研究者的以上研究工作备受质疑，值得一提的是两大主要批评：

一是他们没能有效地解决性别关系问题，"青少年文化与亚文化"实际上是针对男生的亚文化。他们对此做出了部分解释，但没有真正关注女生视角和她们建构的"意象中的"解决问题的方式与实践，除麦克罗比和（MacRobbie and Nava，1984）之外，当代文化研究中心研究人员都存在这一严重问题。相反，沃克（Walker，1988）、威尔逊和温（Wilson and Wyn，1987）在澳大利亚进行的研究，对男性与女性亚文化的互动进行了探讨，表明男女生之间的互动折射出两种不同的对男性、女性的假设，具体因环境而定。威尔逊和温发现，男女生都感觉劳动的性别分工是关键，但它的真实构成随着情境而变化。权力问题是中心问题，渗透在性别关系之中。

另一个主要的而又相关的批判是，当代文化研究中心的研究人员过于神化男性工人阶级亚文化。他们倾向于理想化地看待亚文化的暴力、男性至上主义与种族主义，在更广泛的不平等情境中证明它们的合理性（Brake，1980）。这会造成一种假象，即青少年亚文化一定属于工人阶级。他们错误地认为青少年犯罪只是工人阶级的问题，没有研究其他阶级背景下的青少年亚文化。这是从理论角度理解青少年生活的重大局限。

这些批判引发了对当代文化研究中心研究人员研究方法的大量争论，人们怀疑当代文化研究中心研究者与研究对象走得太近。随之，人们也开始关注当代文化研究中心的理论问题，认为它仍然需要进一步发展。

然而，当代文化研究中心研究人员的工作，激发了其他国家有关阶级关系文化视角和青少年文化的大量研究。沃克（1988）研究澳大利亚城市学校男生的青少年文化，关注不同男生群体的等级关系。沃克将文化看成是解决问题的计划，其成功、失败、发展、变化及各部分的相互关联情况，是由其在实际活动过程中的相互影响来解释的，在实际情境中人们正是利用他们所具有的计划来处理日常问题的（Walker，1988）。

沃克的研究，强调阶级、性别与种族在男性青少年亚文化发展中的重要地位，为该领域研究增添了浓厚的一笔重彩。体育，特别是澳大利亚的足球，是学校某些精神与团结形成的关键。然而，体育在实现这种作用的同时，也冲击着学校反种族主义、反男权主义的价值观与政策。

德怀尔等（Dwyer et al.，1984）采用不同的研究方法，在分析广义的文化组成形式时，考虑到阶级文化对于教育结果的重要性。他们确定了文化组成的四个特定方面，据此可以认识主流文化与工人阶级文化形式的差异。研究尽管是尝试性的分析，却发现一些结构性、文化性的安排有助于解释澳大利亚学校的教育成就形式。

威尔逊和温（Wilson and Wyn，1987）采用大量青少年研究数据、从学校向工作过渡方面的资料来检验社会分工与文化形成之间的关系。有证据证明，青少年的社会体验与职业倾向方面存在根本性的差异，文化不可避免地与人们生活的物质环境相关。在社会分工被推崇和维持的环境中，权力与服从、妥协与抵制的相互作用随处可见，但也受到重重挑战。然而，社会分工的产物之一是"不平等"，它是群体之间相互依赖与冲突的关系之一，导致一个阶层在利益上屈从于另一阶层。这一分析启发研究者关注权力问题，关注以他人为代价、在教育或其他方面维护某些年轻人的利益时所实行的更为复杂的方式，这些将是影响所有年轻人，而不仅仅是亚文化活动的参与者的问题。

20世纪80年代早期，瑞典国家青少年委员会承担"商业儿童与青少年文化"及其给青少年造成的影响这一重大的研究项目。该研究采用"青少年文化"这一概念，强调从市场的角度观察青少年的观点，揭示了青少年对社会的未来缺乏信心。尽管他们对社会可能会是什么样抱有希望，但并不指望它们实现。社会的变化塑造、决定着青少年作为消费者的价值观与实践做法，这种社会变化改变了社会关系特征，否定了青少年有意义地参与社会建设氛围的可能。瑞典家庭相对富裕，因此几乎无法避免迷恋消费现象的出现〔Henricksson，1983）。

20 世纪 80 年代晚期，众多的研究关注瑞典青少年的娱乐与表达喜好，其中的部分研究受伯明翰文化研究方法的影响和德国理论家托马斯·齐厄（Tommas Ziehe）的启发。斯德哥尔摩大学青少年文化研究项目在该研究领域起了重大的推动作用，体现在会议、出版物及有关现代性、性别、生活方式与空间的国家研究项目上。该研究关注不同类型的媒介对不同青少年群体所具有的不同文化意义，例如，福纳斯等（Formas et al.，1989）认为，在瑞典青少年生活中，音乐比电视更为重要，音乐特别是摇滚乐被赋予重要地位，这是近代文化、现代化的影响，音乐给予青少年创造性的享受、新的语言（词汇、音调与直观方式）、自我扩展的空间、群体自治及通向就业的另一种道路。

青少年文化与亚文化研究为了解学校教育的社会情境，特别是对理解青少年亚文化与学校教育相互作用、相互影响的方式做出了重大贡献。理论家观点上的差异表明该领域仍需更多的研究与理论的发展。有关青少年亚文化的人种学研究不仅在上述几个国家颇受重视，而且在欧洲其他国家、北美及新西兰异军突起。

使用年龄作为分析变量是一个重要问题，需要进一步深入讨论。正如艾伦（Allen，1968）所说，不同年龄段人群的关系在所有社会都很重要，但与此同时，对于这些关系的评估，关系的稳定性、连续性与突变性的表达似乎存在问题，并不是说年龄关系能够解释社会的变化与稳定，而是说社会的变化表明不同年龄段人群的关系。但将年龄视为分析的主要范畴也存在问题，也就是说，人们更容易将青少年看成是独特的群体，更多关注这一因素与青少年群体的关联，而比较少关注青少年与父母在信念、价值观及行为上的关联。艾伦的研究表明，应该注重青少年文化的研究，并且这种研究应该基于教育社会学与文化研究的更加宽泛的理论与研究基础之上。①

加拿大的迈克尔·布雷克在研究了美国和英国青少年亚文化的基础上研究了加拿大的青少年亚文化,值得注意的是他研究了中产阶级、黑人以及棕色青少年的亚文化,还探讨了女性在亚文化群体中的地位,他的观点是:亚文化是人们在企图解决存在于社会结构中的各种矛盾问题时产生的,这些矛盾问题是人们共同经历的,并能导致一个集体认同形式,从这里个人会获得不是由阶级、教育和财富造成的个体认同。②

随着21世纪所谓"全球化时代"的到来,青少年文化研究呈现出新的特征。法国学者 Jean Charlse Lagree 认为:全球化的压力使得青少年文化植根于一个广泛的文化背景中,基于整体文化之上,但青年人有他们固有的、特殊的惯例……一是青少年文化的主要制造者处于相互作用的系统中,这个系统处于持续演变中。青年文化是一个与这个年龄段相关联的词。二是青年文化是年轻人之间相互作用的结果,它是这个群体的产物。我们可以从文化模式的角度来看青年文化,无论是从内部还是从外部看都是很有道理的。这就是认同感的影响。三是,青少年文化是各种各样的参加者相互作用的产物。J. Smelser 指出:家庭、学校、劳动力市场——经济活动参与者是相互作用中的三个关键支持者,他们都参与了青少年传统的形成,而这又培育了青少年文化的活力。因此,东方的或中国的青少年文化绝不会遵循美国的"全球化青少年文化"或被美国的"全球化青少年文化"所同化。他还认为,文化很复杂,它是四种关键因素——阶级、性别、种族、代际之间联系与碰撞的产物,但重要的是,中介的作用是不容忽视的。社会活动参与者和个人都是这些因素连接的中介,他们不是这个结构所控制的木偶,他们是这个结构体系的支柱,他们选择环境、改造环境,并通过象征性、一致性的

---

① 以上资料均来自〔瑞典〕T. 胡森、〔德〕T. N. 波斯尔斯韦特《教育大百科全书》第二卷,西南大学出版社、海南出版社2006年版,第458—462页。

② 〔加〕迈克尔·布雷克:《越轨青年文化比较》,岳西宽、张谦、刘淑敏译,北京理工大学出版社1989年版,前言。

方式表达出来。文化、亚文化、青少年文化是一致性的向量。某种青少年文化的象征指示物，比如"摇滚乐迷"等，青年常常用它们来表明自己的身份、地位以及他们与社会力量的联系。然而，青年根据所处背景或想要传达的信息来确定身份的时代已经一去不复返了，所谓的文化模式已经消失了——或者说还没有构建起来，没有凝聚力。在网络社会，在一个变革的社会，"集体意识"变得越来越重要。①

与西方不同，地处东方的日本有"学生文化"的概念，这一概念包括了（学龄）儿童文化和青少年文化（如果不深究特殊的中年甚至老年学生的话）。

日本学者关岭一和返田健把"青少年阶层这个社会的特定部分所共有的独特的意识和行动类型，称作年轻人文化，或者青年文化"。② 他们认为在日本决定大学生文化的因素有四个：轻视"教育"的大学老师，"高中时代"的反作用，助长"撒娇"的社会和父母。而且"日本的大学生文化中，消遣因素是个很有力量的条件"。③ 他们借用美国学者 B. R. 克拉克和 M. 劳特的理论，按照学生对所属学校和知识技能的关心程度两个维度分析了日本大学生文化的四种类型：

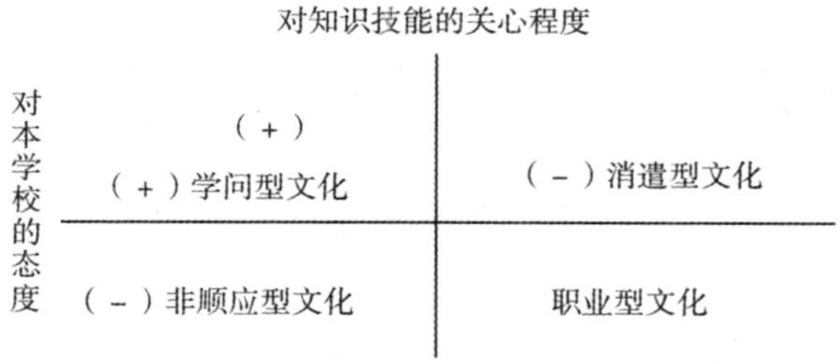

图 1-2　学生文化四种类型

（B. R. 克拉克和 M. 劳特，1966）

---

① Jean Charlse Lagree：《对青年文化的反思》，陆士桢主编：《青年参与和青年文化的国际视野》，黄松鹤译，中国国际广播出版社 2008 年版，第 141—154 页。
② ［日］关岭一、返田健：《大学生的心理》，袁绍莹、张伟译，延边教育出版社 1986 年版，第 166 页。
③ 同上书，第 170 页。

在此基础上，关峋一和返田健通过漫画、音乐和时装分析了日本大学生文化的特点，即：幼儿化和假性成熟，自私虚伪，虚有其表的装束。

日本学者千石保对日本和美国的学生文化作了比较研究，他认为，日本青少年分明有着两重生活领域，表现为相互对立的两种文化——本分派和非分派，两派的学生们分别在学校文化与学生文化中扮演着"中心"与"外围"的角色。在学生文化中，非分派学生占据着优于那些认真听从教师和积家长的孩子的中心地位；在正式文化、学校文化中受到高度评价的学习好的本分孩子，在学生文化中却被贬为"书呆子""利己主义""内心灰暗的人"，正因为这样，学习落后的非分派也会觉得到学校去是件快乐的事。而与日本处于不同文化圈的美国，其学校文化与学生文化，也是以一种互相对立的方式形成各自的价值观念，但日本的学生文化同学校文化的中心价值观念持对损态度；而在美国，学习好的孩子，无论在学校文化还是在学生文化中，都受到尊敬的。这个差异显示了日本青少年文化的特殊本质。而且，"美国和日本一样，校内暴力行为盛极一时，……不过，美国的校内暴力行为多表现在反抗学校的规则；而日本的校内暴力行为，除学校规则以外，还对学校文化中的以'学习'为中心的价值观念开展攻防战"。[①] 作者认为"日本的学生反对学校方面用标尺去检查头发的长度和裙子的长度的做法，……他们只是把这作为借口。与其说是在反抗对学生自由的压制，不如说是在反抗只求'学习'的日本特殊的学校文化"。[②] 在这种文化氛围中，学习好的孩子有毅力和自信心，对学校生活和理想中的自我感到满足，适应性较强，而也正是这一切，使他们同时感到精神上的疲劳和强烈的孤独感；相反，学习差的孩子缺乏自信心，认为自己不行，可这些孩子却能在人际交往中得到倾心置腹、相互信赖的朋友，他们善于暴露内心，因而较少有孤独感。这使得日本青少年在学校生活中表现出种种相当复杂的行为。可以说，是由于日本社会的一些特殊因素，渗进了学生世界的

①　［日］千石保：《日本的"新人类"——当代日本青年价值观念和行为方式趋向》，何圆圆译，上海社会科学院出版社1989年版，第88页。

②　同上书，第89页。

青少年文化中。处在这种双重环境和双重价值观念中，青少年会感到苦恼。在少数"非分派"学生和绝大多数的"本分派"学生之间，还有很多"非分派"的"新派"。而且在所谓的本分派中，也有不少人参与"欺人行为"，形成日本学生文化的特有现象。

可以看出，日本学者对"学生文化"概念的解释与西方学者对"青少年文化"的解释是一致的。但在对待这类亚文化的态度上却与下面要谈到的中国学者极为相似，关畑一和返田健最后谈到了大学生的出路教育和就业指导问题，希望能对青少年教育有所帮助。千石保的研究表现出日本的本土特色，作为同处东方文化圈的中国，也有着单纯强调学习的文化传统，因此他的研究对中国青少年文化的研究具有启发和借鉴价值。

综上所述，青少年犯罪和学校冲突问题首先出现在美国，之后波及加拿大、欧洲、澳大利亚等西方国家，再后来到日本这样的东方发达国家，因此西方以及日本学者对青少年文化和亚文化的研究具有相当程度的深刻性和成熟度。而且随着时代的发展和变化，特别是全球化和网络时代的到来，他们也觉察到了青少年问题和青少年文化的新特征，这使他们的研究具有更广阔的国际视野和更强的解释力，表现出丰富的内涵。这一切都为当今中国的青少年问题和青少年文化的研究提供了极有价值的理论依据、研究视角、研究框架以及更广阔的研究背景和研究视野。

二 中国学者的研究

由于西方和日本学者所在国家的实际状况（成熟的工业化和城市化，无城乡差别和户籍之分），这些学者没有对"农村"青少年文化做专门研究，但在中国，这却是一个所有人都无法回避的问题。而且随着工业化和城市化进程中城乡矛盾和冲突的日益加剧，中国的农村居民正经历着前所未有的生活和心理上的震撼。在这个过程中，那些正处于青春期的农村青少年们将会遭遇到比他们的父辈更为剧烈的心灵冲突，因此，"农村"青少年文化应成为中国青少年文化研究的重要领域，这方面的研究需要中国学者自己来填补。

与西方不同，中国大陆学者到 20 世纪 90 年代中期才开始关注青少年文化问题，这与中国的开放和发展步伐相关联。

大陆的青少年文化研究也是由青少年犯罪问题引发的。有意思的是，中国学者在研究这两个问题时，常常将青少年文化看作学校或社会主流文化的一部分，更多的是指学生的课外文化活动或有文化内涵的私人休闲或交往活动。这些文化活动是学校教育活动的有效补充，是教师可以有意识地引导的，换句话说是可以"建设"的。而青少年犯罪的原因之一便是青少年文化没有建设好，被社会的不良文化污染，造成青少年精神贫乏。

青少年亚文化主要是适合青少年自身需要的具有社区性、职业性、群体性以及特定年龄特征和心理特征的青年生活观念和行为的统一体，是社会主体文化与青年的生理、心理发展状况相交融产生的一种文化模式。同社会主体文化相比，青少年亚文化对青少年成长的影响更具有直接性、现实性，而现实的青少年亚文化却因其主体精神家园的破碎和整个社会只重经济效益的商贾作风而处于贫困状态。[①]

所谓亚文化，就是指一个社会中不占统治地位的支流文化。亚文化一词通常有两种含义：一是指在一个社会的某些群体中存在的不同于主文化的价值观和行为模式；二是指由于信奉这些不同于主文化的价值观念和行为模式的人所组成的社会群体。……亚文化不是非文化，它与主文化有密切关系，并不处于完全对立状态……亚文化的功能就在于能在主文化无法涉及的领域中施展其独特的功能，亦即在主文化没有向青少年提供充分的机会、条件发挥其潜能时，亚文化作为另一种文化形式可提供必要的补充。……对亚文化的态度应当是扬其精华，弃其糟粕，勇于接受亚文化中的精粹并与

---

① 王宏宇：《青少年犯罪的文化根源》，《中国青年研究》1996 年第 4 期。

主文化相融合。……但无可讳言，亚文化容易使青少年凝聚成小团体，在生活贫困、社会失控等因素的作用下形成犯罪亚文化，从而导致违法犯罪。因此，亚文化成了犯罪亚文化的发源地和原料仓库。……认识到这一点才能认真、正确、科学地改造亚文化，使得亚文化真正成为主文化的必要补充，才有可能切实减少青少年犯罪的市场，减少犯罪预备队员。①

这种观点与西方学者很不同。在西方学者的意识里，青少年文化是指带有一定特色的在某一青少年群体中自发产生的文化现象，不是学校教育的"补充"，更谈不上"建设"。这一差异的出现与中西方学者的研究立场不同有关。西方学者在研究中对青少年文化持客观、中立的解释立场，中国学者往往是通过研究来评判青少年文化的优劣、价值观的正确与否，进而希望能对研究对象以及有关的社会现象有所作为。期刊和学位论文中有关这个主题的多是这一类研究，一般是通过研究某一青少年文化现象，如流行、动漫、恐怖、同居、摇滚乐、灰色文化、青少年文化与犯罪等，然后分析、评价这些现象是否健康、是否有益于社会稳定……之后再提出一些解决问题的建议和办法。20世纪90年代中期以来几十篇有关青少年文化主题的核心期刊论文和学位论文基本都是这样的研究。

与日本学者相似，中国学者陈世联在研究文化与儿童社会化问题时谈到了学生文化问题。他认为学生文化是"以学校年轻一代为主创造的文化，作为学校文化的一种亚文化，主要来自学生及其团体在学校学习、活动及各种交往中形成并表现出来的学生所特有的各种习惯、风俗、时尚、语汇、价值观念、思维方式、审美倾向、行为规范等"。②学生文化具有多元性、非正式性、变异性、过渡性和非主流性的特征。根据作用范围的大小，学生文化可以分为同伴群体文化和学校流行文化。学生同伴群体的文化是学生与之交往的特定的群体所具有的共同文

---

① 高中建：《关于青少年犯罪的文化思考》，《当代青年研究》1998年第5期。
② 陈世联：《文化与儿童社会化》，中国社会科学出版社2008年版，第236页。

化特征，可以看作为学生群体构成的一种有着自己的习惯、传统、处事方式甚至自己的语言的独特世界。同伴群体文化主要有正式的班级文化、社团文化、寝室文化和非正式的"团体"文化等。虽然不同类型的同伴群体文化的特质并不完全相同，但常表现出一定的共性：对成年人的排斥、群体成员间的平等、成员及其文化形式的暂时性、群体文化影响的递增性。学校流行文化又称学校时髦文化、时尚文化，它是在一定时期内的学校青少年学生群体中普遍流行的、随处可见的、超越同伴群体而为大多数儿童所认可的文化现象、参与的文化活动或效仿的行为模式，学校流行文化表现出时代性、趋同性、阵热性、多元化等特点，反映了某一特定时期的社会历史背景和青少年学生的心灵轨迹，从一个侧面反映了校园的精神面貌。陈世联还认为，学生文化一经形成，就作为一种相对独立的文化形式，与学校中其他的文化及社会文化相互交流、补充、整合，共同促进儿童的社会化。

此外，陈世联借鉴西方学者的理论阐述了学生文化中的"反学校文化"。他认为"反学校文化，指的是在学生中客观存在的，与学校主流文化相对立的一种文化现象，它所倡导的是与学校的主导价值观（包括形式上与实质上）相悖的、因此往往为学校所禁止的一套价值准则与行为规范"。① 在此基础上，他归纳出三种"反学校文化"类型，即：偏激对抗型、消极抵触型、玩世不恭型。那么，是什么因素导致反学校文化现象的出现和形成的呢？陈世联认为这有社会文化和教育自身两方面的因素，社会文化因素包括社会转型所产生的矛盾与对立、社会阶层的日益分化、大众传媒文化的负面影响三个方面，教育方面则包括学校的管理制度和方式、不平等的师生关系、不实用的课程活动、同伴的影响和学校文化形式与实质的背离以及教育评价功能的单一化。反学校文化对儿童的人格特征、社会技能、认知水平和情感态度等社会性发展具有消极影响。

郑金洲对学生文化作了比较深入的研究。他对亚文化与主流文化的

---

① 陈世联：《文化与儿童社会化》，中国社会科学出版社 2008 年版，第 241 页。

关系、亚文化与亚社会群体作了分析和解释。他认为，亚文化与主流文化虽然相异，但大多并不排斥，亚文化形成的标志除了具有异于主流文化的价值观，行为方式的差异也是重要的依据，而且只有那些有着不同价值观念和行为方式的群体才拥有自己相对独特的亚文化。所以，他认为，"学生文化是学生某一或某些群体共有的价值观念和行为方式。'学生文化主要由学生的规范性行为、共有的价值、意义和信仰所构成。'"① 在分析学生文化的成因时，他借鉴了西方学者有关亚文化的理论，用归因法分析了学生文化产生的根源，认为有六方面的因素影响着学生文化的形成，即：学生个人的身心特征，同伴群体的影响，师生的交互作用，家庭社会的经济地位、社区的影响、学校外部各文化形态的影响。

另外，郑金洲总结了学术界对学生文化类型研究的基本情况。学术界对学生文化类型的划分主要有三种方式。

第一种是根据学生的身心特征进行划分，美国学者波拉德（Pollard，A）把中学生分为三类，即好孩子型、玩笑型、坏孩子型，日本学者武内清把日本中学生文化分为学习型文化、娱乐型文化、偏离型文化、孤立型文化，还有前面提到的美国学者克拉克和特罗的四种分类。但郑金洲认为，这些分类只是学生类型学，而不是亚文化。

第二种是按从宏观到微观的水平来划分学生文化，分为国家水平的学生文化、学校水平的学生文化和学校内的学生文化，认为学生在每个水平上都有共享的价值观念。

第三种是近年来较为盛行的依据文化的不同特征对学生文化的分类，将学生文化分为社会阶层文化、年龄文化、同伴群体文化和特殊儿童表现的文化。

郑金洲也谈到了学生的反学校文化，但与陈世联不同，他全面总结和评述了西方学者反学校文化研究的情况。他认为"我国在探讨学校文化与学生文化中，鲜有对反学校文化加以分析者"。② 而且他认为，

---

① 郑金洲：《教育文化学》，人民教育出版社2000年版，第318页。
② 同上书，第343页。

不能把反学校文化仅仅定义为"工人阶级子女通过对学校内流行文化的反抗而形成的另一种文化",如某些西方学者一般。反学校文化"有着更为广泛的含义,概指在校园中有悖于校园文化(取其一般概念)的另一些文化现象,其共同点在于使校园文化的核心——根本价值异化"。[①] 他将反学校文化分为三种形态:事实上的价值取向根本背离形式上的价值取向;某一群体对学校价值取向的根本背离形成的对抗;来于教育系统内、外部的冲击,它们也往往会发生广泛而又激烈的文化碰撞,从而形成反学校文化的又一形态。

此外,袁振国和冯增俊也对学校文化有所研究,大致内容和观点与以上两位学者基本一致。

我国台湾学者李国霖也研究了台湾的学生文化。与西方的情况类似,"80年代以后的台湾,由于社会变迁巨大而急骤,人们的价值观念与行为模式日趋多元化,青少年则表现得尤为突出"。同时与大陆学者的愿望一致,"台湾一批教育界人士为了深入了解青少年的这种变化,从而把握其特点,以利有效的引导,他们期望通过对学生文化的研究,从文化、心理的角度对新时期学生的特点有更深刻的了解,继而采取相应的对策,使教育的功能得到更充分的发挥。有的学者说,从学生的观点来从事教育的改革,是一种重要的途径,因此,对于学生文化的探讨也就刻不容缓了"。[②] 从李国霖的著作《社会蜕变中的台湾学校文化》中可以比较全面地了解台湾90年代中期以前的学生文化研究状况。以下分别介绍。

陈奎熹认为学生次级文化(也称"亚文化")主要有四个特征:学生次级文化是学校文化的一部分;学生次级文化构成潜在课程的重要内容;学生次级文化是交互作用的结果;学生次级文化是一种"过渡性"的产物。又认为学生次级文化的形成,是四种因素交互作用的结果,即学生个人身心特征、学校气氛与师生关系、同辈团体的规范、社会变迁的影响。

---

① 郑金洲:《教育文化学》,人民教育出版社2000年版,第343页。
② 李国霖:《社会蜕变中台湾学校文化》,福建教育出版社1995年版,第39页。

　　李国霖还综述了台湾七八十年代学生文化的调查研究状况。开始多从心理学的观点入手，如从心态方面的探讨出发，后来则较多从教育社会学的观点从事探讨。研究的内容主要是课业学习态度、对学校的态度、人际关系尤其是与教师的关系、价值观念、学校活动、休闲活动、未来展望等；有的学者则从另一个角度，即价值观念、社会态度与生活形式探讨学生文化的整体趋向及其相关的个人、家庭、学校等因素；对学生文化差异因素的探讨，大体包括性别、年级、学校地区、班级形态、家庭社会经济地位、外在差异因素、学校类别等方面。研究的结果，多数肯定学生次级文化的存在，但并非完全与成人文化对立；学生文化内则有差异存在；学校文化有积极的一面，也有令人隐忧的一面。研究方法可以归纳为三大类型：理论分析法，以林清江（1979）、欧用生（1976、1977、1979）等为代表；调查研究法，以若干国立台湾师范大学教育研究所硕士学位论文为主；俗民志研究法。

　　李国霖认为台湾学生文化研究在教育上的意义在于：首先可以帮助塑造精致的学校文化，以引导学生次级文化；其次可以引导教育者重视学校非正式体系与潜在课程的影响力；还有助于提醒教师在教学过程与训育方式上，尊重学生的观点。

　　在进行了理论探讨和实际调查研究后，李国霖认为多元价值取向是台湾学生文化的特点，学生的情绪反应与心理需求，是学生文化的重要组成部分，随着现代社会的发展，其重要性更日益显现。最后李国霖研究了台湾反传统的学生文化（不完全等同于反学校文化），他把反传统学生文化分为四类：反抗权威的非常事件（请愿），休闲活动，"流行"文化，学生的问题与犯罪行为（包括滥用药物、沉迷电游、阅读违禁读物、逃学、打架、赌博、毁损、过失伤害、盗窃等）。

　　从我国台湾学者的研究中看到，今日大陆青少年中出现的许多问题与20世纪80年代台湾青少年的问题惊人的相似。笔者以为其原因是两岸文化同宗同源，青少年在社会变迁时期会表现出相似的状态，也是由于同样的原因，无论是在研究内容，还是研究方法上，台湾学者的研究对大陆青少年文化的研究具有重要的启发和借鉴意义。

在以上这些针对青少年的系统研究中，未见到对"农村"青少年文化的专门研究，说明即使在大陆，农村青少年的文化问题还没有进入研究者的视野。

搜索 20 世纪 80 年代以来有关农村青少年期刊成果，大约有两百多篇论文，但有质量的并不多，除去医学方面的研究外，以研究农村青少年犯罪的居多，其次是研究心理及健康、社会化、媒体传播，还有 2 篇分别研究文化消费和宗教性。

倒是有 7 篇有关农村青少年的学位论文，分别研究诚信观、友谊及其与社交自我概念和孤独感、德育、心理卫生与健康、社会化、广告的影响力、学校适应等问题，这些研究或多或少与青少年文化有关。

就青少年犯罪话题而言，中国大陆和台湾以及西方的基本情况是类似的，但大陆学者尚未自觉地从青少年文化的角度去深入研究包括犯罪在内的农村青少年问题，只是在某些论文中一般性地论及青少年的心理、社会化、价值观等问题。在这些研究中，研究者多是站在法律、控制和教育的立场，一相情愿地认为消除某些诱导因素（如不良文化的传播渠道）或进行有效的学校和社会教育就能够减少农村青少年犯罪，极少从青少年文化及其社会原因的角度去研究这些问题，只有一篇论文明确提到要把青少年犯罪研究置于农业社会向工业社会逐渐转型的大趋势中去考察[①]。这些都说明大陆学者还缺少研究农村青少年文化的"自觉"意识，更进一步说，无论从法律还是从教育角度上看，大陆学者都是把农村青少年看作一个控制的对象，尚未从主体的角度看待和研究农村青少年。很显然，这恰恰体现了传统中国的儿童观、青少年观。而事实上，作为青少年中的最底层群体，中国农村青少年的所有问题都与其所处的底层社会地位以及与此地位相关的经济、文化、教育等的因素密切相关。他们不是一个有待解决的问题，甚至也不仅仅是一个需要尊重、保护和理解的群体，更是一个需要国家和社会从人道、权利和自由意义上给予思考和反省的主体。

---

① 韩秀桃：《农村青少年犯罪研究中的几个问题》，《青年研究》1996 年第 2 期。

第五节　基本假设

"文化"是一个含义抽象而丰富的概念，但文化也有着丰富的表现形式，完全可以通过人类的物质产品、艺术作品、宗教信仰、风俗习惯、语言、行为、交往方式等各种显性的形式去研究，发现文化的核心——精神意识。

青少年的社会化过程就是习得其所属社会生活方式的过程，即习得其文化的过程，但这一过程并非是一种"文化的程序编制"，即使是刚刚出生的婴儿都会有这样或那样的需求或要求，而这些要求或需求会影响负责看护他的那些人的行为。也就是说，儿童从一开始就是一个主动的个体，①儿童社会化的过程是一个与文化对话的过程，在此过程中，儿童会形成自己的文化，而非被动地接受成人文化。

此外，"浅显的说，那些生活在上流社会、家产殷实、有安稳前途的年轻人，与那些来自郊区或乡村、难以胜任工作，甚至几乎没受过教育，而且家里的大部分成员都没有正式收入的青年人相比，除了他们可能出生在同一时间（不同环境），他们之间存在着怎样的共同点呢？他们各有怎样的特点呢？"② 这个观点也可以用来说明中国的情况。就中国而言，由于生产力、经济发展、文化传统、政治背景等多方面的原因，农村不仅意味着落后的生产方式和经济发展水平，还意味着民族传统和生活方式，甚至意味着某种政治和社会的身份和地位。因此，在中国，农村与城市青少年相比，无论在生存环境和身份地位，还是在心理状态、思想观念上都存在着巨大差别，这决定了农村青少年有着不同于城市青少年的文化。

可以设想，中国农村青少年在价值观、符号体系、社会规范、社会关系和组织上——即文化上，有自己的特点，因此，对农村青少年文化

---

① ［英］安东尼·吉登斯：《社会学》，赵旭东等译，北京大学出版社 2003 年版，第 36 页。

② Jean Charlse Lagree：《对青年文化的反思》，陆士桢主编：《青年参与和青年文化的国际视野》，黄松鹤译，中国国际广播出版社 2008 年版，第 143 页。

的研究是基于以下基本假设：

1. 农村青少年文化的内容和观点与他们的社会地位密切相关；

2. 农村青少年文化的内容和观点与他们所生活的当地村镇的经济状况、生产生活方式、文化传统和风俗习惯（包括旧的和近几十年新形成的）、家庭生活等直接相关；

3. 中国农村青少年文化的内容和观点与性别具有相关性；

4. 中国农村青少年文化的内容与观点与他们所能接触到的媒体的内容和方式具有直接相关；

5. 中国农村青少年文化的内容和观点与他们的学校生活，包括课程、学校管理状况等直接相关。

第六节 研究方法

一 质性研究：案例

毫无疑问，方法的选择是重要的，方法并无好坏、对错之别，只取决于方法与研究对象、研究内容以及研究目的的适切性。

我的研究对象是学龄期的农村青少年，研究的内容是这个群体的文化状况，研究的目的是了解农村青少年的精神意识，了解他们的价值倾向，而"文化"是一种在本质上无法用量化方法测量的人类现象，因此笔者认为从研究类型上看，这是一种质性研究。与量化方法比较，质性研究对公开的、模糊的经验材料及其宗旨进行的思考，另一个重要特征是，它们是从研究主体的视角与行为出发的，[1] 在研究过程中，"质性研究者强调现实的社会建构本质，重视研究者与研究对象的密切关系，并注重那些影响调查的情境性约束。他们要回答这样的问题，即社会经验是怎样被创造并被赋予意义的"，[2] 不错，"社会经验是怎样被创造并被

---

① 陈向明：《质的研究方法与社会科学研究》，高等教育出版社 2000 年版，第 12 页。

② ［美］大卫·希尔弗曼：《质的研究方法与社会科学研究》，李雪译，高等教育出版社 2000 年版，第 12 页。

赋予意义的"，笔者要研究的问题正是：农村青少年的文化，即他们的精神意识和价值倾向，是如何被创造的？又是如何被他们赋予了自己独特的意义？这种意识和意义又是如何影响着他们的心灵和生活的？

对质性研究而言，案例的选择和研究非常重要。因为对有些研究来说，无论如何，研究者都不可能接触到所有的研究对象，但这并不意味着研究不可能，或者说研究是无效的。恰恰相反，选取合适的少部分研究对象做深入细致的研究是一种现实而可靠的办法，并无必要研究全部对象，最好的研究是"对很少的东西做很多"，换句话说，就是个案研究。事实上，"研究结果的效度不在于样本数量的多少，而在于样本的限定是否合适，即该样本是否能够作为一个典型的、能够代表本文化完整经验的个案进行准确研究"。①

个案研究是"使用任何合适的方法对一个案例（或者数量较小的几个案例）进行细节研究"。在研究过程中，"也许有许多的研究目的和研究问题，不过最一般的目的是对那个案例达到尽可能充分的理解。"② 在本研究中，笔者也是试图以极少数农村青少年作为样本，对他们做深入细致的分析研究，希望能对他们的文化达到尽可能充分的理解。

二　质性研究：选择样本

与量化研究不同，质性研究的样本不大可能通过随机抽取的方法获得。在质性研究中，"选取某个案例常常是因为它可以进入。另外，即便你可以建立起案例的一些代表性样本，可能会因为这样本的规模太大，而排除了质性研究所青睐的深入分析的可能性"。③ 因此，本研究在选取样本时，也是根据笔者自身的情况，选取那些能够进入的样本——笔者的家乡和那些与笔者有着某些私人关系的农村的个别青少

---

① 陈向明：《质的研究方法与社会科学研究》，高等教育出版社 2000 年版，第 104 页。

② ［美］大卫·希尔弗曼：《质的研究方法与社会科学研究》，李雪译，高等教育出版社 2000 年版，第 108 页。

③ 同上书，第 109 页。

年，希望能从他们身上发现和推论出当代中国农村青少年文化的具有普遍性的特征。

但这还不够，样本的选择还必须能够比较完整地、相对准确地回答研究者的问题，也就是说，选择的样本本身能具有完成研究任务的特性及功能。因此，在本研究中，笔者在抽样时首先依据分层的原则进行，也就是说先按照一定的标准对研究对象进行分层，然后在不同的层面上进行目的性抽样。"这么做是为了了解每一个同质性较强的层次内部的具体情况，以便在不同层次中进行比较，进而达到对总体异质性的了解。"① 具体地说，笔者计划依据年龄标准选取 12—15 岁几个不同年龄段的青少年作为研究样本（具体地点和选择的标准留待后面的研究中详细分析和解释）。

在此基础上，再选择每一年龄段内部家庭、教育状况比较相似的农村青少年（即同质性比较高）的个案进行研究。这么做的目的是对他们中某一类比较相同的个案进行详细的分析，这样可以集中对这些个案内部的文化现象进行深入的探讨。

三 质性研究：研究对象

本课题的研究对象是农村青少年，笔者在山东聊城的农村选取两所初中学校，对学校的学生进行选样，从这些学生中搜集资料。

聊城位于山东西北部，地处山东、河南与河北三省交界处，虽隶属沿海省份，但地处内陆，是个沿海经济发达省份的不发达地区，以农业为主生产为主，农业人口的生活上依然基本保持在农村状态；从文化环境上看，聊城紧靠儒家文化中心地区，无论城市还是农村都保留着深厚的传统观念，风俗习惯上表现出典型的儒家文化特色。

研究中，计划选取具有以下特征的学生样本作为研究对象。

年龄：12—17 岁（因有些农村孩子入学迟，且由于对现有的城市倾向的课程内容脱离孩子的生活实践，农村孩子普遍有学习困难问题，

---

① 陈向明：《质的研究方法与社会科学研究》，高等教育出版社 2000 年版，第 104 页。

加之农村教学条件、师资条件的限制，很多孩子从小学起有留级的情况，所以这两所中学孩子的平均年龄要比城市中学大一岁到两岁，偶尔能见到 17 岁的孩子）；

性别：男、女生各一半；

身份：出生并生活在农村，都是农村户口，家中有耕地和宅基地，父母多从事农业生产，但也有很多外出打工。

这些学生虽然只是中国农村青少年的极少一部分，但这些孩子的生活在中国农村青少年中具有一定的代表性。经济环境上既非最发达，也非最落后，文化环境上具有鲜明的中国传统儒家文化特色。因此，这些农村孩子的生活状况在中国农村处于一种比较平均的状态。而"在质性研究中，对典型个案进行研究不是为了将其结果推论到从中抽样的人群中，而是为了说明在此类现象中一个典型的个案是什么样子。这种研究的目的是展示和说明，而不是证实和推论"。① 不错，"展示和说明"，这正是本课题的研究目的。

在研究过程中，对所选择的学生进行有计划的访谈问卷调查，能够获取有关他们的伙伴交往、休闲趣味、学习态度、生活向往等方面的信息，通过这些信息来研究他们的文化状况，发现其文化的特点，并在此基础上研究影响其文化的社会、学校和家庭等方面的原因。

四　质性研究：访谈

访谈，这是质性研究中最重要的收集资料的方法。

"访谈"就是研究者"寻访""访问"被研究者并且与其进行"交谈"和"询问"的一种活动。但访谈不同于日常谈话，它是一种有特定目的和一定规则的研究性交谈，而日常谈话是一种目的性比较弱（或者说目的主要是感情交流）形式比较松散的谈话方式。这两种交谈方式都有自己的交流规则，谈话双方一旦进入交谈关系，便会自动产生一种默契，不言而喻地遵守这些规则。

---

① 　陈向明：《质的研究方法与社会科学研究》，高等教育出版社 2000 年版，第 107 页。

在质性研究中，访谈是一种非常有效的获取研究资料的方式。这种方式可以了解受访者的所思所想，包括他们的精神意识、情感状态、价值观念和行为规范，在本研究中，这正是笔者希望能从农村青少年身上了解的情况。访谈还能了解受访者过去生活经历以及他们耳闻目睹的有关事件，并且了解他们对这些事件的意义解释，这些能更深入和全面地反映受访者的情感、态度和价值观。此外，深入的访谈能使笔者对农村青少年的文化现象获得一个比较广阔、整体性的视野，从多重角度对现行进行深入、细致的描述，这对文化研究来说同样至关重要。

如前所述，访谈并非漫无目的的"聊天"，是有目的收集资料的过程，因此，一般情况下，需要为质性研究的访谈设计一个粗线条的、开放性的访谈提纲，以便在谈话时能够提醒采访者，避免遗漏采访内容。

（访谈提纲见附录）

五 质性研究：收集实物

除了访谈外，质性研究中另外一种重要的收集资料的方法是实物分析，"实物"包括所有与研究问题有关的文字、图片、音像、物品等，可以是人工制作的东西，也可以是经过人加工过的自然物。"这些资料可以是历史文献（如传记、史料），也可以是现时的记录（如信件、作息时间表、学生作业）；可以是文字资料（如文件、教科书、学生成绩单、课表、日记），也可以是影像资料（如照片、录像、录音、电影、广告）；可以是平面的资料（如书面材料），也可以是立体的物品（如陶器、植物、路标）。"① 之所以收集这些物品，是因为质性研究者认为任何实物都是一定文化的产物，都是在一定情境下某些人对一定事物看法的体现。它们之所以被生产出来，是因为他们满足了社会上某些类人的需要，表现了社会上某些人相互之间或者人与环境之间的一种"契约"。因此可以收集这些实物，作为特定文化中特定人群所持观念的物化形式进行分析。

---

① 陈向明：《质的研究方法与社会科学研究》，高等教育出版社 2000 年版，第 257 页。

对于本研究而来说，这类实物具有同样重要的意义。首先，实物可以扩大研究者的意识范围，增加多种研究手段和分析视角。如果能够见到农村青少年的照片、小制作、私人作品、私人收藏等等，有可能为本研究提供一些新的联想和想象，使研究的视野更加开阔，对研究对象的理解更加深入。其次，实物在一些情况下可能比访谈更具有说服力，可以表达一些语言无法表达的思想和情感。另外，实物分析还可以用来与从其他渠道（比如访谈）获得的材料进行相互补充和相关检验。

所以，实物的收集和分析也是本研究计划使用的研究方法。

六　问卷

问卷是一种调查研究的方法，但它与访谈一样，是在教育研究中被广泛运用的方法，常用于收集那些不能通过直接观察得到的信息资料，可以用来调查人们的情感、动机、态度、成就以及经历，具体地说，问卷指对所有抽样调查对象提出若干个同样问题的书面调查材料。

在收集研究资料方面，问卷较访谈有两大优点：第一，在大范围内抽选调查对象所需费用较低；第二，收集资料所花费的时间要少得多。但是问卷的方式不可能深入调查出答卷人的真实观点和情感，而且，问卷一旦发出，即使某些答卷人对有些问题不大清楚，我们也无法去修正它们。①

所以，在实际调查过程中，访谈和问卷常常结合使用，可以从访谈入手，再对更多的调查对象进行问卷调查，将两种资料结合起来进行分析和研究。

对于本研究来说，访谈无疑是重要的，但问卷有助于研究者获得更多的资料，这些资料可以和访谈资料互相补充并互相检验，以使研究更为深入、全面和准确。因此，问卷也是本研究计划使用的方法之一。

（问卷见附录）

---

① ［美］梅雷迪斯·D. 高尔、沃尔特·F. 博格、乔伊斯·P. 高尔：《教育研究方法导论》，许庆豫译，江苏教育出版社 2002 年版，第 244 页。

七 资料分析与论文写作

质性研究"是一个多重现实（或同一现实的不同呈现）的探究和建构过程。在这个动态的过程中，研究者和被研究者双方都可能会变，收集和分析资料的方法会变，建构研究结果和理论的方式也会变。因此质的研究是一个不断演化的过程，不可能'一次定终身'。……采取的是'即时性策略'，而不是按照一个事先设计好的、固定的方案行事。……他们不必受到事先设定的'科学规范'的严格约束，在建构新的研究结果的同时也在建构着新的研究方法和思路"。① 因此，在研究计划阶段，我很难提供详细具体的论文框架。但这并不是说质性研究是漫无目的、毫无计划的。

如前所述，访谈和实物收集是本研究获得资料的方法，对于收集到的资料，可以按照以下的框架进行的初步的编录和分析：

1. 对象群体或个人的意识形态和世界观，以及他们定义自己生活世界的方式；

2. 对象的行为规范、规则及意义建构，包括那些他们明确说出来的、隐蔽的和有意拒绝回答的意义；

3. 对象的社会实践包括他们平时行为中最小的单位以及那些对于他们来说具有戏剧性和特殊性的事件；

4. 对象的社会角色，包括先赋的角色（性别、年龄等）和正式的角色（如职业等）、人格特征、交往角色、角色策略、当事人故意做出某种角色姿态的原因和动机；

5. 对象的人际交往、社会系统中的人际关系、社会成员之间的邂逅，包括交往的主要阶段如相遇、相知、共同建构关系、关系低落、重新恢复关系、分手等；

6. 群体（如社会阶层、团伙和正规社会组织）及其适应社会环境的功能；

① 陈向明：《质的研究方法与社会科学研究》，高等教育出版社 2000 年版，第 8 页。

7. 对象的居住地（由复杂的、相互关联的人、角色、群体和组织所组成）、居住地的边界领域及其维持生命的功能；

8. 对象的生活方式（一大群居住在同类环境下的人们为了适应生活而采取的一种总体方式）。

在对资料编录的基础上，进一步寻找反复出现的现象并尝试寻找可以解释这些现象的概念和理论，或者将资料置于研究现象所处的自然情境之中，按照故事发生的时序对有关事件和人物进行描述性分析。

通过调查、分析和研究，完成了报告。报告共分八个部分。

第一部分导论，说明了选题的缘由、研究的问题、研究目的、研究意义、相关概念，文献综述、基本假设以及研究方法。

第二部分学校、家庭和生活，介绍了两个镇子和学校的大致情况以及孩子们生活的基本情况，目的是给孩子们的生活搭建一个舞台背景。

第三部分和第四部分，分别谈男孩和女孩课外阅读生活。

第五部分娱乐世界里的虚实真假，主要谈媒体尤其是电视媒体对两个学校孩子生活的影响和对他们文化生活的影响。

第六部分少男少女的爱情，介绍了孩子们的恋爱生活，这是在采访中发现的情况，事先没有预料到。

第七部分生活与学业中的对错、优劣，介绍了以上几个内容之外我认为值得谈的问题，包括基本的生活面貌、小群体、学习态度和行为、"不上了"的孩子以及对未来生活的认识和期待。

第八部分结论，对两个学校青少年文化的研究情况做了讨论，最后讨论假设，得出结论。

第二章　家乡、学校和生活

　　我是在我的祖籍地——山东聊城 S 县——选择的样本。聊城位于山东西北部、华北平原的东北边缘，地处冀鲁豫三省交界地，S 县北临河北，西边与河南接壤。

　　通过熟人关系，我在山东聊城 S 县的两个镇找了两所农村中学——南桥镇中学和路家镇中学，① 前后共做了四个月的调查。南桥镇位于 S 县的南部，距离 S 县城约 60 公里，路家镇位于 S 县的北部，距离 S 县城约 13 公里。两个镇虽同属 S 县，相距不到 80 公里，但在经济条件、风俗习惯上还是有些外人觉察不出的差别。

第一节　家乡

　　如同中国的西北，地处山东西北部的聊城也是目前山东经济条件最为落后的地区。南桥镇位于 S 县的南部，路家镇位于 S 县的北部，比较起来，南桥镇要比路家镇富裕一些，事实上，S 县的东部和南部普遍要比西部和北部富裕，和整个国家的地域经济差异是一致的。

---

　　① 其实，开始只计划找一所学校进行调查，可是在调查这所学校时，我开始怀疑它所具有的代表性。尽管我并不那么认可研究中"一滴水见阳光""窥一斑而见全豹"的企图，但这种下意识中的野心总还是让我试图通过小范围的局部透视整体。并非这所学校在农村中学中有格外特别的情况，而是发现学校中不同班级孩子的趣味、风气、特征都有所不同。我想，班与班之间尚且如此，学校与学校之间的差别岂不是更大？这便激发了我研究另一所学校的好奇心。就这样，我又开始了对另一所学校的研究。

南桥镇距离县城较远，乘车需要近两个小时，紧临河南的某个油田（事实上，南桥镇历史上曾属河南管辖，1960 年才划归山东）。由于油田的油井占用了这个镇几个村庄的部分土地，当地居民利用这个便利，沾点油田的光，比如偷油田的油和气自用，甚至向外出售，几个被占土地村庄的居民因此发了一点财，其富裕程度远远超过了其他村庄，这让那些村庄的人们颇为羡慕。当然，许多做得过头的胆大居民也因此获罪，蹲过监狱，但对一些不太过分的行为，油田不那么计较，也无法计较。除此之外，也有人有能力通过合法手段经营油田的油气产品真正发了大财的，但这样的人毕竟只是极少数的"底层精英"。

南桥镇的经济以种植业为主，主要种植小麦、玉米、花生等农作物，乡镇企业不多，有一家不大的特种钢厂，据说是国家机械电子部的专业生产厂家，我从镇上走过的时候看到了这家工厂。

像当地的所有乡镇一样，镇政府所在地是南桥镇最繁华的地方，人们通常称这里为"南桥镇"，而称隶属于这个镇的村子为"某某村"。镇子不算大，一条公路穿镇而过，另一条稍窄些的路和它相交呈十字，当地人称为"十字街"，长途汽车经过镇子时，通常会在这里停下放下要求下车的乘客，反而不在镇客运站停车，因为那里距十字街有一段距离，并不方便乘客，我每次去南桥镇中学，也是在这里下车。十字街是镇子的中心，镇政府、学校、医院和商店分布在两条街道的两边。让我感到意外的是，十字街东向的街上有个颇具规模的超市，这是我之前没想到的，看来我对农村的印象还停留在十几年前。南桥镇中学就在十字街西边的街上，距路口不到 200 米，与镇医院斜对门。

路家镇离县城很近，乘车大约 20 分钟。和南桥镇类似，一条公路穿过镇子，另一条窄些的街道与公路形成"十字街"，这里的人们也这样称呼镇上的这个繁华的十字路口。路家镇经济也以种植业为主，但与南桥镇不太一样，路家镇除种植小麦等粮食作物外，也种植蔬菜，90%以上的家庭建了大棚，蔬菜种植的规模虽不及山东章丘等有名的蔬菜基地，但也颇为可观，十几年前引进了香瓜，也成为这个镇的特产。此外也有很多规模不大的民营企业，主要进行农副产品、轴承配件、电动车零件和棉纺织品的半成品的来料加工，但规模都不大，有的甚至就是买几台机器在自己家中雇人生产，类似于早年的作坊，只是使用了现代的机器设备。

若论繁华程度，路家镇稍逊于南桥镇。穿过镇子的公路没有南桥镇那么宽阔，也没有见到像南桥镇那么大的超市。甚至比不上南桥镇那么干净，晴天尘土飞扬，雨天泥泞满地。我分析是不是离县城太近的缘故？县城里的垃圾会就近倾倒在附近的乡镇，而且处理得不彻底，因为去路家镇时，沿途时不时会看到沟渠里堆有垃圾，树枝上飘舞着废弃塑料袋。不同的生产方式也造就了两个镇子不同的乡村风貌，从车窗望出去，南桥镇的道路两旁是一望无际的麦田，路家镇则是一排排的蔬菜大棚。

路家镇中学在镇子北边的一条东西方向的小路尽头，与镇中心小学相邻，位置比较隐蔽，环境也很安静，这与位于镇中心繁华地带的南桥镇中学大不一样。虽说镇子都不大，路家镇中学距镇中心也不过步行10分钟的路程，但两所中学给人的喧闹与安静、开放与隐蔽的感受上的差别还是明显的。

第二节　学校

下图是南桥镇中学的平面图（见图2-1）。

学校坐南朝北，进校门东边的小房子是门卫室，餐厅西边是操场，操场和教学楼、花坛之间的几个小格子是用砖和水泥垒的乒乓球台子，操场西墙下面是学生厕所，教师厕所在教学楼东边小学联校的院里，学校在东墙边开了个门，与联校①办公区域相通。

---

① 联校：联校是聊城地区县、区教育局和小学（特别是农村小学）之间的中间管理机构。一个县区通常有不多的几所规模较大的小学直接隶属教育管理，但还是有一些规模较小的小学，特别在农村，区域面积大，不可能只在镇上设中心小学，通常是几个村合设一所小学，大的镇有十几所，小的镇也有五六所小学，但规模都不大，为便于管理，就在教育局和小学之间设置了"联校"一级管理机构。联校的权限在这十几年里也有些变化，20世纪90年代前后，联校管理本镇的小学和初中，通常将办公地点设在初中学校校园里，再用一堵墙隔开，开个小门，有的地方是在初中隔壁建一个院子作办公地点；21世纪初又将各级联校的初中分离出来，直接归属教育局管理，这样一来，联校管理权限缩小，而初中的行政地位提高，与联校平级。

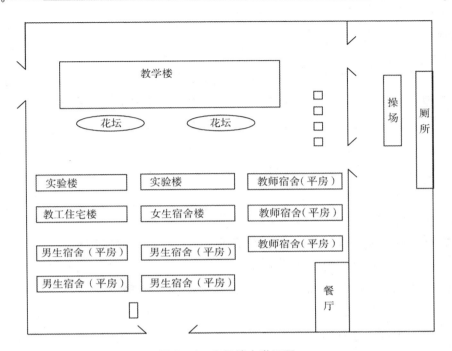

图 2-1　南桥镇中学平面

以下是路家镇中学的平面图（见图 2-2）。

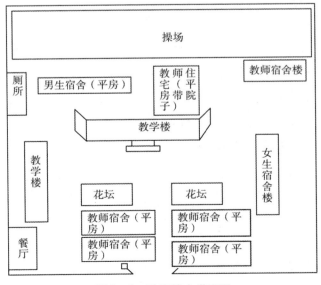

图 2-2　陆家镇中学平面

学校坐北朝南，校门内西边的小房子是门卫室。两个镇子的面貌相似，比较起来，南桥镇中学似乎也要比路家镇中学整洁一些。尤其是操场，路家镇中学的操场杂草丛生，坑坑洼洼，很泥泞，孩子们说，暑假操场上杂草长起来了，还没整理好呢，加之这年雨水很大，操场积了很多水，我想是这样的。除操场外，其他地方也还是干净。

第三节　生活

在校期间，孩子们的娱乐时间很少。路家镇的孩子甚至常常利用课间时间做作业，几乎没有什么娱乐活动，而且这个学校初三的学生因为学习紧张，就全部免去了课间操。午饭和晚饭的空余时间比较长，这也是学校中最热闹的时间，孩子们可以利用这个时间放松一下。

学校有餐厅，卖包子、馒头，一元钱一碗的菜，孩子们常常是两个人合买一碗。也有到学校外面买烧饼、菜盒儿或其他什么吃的，这催生了学校附近居民的一项生意，所以每到吃饭时间，卖饭或其他吃食的各种车子便聚集在校门口，南桥镇的品种要比路家镇丰富得多。有时孩子们会到附近的小卖店里买些干吃面或火腿肠当饭吃，都是5角或1元钱的零食，小卖店店主说超过1元钱的东西不怎么卖得动。这让我有些吃惊，后来在访谈中了解到，父母通常一周会给孩子们20元到30元钱做生活费，多的会给到50元，生活稍微富裕些的南桥镇的孩子普遍多一些，这样算下来，也就不奇怪了。但温饱毕竟早已不再是困扰农民生活的问题，加之本身就低廉的农村消费，孩子们似乎并未觉得一周5天20元到50元的生活是件艰辛的事。

除了吃饭外，孩子们聊天、打羽毛球或乒乓球，有的男孩子偷偷跑出去打台球或去网吧，还有些很努力的孩子则是做作业、复习功课。此外，午饭后有个"午休"（南桥镇的说法）或"午自习"（路家镇的说法）时间，这个时间孩子们被要求待在教室里，或者学习，或者小睡一会儿，都可以，但随便说话是被限制的，但值日生可以出去打扫校园。经过观察，我征得了校长和教师们的同意，利用这段孩子们比较空闲的时间，把个别孩子叫到教室外面做访谈，后来的问卷工作也是在这段时间里做的。

周五下午放学后回家，周末的两天里，孩子们看电视、看朋友、陪伴家人、做家务和农活是孩子们的主要活动，男孩有时会打打篮球或羽毛球，也有男孩子打台球，偶尔上网。有电脑的家庭还很少，大约占 10%，通常是去有电脑的亲戚或朋友家玩一下，或者去镇上的网吧，当然去网吧是学校禁止的。这个年龄的孩子，农活做得不多，但每个孩子的情况也有不同，多数只是在家做些家务，偶尔做些农活，也有极个别能干的孩子干得比较多。据路家镇的孩子们说，他们的一个同学不住校，每天回家，"自己弄一个大棚"，这令他的同学们惊叹，更令我觉得不可思议，当然这是极个别现象。路家镇的另一个女孩子很骄傲地说自己去集上买过菜，也串着村买过。有的孩子也在暑假到附近加工轴承的小工厂或蔬菜、香瓜市场打零工，但这种情况并不多。

第四节　家庭

可以想象的到，两个学校的孩子几乎都来自镇子所辖的各个村庄（也有少数来自其他临近的村镇），多数父母是村里的农户，个别孩子的父母是本镇教师或镇政府的工作人员（当然，这些父母原本也都是出身于本地农村）。因此，到目前为止，这两个学校的孩子都来自祖祖辈辈就生活在当地农村的农户。虽然有些孩子的父母已经脱离了农业生产，脱离了农民身份，但他们事实上仍然生活在农村，他们的祖父母以及绝大多数亲友还是农民，对于他们来说，这些村镇是他们的"家乡"，是他们的"家"，他们是"这里人"。

然而，社会在变化，家庭在变化，孩子们的生活也在变化着，这种变化在南桥镇表现得尤其明显。如前所述，南桥镇的经济主要以种植业为主，没有什么民营企业，临近油田的居民靠油田发点财，外出打工成了当地居民的重要收入来源。在访谈中了解到，南桥镇中学 80% 以上孩子的双亲中至少有一人在外打工，甚至有部分孩子的父亲和母亲都不在身边。我去过一个孩子的家，去了才知道，这是他爷爷、奶奶的家，老人的儿子儿媳、女儿女婿都外出打工，四个孙子和外孙跟着老人生活。调研期间，我常在路边一个小卖店等长途车，店主是个老人，在攀谈中了解到，她家也是类似的情况，两个儿子和大儿媳妇都出去了，其中一个儿子在苏州给某个老板开车，大儿子的孩子跟着他们生活。打工的地点有远有近，远的到北京、深圳，个别的甚至到新疆，近的就在省内的一些城市，更近的就在聊城、S县城或油田。打工地较远的父母每年回家的次数很有限，一般农忙和春节时在家里住十来天，有些人家索性把地包给别人或者丢给老人耕种，只在春节时回家。父母缺位的这种情况对孩子的生活、性格、心理、学习都造成了一定的影响，孩子们平时只靠手机和父母联络。

路家镇的情况大不一样，蔬菜和瓜果的种植、销售、运输和轴承、棉纺织加工是当地居民的重要收入来源，有的就在村里或镇上做点小生意，只有极少数孩子的父母在外打工，也多是在附近的S县城或聊城市做点事，因为路家镇距离县城和聊城市都很近，父母会经常回家，采访中只遇到两个孩子的父母在深圳卖鸡蛋。不过，路家镇孩子的一些年龄稍长的亲戚倒是有不少外出打工的，但也是在附近打工的居多。

两个镇孩子的不同家庭状况，使得两个学校孩子的生活和精神面貌也表现出明显差异。比较起来，南桥镇孩子普遍比正常同年级的孩子偏大一岁，要活跃一些，谈恋爱的情况更普遍，路家镇孩子更老实、规矩，年龄和城市同年级的孩子基本一致，谈恋爱的相对要少。另外，路家镇中学管理更严格，比如，不许女生在体育课和上操时间去操场，学生宿舍装有监控，女生宿舍晚上关闭楼门，教师晚间查宿舍等等。这种不同带来的直接结果是，路家镇中学的升学成绩更好。

与城市不太一样，两个镇的孩子中，独生子女并不多（南桥镇的独生子女比路家镇多一些），多数都是兄弟姊妹两个或更多，采访中遇到有多至姐弟四个的，常常是兄弟姐妹在一个学校读书。尽管如此，这些孩子的兄弟姐妹也比他们的父辈要少得多了。此外，堂、表兄弟姐妹的亲密交往、一同上学读书仍然是尚未改变的普遍现象；年、节以及婚丧嫁娶时的亲友往来、典礼仪式可能会根据具体情况做一些变通，但依然是家庭必不可少的重要事件。毕竟，无论社会的变化如何急剧和激烈，对于个体的家庭和生活来说，变化不是一瞬间发生的。

第三章 认识社会、想象成功

学习是学校孩子生活中的主要事情，一周中五天的在校时间里，除了上课之外，娱乐时间并不多，即使是对学习成绩好的学生来说，学习生活也是紧张、单调而繁重的，而对那些学习成绩差的孩子们来说，每天坐在教室里一节接着一节地上自己听不懂、学不会的课程，无疑是一种煎熬。因此，无论学习时间被安排的多么紧凑，孩子们总是尽可能地寻找到让自己放松、开心或者干脆是打发时间的消遣方式，学习差的同学尤其如此，他们有更多的时间、精力和兴趣去发掘、想象和实施一些更有趣的事情，比如游戏（真实的或网络的）、聊天（生活中的或虚拟的）、课外阅读、看电视、打台球、闲逛、购物、交友……在这个过程中，孩子们学习书本上学不到的生活技能和社会技巧，认识和理解生活的意义、人生的价值和社会的真相，并勾画未来图景、想象成功之路、憧憬幸福生活。

第一节 男孩子的阅读世界

在调查中了解到，阅读并不是孩子们最喜爱的业余活动，除了课本、与课本配套的读本和各类作文选以外，相当一部分孩子不喜欢读课外书，很多孩子在问卷上填的是"无"，或干脆不填。有些孩子会读一些课本上推荐的文学、历史、科学类的课外读物，但种类和数量很有限，毕竟，书籍还不是这些孩子容易获得的文化产品。

在问卷调查中，我请孩子们写出自己最喜欢读的书的名称，以下是通过问卷获得有关男孩子阅读倾向的信息（见表3－1）：

表3－1 **男生阅读情况**

作品名称	频数
三国演义	37
坏蛋是怎样炼成的	24
钢铁是怎样炼成的	22
作文	13
水浒传	12
校园狂少	6
四大名著	6
汤姆·索亚历险记	6
中华上下五千年	6
鲁滨孙漂流记	6
西游记	6
十万个为什么	5
科幻	5
阿衰	5
笑话	4
幽默	3
淘气包马小跳	3
格列佛游记	3
人类（世界）未解之谜	3
七界传说	3
黑道学生	3
修真	2
红楼梦	2
二十五史	2
史记	2
鬼吹灯	2
孙子兵法	2
漫画	2

作品名称	频数
武侠	2
名侦探柯南	2
朝花夕拾	2
童话	2
脑筋急转弯	2
鲁迅	2
爱的教育	2
昆虫记	2
童年	2
家	2
军事	2
星辰变	2
读者	2
假如给我三天光明	2
校园风流邪神	2
黑道争霸	2
老人与海	2
七龙珠	2
网游	1
网游之从零开始	1
郭敬明	1
幻城	1
穆斯林的葬礼	1
鬼故事	1
天龙八部	1
虹猫蓝兔	1
动画王国	1
飞升之后	1
地心游记	1
机甲狙击手	1
格林童话	1

续表

作品名称	频数
男生女生	1
春	1
秋	1
笑傲江湖	1
三十六计	1
名人故事	1
名人传	1
聊斋	1
绝代双骄	1
异侠	1
骆驼祥子	1
基督山伯爵	1
百科全书	1
UFO 之谜	1
盘龙	1
杨家将	1
屠龙小说	1
魔剑录	1
安妮宝贝的八月未央	1
老舍茶馆	1
本草纲目	1
妙药奇方	1
青年文摘	1
泡沫之夏	1
你是天使我是谁	1
偶像	1
狂人日记	1
小故事，大道理	1
时代影视	1
300 首古诗中的趣味故事	1
自然科学	1

续表

作品名称	频数
羊脂球	1
傅雷家书	1
千年一叹	1
点亮青少年心灵的感悟	1
快活林	1
智慧背囊	1
迷幻小新娘	1
班花	1
流氓天尊	1
黑道小子	1
黑道太子	1
黑道修神	1
重生之经济帝国	1
和空姐同居的日子	1
封神榜	1
天使街 23 号	1
资治通鉴	1
海底两万里	1
海的女儿	1
狱锁狂龙	1
酒神	1
修仙神曲	1
哈佛家教	1
青春学院	1
无极魔道	1
梦里花落知多少	1
唐诗三百首	1
破案一分钟	1
哈利·波特	1
明朝那些事儿	1
张三丰弟子现代生活录	1

注：问卷中的题目要求学生写出自己喜欢的书籍名称，但有些学生的兴趣不是集中在具体的一两本书上，就写出了书籍的种类，有的则写出了作者名称，但同样能从中看出其阅读倾向。

学生一共列出了 121 种书或书籍种类的名称，根据内容和主题，可以将这些作品大致划分为 20 类，如下表。

表 3-2　　　　　　　男生阅读情况分类

品种	作品名称	频数	合计
1. 中国古典名著	三国演义	37	64
	水浒传	11	
	四大名著	6	
	西游记	6	
	红楼梦	2	
	聊斋	1	
	封神榜	1	
2. 主流名著	钢铁是怎样炼成的	22	48
	爱的教育	2	
	童年	2	
	家	2	
	鲁迅	2	
	朝花夕拾	2	
	假如给我三天光明	2	
	老人与海	2	
	基督山伯爵	1	
	春	1	
	秋	1	
	狂人日记	1	
	老舍茶馆	1	
	骆驼祥子	1	
	羊脂球	1	
	傅雷家书	1	
	唐诗三百首	1	
	300 首古诗中的趣味故事	1	
	穆斯林的葬礼	1	
	名人传	1	

续表

品种	作品名称	频数	合计
3. 网络黑道	坏蛋是怎样炼成的	24	42
	校园狂少	6	
	黑道学生	3	
	校园风流邪神	2	
	黑道争霸	2	
	黑道小子	1	
	黑道太子	1	
	黑道修神	1	
	流氓天尊	1	
	狱锁狂龙	1	
4. 流行、休闲	笑话	4	22
	幽默	3	
	脑筋急转弯	2	
	读者	2	
	青年文摘	1	
	时代影视	1	
	偶像	1	
	快活林	1	
	点亮青少年心灵的感悟	1	
	小故事，大道理	1	
	智慧背囊	1	
	千年一叹	1	
	哈佛家教	1	
	男生女生	1	
	名人故事	1	
5. 科学、自然、科幻	十万个为什么	5	20
	科幻	5	
	人类（世界）未解之谜	3	
	昆虫记	2	
	百科全书	1	
	UFO之谜	1	

续表

品种	作品名称	频数	合计
5. 科学、自然、科幻	自然科学	1	20
	海底两万里	1	
	地心游记	1	
6. 儿童文学、童话、动画、动漫	阿衰	5	19
	淘气包马小跳	3	
	漫画	2	
	七龙珠	2	
	童话	2	
	虹猫蓝兔	1	
	动画王国	1	
	青春学院	1	
	格林童话	1	
	海的女儿	1	
7. 国外经典游历小说	汤姆·索亚历险记	6	15
	鲁滨孙漂流记	6	
	格列佛游记	3	
8. 网络玄幻	七界传说	3	15
	修真	2	
	星辰变	2	
	异侠	1	
	盘龙	1	
	酒神	1	
	飞升之后	1	
	魔剑录	1	
	无极魔道	1	
	张三丰弟子现代生活录	1	
	修仙神曲	1	
9. 作文	作文	13	13
10. 历史作品	中华上下五千年	6	12
	二十五史	2	
	史记	2	

品种	作品名称	频数	合计
10. 历史作品	明朝那些事儿	1	
	资治通鉴	1	
11. 言情作品	安妮宝贝的八月未央	1	10
	泡沫之夏	1	
	你是天使我是谁	1	
	迷幻小新娘	1	
	班花	1	
	天使街 23 号	1	
	郭敬明	1	
	梦里花落知多少	1	
	幻城	1	
	和空姐同居的日子	1	
12. 武侠	武侠	2	7
	天龙八部	1	
	笑傲江湖	1	
	绝代双骄	1	
	屠龙小说	1	
	杨家将	1	
13. 兵法、军事	孙子兵法	2	5
	军事	2	
	三十六计	1	
14. 鬼怪作品	鬼吹灯	2	3
	鬼故事	1	
15. 侦探	名侦探柯南	2	3
	破案一分钟	1	
16. 网游小说	网游	1	2
	从零开始	1	
17. 医药	本草纲目	1	2
	妙药奇方	1	
18. 网络科幻	机甲狙击手	1	1
19. 网络重生	重生之经济帝国	1	1
20. 国外魔幻小说	哈利·波特	1	1

事实上，这只是一个勉为其难的分类，因为孩子们在问卷上的回答本身就是五花八门，有的写书名，有的写作者，有的写书的种类，所以很难按照主题和内容特点严格划分类别，只能大致分为这样 20 类。

从类别上看，"中国古典名著"最受男孩子喜爱，其中的《三国演义》高居榜首，远远超过其他几部作品，其次《水浒传》和《西游记》也很受欢迎。

在"主流名著"类里，《钢铁是怎样炼成的》又远远高出其他所有作品，这倒是出乎我的意料之外。这一类作品都是新课改语文课程标准推荐的文学名著。

排在第三位的是"网络黑道"类作品，这是一些描写黑社会生活的网络小说，其中很多又是当代中学生为主角、以校园为背景、以主要人物的成长和奋斗经历为线索来结构故事情节。这类小说的作者都是一些网络写手，他们的语言水平乏善可陈，但却具有丰富的想象力和高超的编织故事的本领，这使得他们的作品情节曲折、人物众多，也有一些比较生动的典型形象，因此颇受孩子们喜爱。尽管以成年人的眼光看，会觉得其中的许多情节虚假荒唐、不合逻辑，但孩子们却觉得看这些书"很刺激"。其中的《坏蛋是怎样炼成的》最受孩子们推崇，在这类作品中受欢迎程度最高，远超其他几部，在采访中，孩子们多次激动地谈到它，他们说这部书让人"热血沸腾"。此外，《校园狂少》也是在采访中不止一次听孩子们提到的作品。

"流行、休闲"类作品排在第四，虽然合计频数很高，但其中的种类很多，而且比较杂，每一种出现的次数都不多，只有"笑话""幽默""脑筋急转弯"和"读者"出现了 2 次以上，最多也不超过 4 次。另外，不清楚孩子们所写"名人故事"故事一类究竟指哪一类名人，只得归在"流行、休闲"类里。

"科学、自然、科幻"类作品也比较受男孩子们的欢迎，尤其是科幻类作品，因为如果把《海底两万里》《地心游记》《UFO 之谜》计算在内的话，科幻类作品的频数就到达 8，超过了《十万个为什么》。

"儿童文学、动画、动漫"作品排在第六位。《阿衰》是猫小乐的漫画作品，阿衰是里面的主人公，他为人张扬轻浮，缺少稳重，好胡思乱想、不切实际、异想天开、总奢望天上掉馅饼，好吃懒做，不成熟，作品描写了他和他的同学、老师、家长之间发生的一桩桩生活中的趣事，故事滑稽爆笑，深受孩子们的喜爱，是这类作品中频数最高的。《淘气包马小跳》是当今国内知名儿童文学作家杨红樱的系列作品，这部作品的动画片已出第一部，漫画正在连载中。《虹猫蓝兔》是电视上热播的武侠卡通片，有动画片，也有动漫作品。《七龙珠》（又名"龙珠"）是日本漫画家鸟鸣山的动漫作品，"青春学院"是日本动漫作家许雯刚的动漫作品《网球王子》主人公所在学校，国内名为风云韵的网络写手据此创作了小说《青春学院》。可以看出孩子们很喜欢动漫作品，特别是搞笑动漫和日本动漫。几部童话作品是家喻户晓的畅销作品，此不赘述。

"国外经典游历小说"本可以和"主流名著"归为一类，但这三部作品频数超过了一般主流名著，而且也有些相似之处，都是写主人公奇特的游历和冒险过程。联系科幻作品分析，可以看出，男孩子们喜欢表现未知、奇特、神秘的事物和事件的作品。

"网络玄幻"作品是当今网络小说的一种类型。这类作品通常以主人公的冒险、斗争、修仙、奋斗或者奇特经历为线索，故事情节魔幻怪异、无拘无束，环境变幻莫测，时空交错，跨越不定，作者任凭想象力自由发挥，与科幻、武侠、古典神魔作品的风格很接近。根据内容特点，这类小说又可以分为修真、仙侠、穿越等不同类别，但这种分类是相对的，几类作品之间并无严格界限，不少作品可能同时具有多种特点，而且不同文学网站对这些作品称呼不同，比如魔法、异能、奇幻、灵异等，但大都具有奇异、玄妙、魔幻的特点。这类作品在网络小说中占有很大分量，很受青少年的欢迎。在访谈中，孩子们多次提到其中的"修真"和"穿越"类小说，根据"百度百科"的解释，"修真类小说是依照中国本土的道教发展起来的新型小说体裁，小说一般讲述主人公通过道教的飞升到达更高的境界"。① "穿越小说是网络小说最热门题材

① http://baike.baidu.com/view/493539.htm.

的一种。其基本要点是，主人公由于某种原因从其原本生活的年代离开、穿越时空，到了另一个时代，在这个时空展开了一系列的活动，情情爱爱多为主线。"①

"作文"类是和孩子们的语文学习密切相关的一类书籍。即使是不爱读书的孩子，有时出于写作文的需要，也会读各种各样的作文选集，在这个过程中，有些孩子会喜欢上这类书，喜欢上里面有趣、感人的小故事。

"历史作品"排在第10位，其中"上下五千年"最受欢迎。比较女生，男孩子似乎对历史有特殊的兴趣，如果把《三国演义》也看作一种历史作品的话，这一倾向就更明显。

"武侠"类作品，尤其是金庸的武侠作品，曾是80年代后期和90年代早期男孩子的最爱，但如今男孩子们的注意力被分散到新兴的作品类型上，特别是各种网络小说和动漫成为他们的新宠。但由于影视的影响，有些孩子还是会喜欢那些比较经典的金庸武侠。这一栏中的《杨家将》不属于严格上的武侠小说，但又无法将它归到其他种类中去，只好放在特点比较接近的"武侠"类中。

印象中，言情小说是女孩子的专利，但例外的情况也屡见不鲜，所以，男生的回答中也出现了几部言情小说。其中《八月未央》和《泡沫之夏》是网络中有影响力的作品，《泡沫之夏》已经拍成了电视剧，很受女生欢迎。此外，将郭敬明的作品大致可以归为言情类，但其作品个人特点比较鲜明，而且出现了三次，《梦里花落知多少》写年轻人的爱情、友情，《幻城》则是一部具有童话和魔幻色彩的爱情小说。

"兵法、军事"和"侦探"类作品也是传统的男生作品。孩子们喜欢的还是这类作品中的经典名作《孙子兵法》和《名侦探柯南》。

"鬼怪作品"中的《鬼吹灯》是一部以盗墓、历险为内容的网络惊悚小说，故事情节诡异、离奇。《鬼故事》是一本专门登载鬼怪故事的小杂志，虽然在问卷中只出现一次，但访谈中却听孩子们多次提到，

① http://baike.baidu.com/view/1160237.htm.

是很吸引孩子们的一本杂志，孩子们谈起读这些故事的感觉类似于人们看恐怖片，既害怕又忍不住要看。

"网游小说"是目前网络小说的一个重要类型。这种小说起源于网络游戏传奇，诞生于网游玩家对网游的狂热中，因此可以说网络游戏传奇催生了网游小说。网游小说是很多网络游戏的前身，很多网络游戏又是由网游小说改编而成。许多网游玩家喜欢读网游小说，对于这些玩家来说，网游小说的吸引力在于分享游戏的心得体会，让玩家体验到现实游戏达不到的成就和快感，看了网游小说又促进玩家去玩游戏。一般来说，看网游小说的都玩过网游，玩过网游又喜欢看小说的一定喜欢网游小说。此外，一份《网络游戏用户调研分析报告》显示，大型游戏（包括大型角色扮演游戏和大型休闲游戏）用户只有 39.9% 愿意在游戏中付费，而玩大型游戏的文学读者则有 72.8% 愿意在游戏中付费，付费倾向大大高于整体大型游戏用户，很大的原因是有读小说习惯的人会更容易对虚拟世界产生一种带入感；对于网络小说改编的网游，有 37.8% 的大型网游玩家表示愿意去玩，而有 57.5% 的网络文学读者愿意玩网络文学改编的游戏，该比例再次明显高于整体网络游戏用户的选择比例。因此国内大型网游运营商正把大手伸向文学读者的玩家，相应地也促进了网游小说的快速发展。① 问卷中出现的《从零开始》就是网游小说中的热门作品。

"网络科幻"是近些年在网络上发展起来的科幻小说，是早期科幻小说在网络时代的发展。问卷中出现的《机甲狙击手》是网络上名为"歪倒"的写手的作品，写主人公雷一键为救美女而死，当他再次睁开眼睛的时候，发现自己来到了一个机甲时代，并且占据了一个前线机甲新兵的身体，迎接他的将是未来的机甲战争。网络上这类作品非常多，是网络小说的重要种类。

"网络重生"作品是指网络中的一种"重生小说"，是以主人公保存记忆回到过去的经历为线索展开故事情节的发展。根据题材特点，又细

---

① 资料来源：http://baike.baidu.com/view/208.htm。

分为都市重生、异界重生、仙侠重生、网络重生、变身重生等，还有一些重生成动物的小说。重生小说也是网络小说中一种比较流行的题材。

如果给《哈利·波特》归类和命名的话，可以称为"国外魔幻小说"，类似于中国的"古典神魔小说"和现代的"网络玄幻小说"，但这部具有世界影响力的作品在男生问卷中只出现了一次，与其在城市青少年群体中的命运大不同，可以看出两类青少年趣味的差异。

"医药"类作品有两部，出现在同一份问卷上，想来是这个孩子的个人爱好。

从另一个角度综合这些作品，可以看出，"中国古典名著"和"主流名著"出现次数最多，总频数达到 112 次。网络作品也占了很大部分，"网络黑道""网络玄幻""言情作品""网游小说""网络科幻""网络重生"六种作品的总频数达到 71 次，加上"鬼怪作品"中的网络小说《鬼吹灯》，一共是 72 次。从单部作品看，《三国演义》《坏蛋是怎样炼成的》《钢铁是怎样炼成的》《水浒传》四部作品最受男孩子们喜爱。（"作文"类不考虑在内）这一结果与访谈中了解的情况基本相符。

但是否由此可以断言主流名著就是最受孩子们欢迎的作品？进而断言农村青少年文化重合在主流文化中？显然不能。如果进一步分析就可以发现，所列中国古典名著和主流名著中的作品可以从内容和主题倾向上再次分类，比如《水浒传》《红楼梦》《西游记》和《聊斋》就是完全不同种类的作品；而"主流名著"中的作品更是种类繁多，除了《钢铁是怎样炼成的》外，根本没有一个集中的共同感兴趣的主题。此外，如果考察一下今天的网络"玄幻小说"，可以看出它们与《西游记》和《封神榜》等古典"神魔小说"之间的渊源关系，完全可以说它们是今天的网络"神魔小说"，因此这些作品是可以归为一类的，而《聊斋》的内容情节与《鬼吹灯》和《鬼故事》又有相似之处。因此，虽然问卷中出现的主流作品数量众多，但不能由此就断言农村男性青少年文化就从属于主流文化，事实上，他们有着与主流文化完全不同的亚文化。

第二节　成功之路、辉煌事业的黑白认知与想象

一　"坏蛋"的故事

第一天采访就听孩子们提到《坏蛋是怎样炼成的》（以下称《坏蛋》），后来不断听孩子们提到这部书，以及与之相似的《校园狂少》。

《坏蛋》是签约逐浪中文网的名为"六道"的网络写手，据网上介绍是黑龙江佳木斯人。作品中的故事发生在黑龙江省 J 市（应该就是"佳木斯"拼音的首字母），讲述了主人公谢文东——一个开始时在学校总受人欺负的少年——经过不断奋斗，成长为一个黑帮大哥的故事。

故事开始时，主人公还只是个初中生，而且学习优秀，但性格懦弱、内向，总是受学校的小混混欺负，挨他们打，被他们索要钱财。终于在又一次被欺负后，他在自己房间里用一把装潢刀狠狠地划破了自己的手掌，然后冷冰冰地对自己发誓道："谢文东你记住，从今天开始，没有人能再欺负你！"之后，他先在学校里收服了那几个欺负他的学生（后来这些人都成为他的生死弟兄），接着成立了自己的黑帮组织，从此开始了他黑社会的成功之路和辉煌事业，直至成为"中国真正的地下皇帝"。

这部书是网络黑帮小说中的最热门作品，喜欢它的"坏蛋迷"们甚至列出了"坏蛋年表"，如下。

1995 年，谢文东和高强、李爽、三眼在 J 市第二中学成立文东会。

1996 年，文东会称霸 J 市第一中学，成为 J 市三大黑帮之一。

1997 年，文东会统一 J 市黑帮，成立东兴集团。

1998 年，文东会进军 H 市，成为黑龙江第一黑帮，谢文东顺利成为北洪门掌门。

1999 年，北洪门大败南洪门且独霸南京，谢文东击败日本魂组。由于引起中央重视，谢文东被迫出走吉乐岛。

2000 年，谢文东回国，文东会一统中国东北黑道，北洪门向

台湾青帮宣战。

2001 年，谢文东吞并日本洪门和香港洪门，平定陈百成东北叛乱，谢文东进军安哥拉。

2002 年，谢文东控制望月阁，南北洪门联合击败青帮，谢文东控制荷兰洪门。

2003 年，文东会进军上海，南北洪门大战于赣湘一带。

2004 年，北洪门及文东会与南洪门大战于云南及福建，文东会铲除猛虎帮势力。谢文东的势力渗透进赞比亚。

2006 年，文东会和北洪门联手进攻南洪门，此时南洪门只剩广州一块地盘。

2006 年，歼灭南洪门和青帮精锐部队，但向问天和韩非逃走，后向问天投降谢文东。谢文东成为中国真正的地下皇帝。

从年表中看出，这个故事借助了起源于明末清初的秘密组织——洪门——来编故事。故事曲折复杂，情节结构像登山，步步向上，越向上走视野越开阔。随着情节的展开，主人公的活动领域一步步地扩大，在黑社会的地位越来越高，他的黑道势力也逐渐壮大，甚至延伸到海外，最终打败所有的对手，成为书中所谓的"地下皇帝"。为了编织这样复杂的故事，作者塑造了众多的人物形象。单是有名有姓的重要人物就80 多个，还涉及十几个国家的20 多个黑帮组织。

若从文学角度考察这部作品，《坏蛋》还只是停留在古典小说"讲故事"的阶段，致力于曲折情节的编织，在故事中塑造具有典型性的人物形象、展示人物性格。

故事情节是线性结构，偶尔用一些"花开两朵，各表一枝"的手法。为了表现主人公的狠毒、高明、武艺高强、事业辉煌，甚至为了让故事更复杂曲折、紧张奇特、更吸引人而有意制造一些情节，许多内容显得不合情理、有悖逻辑。事实上，由于网络小说是通过连载的方式发布出来的，漫长、曲折而富有悬念的故事情节是它吸引人的重要手段，只有这样，才可能让读者保持时间足够长的持续关注力。这部书在

2003 年 11 月开始发布第一部，连载了一年多，到 2006 年又开始发布第二部，两部一共六百多万字，可以说足够漫长、曲折和刺激的故事情节是它吸引众多男孩子的重要原因。

此外，人物的典型性也只是表现在谢文东、李爽、三眼等少数几个主要人物身上，其余绝大多数人物是平面的，缺少个性。当然要将每一个人物都塑造成典型形象是困难的，即便是优秀的古典小说也只能着力塑造作品中最重要的几个人物。

由于《坏蛋》的主要目的是讲故事，所以环境不是作者着力刻画的，只是在非常必要的情况下，作者才不得不用几句话介绍环境，时间、地点总是在故事发展的推进下发生转换。更明显的是，作者在更多的时候是为了推动情节的发展进行社会环境的描写，介绍情节发展过程中的人物和社会背景，确切地说，还是在讲一个背景中的故事。从这一特点上也看出《坏蛋》古典小说的风格。

作品的语言就更是没有什么创新可言，我想这也不是作者努力追求的，相反，他追求的是用异常生动的、孩子们喜闻乐见的日常口语讲述故事，避免使用深奥、新奇的词句，这使得作品更易于孩子们接受，因此他常常使用大致相似的词汇描写同一个人物或同一类事件。

正如中国古典小说起源于古代说唱文学，可以说这部小说是这一传统在网络时代的延续，无论是人物塑造、情节结构，还是环境描写、语言风格，都烙印着古典小说的痕迹。

然而，表达方式的陈旧并未妨碍男孩子们对这个故事的喜爱，相反，用这种方式讲述的故事恰恰是他们最容易接受的。孩子们通常不会抱着欣赏艺术作品的心态阅读课外读物，更多的是出于消遣、好玩的需求去找些有趣而新奇的读物来填补多余的时间、释放过剩的精力，《坏蛋》恰恰符合所有这些要求。

如果从教育的立场考察，《坏蛋》绝算不上是一本"好书"，它几乎是以一种肯定的立场、赞扬的态度描写黑道人物、讲述黑社会的生活故事，这无论如何不能被正统的教育立场所接受，说的严重些，这算得上是一部"海盗"之书。但这并不能阻止一部分孩子，特别是那些学习成绩差、升学无望的男孩子们喜欢它。这些孩子对学习已经失去了兴趣，对通过"知识改变命运"失去了希望，又有着多余的时间和精力，《坏蛋》能给他们单调的生活注入一些激情，正如他们自己所说的，这部书让他们"心潮澎湃、热血沸腾"（孩子们如是说）。

二 成功事业的黑色符码：坏蛋、兄弟义气、打天下

成就事业一直是大多数社会赋予男性的重要职责，而衡量事业成功的标准是权力、财富、地位和名望。当然，主流社会的价值观鼓励通过努力学习、艰苦奋斗实现一步步向上流动，这对于社会中本身出身于成功家庭的一少部分成员尤其是上流社会和中产阶级的成员来说，的确是一条光明道路。但对于大多数身处底层的孩子特别是农村孩子来说，通过努力学习、艰苦奋斗实现向上流动只是一条理论上可能的道路，在现实中，这些孩子无论是向上流动还是继续挣扎于底层社会，都需要掌握另外一种生存规则，《坏蛋》正是讲述了基于这种规则的男孩子的成功故事。

在小说中，对于男性成就事业的关注弥漫在所有的情节中，并通过一系列有关成功的符码和技术传达出来。

《坏蛋》最典型的关于男性成功的叙述是对"坏"的解释和关注。小说作者仿照革命小说《钢铁是怎样炼成的》的名称，为自己的故事取了《坏蛋是怎样炼成的》的名字，不仅与《钢铁》故事形成鲜明对照，让人产生联想，更重要的是，作者的确讲述了一个为正统的主流社会所不容的"坏蛋"的成长故事。

《坏蛋》的主人公谢文东出身J市的一个工人家庭，原本是个文弱、本分、听话、成绩优秀的好学生，但总是被人欺负，终于在一次反抗后收服了那几个欺负他的小混混，成了他们的大哥，"这天是他人生转变的开始"。当谢文东是个好学生时，他处处受气，变"坏"之后，才开始不被人欺负，开始了自己的"辉煌事业"。

为了进一步表现和解释"坏"的内涵，小说多次使用"够狠""有头脑"等词语来刻画主人公。自从收服了在学校里欺负自己的小混混

后，谢文东变了一个人，变得"狠"起来，因为他认识到要想不被别人欺负，"只有自己比别人强，怎么才能比别人强？那就得够狠"。就是变成"坏蛋"，在小说中他多次说自己是"坏蛋"。不仅如此，被他收服的一个弟兄说"这个人不只是够狠，而且还很有头脑"，认为他"以后应该能是个了不起的人物"。最初正是基于这种判断，这些弟兄们跟上了谢文东，并义无反顾地信任和追随他。随着情节的发展，谢文东身上表现出一个传统枭雄式人物的多种品格和能力。他胆子够大，敢想敢干，敢一个人独自去金三角与当地毒枭接洽。他有头脑和远见，收服几个欺负自己的小混混时，他还在读初三，小小年纪就不甘于做个小打小闹的小混混头，开始计划带领他的生死弟兄慢慢壮大势力，进而混进黑社会，建立自己的实力王国。此外，他遇事从容镇定、深谋远虑。所有这些让他的弟兄们觉得"只要东哥在，什么困难都难不倒自己"，"只要东哥说能做的事，从来没有不成功的"。就这样，谢文东在他的弟兄们心中确立了威信，成了当之无愧的领袖，随着情节的发展，"他在帮会内兄弟们的眼中简直是个神话，是个遥不可及的人物，如同虚幻，不存在的一般，虚无飘渺的偶像"，但他自己认为"我不是英雄，我是个坏蛋！"为了战胜对手，他不惜使用各种卑鄙下流、阴险毒辣的手段，知道自己坏，"不过，如果坏得有特点，坏得得人心，坏得可以纵横天下，那坏蛋，也是英雄"。他说"给项羽一百次机会，他同样还是打不过刘邦。同是笑看风云的人物，但这就是英雄与枭雄的区别"。可见，作者不惜笔墨要塑造的是一个刘邦或曹操式的"枭雄"，不求留一世美名，而是要称霸黑道天下，建立自己的黑道帝国，因为无论如何，毕竟成王败寇，对当事人来说，英雄美名是虚幻的、留给后人的，成功的喜悦是现实的、自己的。小说许多次地用"坏蛋""够狠""有头脑"等词句强调主人公的"坏"，强调主人公的枭雄气概，这些词语散落在作品中，成为作者刻画主人公的主要词语。可能这些词汇的不断重复使用也反映了作者词汇的贫乏，但也正是这种重复使这些词汇变成了主人公的标签。词汇是有丰富内含的一群符号，它不仅具有指涉作用，还在行使指涉作用的同时激发和引导使用者产生有关的联想和想象，多次重复使用之后，这些联想和想象就会固定下来，成为与词汇的外在形式直接关联的词汇的"内含"。

除了重复使用"够狠"和"有头脑"等符码，小说还通过编织谋划、打斗等故事情节表现主人公的"坏"。由于"坏蛋"和他的弟兄们缺少值得夸耀的显赫出身，小说也就无法对这些情况做过多的介绍和描述，因为实在是没有什么可说的。既如此，值得大书特书的是他们的勇敢、义气、智谋、武艺等个人可能拥有的特点和品质，作者也正是这么做的，毕竟，这是底层青年唯一能依靠和值得夸耀的力量。作者在描写"坏蛋"们身上所具有的这些特质的时候，总是赋予其神乎其神的力量，比如谢文东的胆量和刀法、东心雷的枪法、任长风的刀法，都被描写成天下第一、无人能敌。

由于别无其他优势，"坏蛋"们很依赖和崇尚这种"个人能力"，他们希望，并且也真的认为这种能力具有无限的力量，能够让他们与任何敌人抗衡，甚至博得政府的信赖和赏识，在这个国家占有举足轻重的地位。在小说里，谢文东就具有这样近乎神奇的无限力量。随着文东会势力的壮大，谢文东被国家高层权力机构看中，便利用他打击日本在华黑势力。事成之后，迫于外交压力，不得不赶他走，作者在这里安排了某中央高层领导人（似乎是国家总理）在钓鱼台国宾馆接见谢文东的情节。接见过程中，"总理"和"坏蛋"的谈话被描写得充满智慧和玄机，而且事关国家重大利益，"总理"对谢文东非常欣赏和爱惜。之后，姜森问"和中央谈得怎么样？"言下之意，文东会已经有资格和国家、和中央讲条件，谢文东的智慧和力量连国家最高领导人也会赞叹和欣赏。出走之后，谢文东说"当初，我是被国家踢出来的，即使要回去，我也要国家请我回去"。口气之大、之狂、之傲慢，溢于言表。后来，果然是"政治部"的最高领导人亲自去吉乐岛请谢文东"回国去处理一些事情"，因为"国家需要黑道里站出一个人来，结束纷争，恢复平稳的局面，这个人，除了我之外，实在想不出还有谁了"。可对于国家的"邀请"，谢文东没有马上答应，而是抛出了一句"究竟是我背叛了国家还是国家背叛了我？"俨然要和"国家"平起平坐的气势。

除了"坏"之外，成功的符码还有"兄弟义气"。小说中，李爽、高强、三眼是谢文东最初收服的小混混，后来成为死心塌地、忠心耿耿的生死弟兄。他先是带他们在自己就读的初中混，收取钱财，并成立"文东会"，上高中后，又带他们在新的学校迅速"立棍"①。随着"文东会"势力的发展壮大以及谢文东成为北洪门掌门，到后来统一南北洪门，谢文东手下陆陆续续聚集了众多武林高手和江湖高人，像张研江、刘波、姜森、任长风、东心雷……都是他的手下干将。这些人要么武功高强、勇猛过人，要么聪明机智、阴险狠毒，他们的共同特点是，对谢文东忠心耿耿、死心塌地、绝对信任。从故事中可以看出，谢文东和他这些生死弟兄们之间以及他们彼此之间的关系就像是水泊梁山兄弟们之间的关系，共同信服一个"大哥"。而且他们相识、相交的过程也和梁山好汉类似，有的是"不打不相识"，一场冲突后，胜者为大，败者心甘情愿地追随，而且对老大无限敬佩和爱戴，李爽、高强和三眼都是这样被谢文东收服的；也有的是认识之后彼此欣赏对方，谢文东诚心挽留，对方感激他的知遇之恩，从此追随左右，共闯天下，比如姜森和刘波。只不过谢文东这个大哥本人不像宋江，倒更像曹操或刘邦，而且，这帮黑社会的弟兄们没有喊出梁山好汉那样"替天行道"的口号，因为他们想做的是成就黑道霸业。小说在描写这些人物的时候，集中表现的是他们的勇敢、义气、武功高强、聪明过人，很少或根本不介绍他们的出身家世，这些人似乎没有家庭，无父无母，一个人混社会。但从那些不多的描述中还是隐约透露出一些这方面的信息，谢文东本人的父母是工人，后来下岗失业；李爽常常不好意思地说自己"人家家贫嘛"；东心雷是北洪门老掌门金鹏收养的孤儿，派去协助谢文东；姜森和刘波是出身农村的复转军人，没钱没门路，就跑到 J 市找工作，在迪厅碰到了谢文东，受到谢文东赏识，之后跟了他。不仅如此，文东会招募和收留的下层人员"大都是孤儿和被逼走投无路的落魄之人"，可见，他们的确没有家庭，只是孤身一人游走于社会底层，正是在被文东

---

① 立棍：指在黑社会树立威信、称霸一方或旧时代土匪落草为寇、占山为王。

会的招募之后，"才有了回家的感觉"，可见，他们在文东会里找到了归属感，但这个"家"要求每个人"无条件地听从上级"，这些下层兄弟很少、有的甚至没见过谢文东，但"对谢文东的高度崇拜是他们一直以来的信仰"。

依据追随早晚和能力强弱，谢文东和他的弟兄们的关系也有亲疏之别，在文东会里也相应地处于不同的地位。李爽、高强、三眼等人自然是他最亲近的人，地位最高；姜森、东心雷等人能力过人，都是文东会的高级干部；以此类推，一些武艺高强的下层弟兄成为文东会的干将，他们一般不直接和谢文东直接交往，只是随时听命，为谢文东拼杀，因为在他们的思想意识里，"文东会将他们一手培养起来，他们的一切都是东哥给的，他们的命自然也是东哥的。为了保护东哥而牺牲，没什么可遗憾的"。

此外，不好女色、不屑于淫亵之事也是"坏蛋"深受弟兄们爱戴的原因之一。坏蛋也是个有情有义的人，和五六个女性有着说不清的情感纠葛，但他不好女色，只与其中一个女性保持固定、持续和公开的亲密关系，对其他几个又能极尽保护和爱惜之意，还从好色之徒手中救出过一个被他们掳去的少女。而且，从文东会成立之初，他从"黄赌毒"三种方式选择了毒品作为生财手段，因为他"讨厌从事卖淫的人，我自己也更不会去做"。可见"坏蛋"也坏得令人"敬重"。

谢文东和他弟兄们的关系是人们从表现黑社会故事的影视作品中经常能看到的：大哥是群体中的中心人物，几个亲近的结义弟兄伴随在身边，一些能力过人、聪明胆大、武艺高强的得力干将追随左右，其他一些下层弟兄在暗处、门外随时听命，准备为帮会赴汤蹈火。事实上，这是一个传统的封建家庭或者缩微的封建王朝，这也正是谢文东和他的弟兄们所追求的：建立一个强大的黑道社会，谢文东成为"中国的地下皇帝"，弟兄们就是他的臣子；同时兄弟情义是他们之间的纽带，谢文东是他们的领袖，更是他们的"东哥"，彼此感情深厚，可以生死相托，小说中多次描写到他们之间真挚的感情。总之，这个群体就是刘备群体或宋江群体的现代版，无论这个群体中的每一个人在群体之外多么卑微，在群体内部却可以凭借自己的才干和努力确立自己的地位，赢得尊重，进而成就事业，获得意义感和价值感。

帝王将相似乎是潜藏于许多中国传统男性、特别是有些才能的男性心底里的一种根深蒂固的梦想。无论在哪个群体，无论在黑道还是白道，男性总是有意无意地根据自己的能力和彼此关系寻找和确立自己在群体中的地位，又很默契地按照帝王将相的模式组织起内部结构，并按照这一模式进行运作，可以说，帝王将相是中国传统男性的一个集体情结。而帝王和将相的最初关系正是靠兄弟情义扭结在一起。

事实上，建立在兄弟义气基础之上的群体结构是中国传统社会中男性建功立业的重要基础，或黑或白，莫不如此，从《水浒传》《三国演义》（这两部作品恰恰是男孩子最喜欢的古典名著），到今天的许多反映或黑道或白道的创业作品，我们都能看到它的影子。从这些故事中，读者能够读出一种预设的男性气质的"标准"，作为传统文化价值观的一部分，或者说作为传统男性"意识形态"的一部分，它历史地、长久地渗透在中国男性的生活和观念中，代代相传，影响着他们的行为举止，他们相互交谈、人际交往的方式，这种传统的男性意识形态设定了他们作为男人、朋友、兄弟、同僚、上下级，乃至于丈夫、父亲、儿子的各种角色。事实上，兄弟情义式的群体结构已经成为中国传统男性文化的"成功符码"，这是一个早就存在的男性气质文化。

"打天下"是另一个重要的成功符码。"坏蛋"们虽然是为了生存才聚在一起，但他们也有自己的远大理想——打天下，在这一点上，《坏蛋》与《水浒传》和《三国演义》也是一样的。与这个符码相关的还有帮会、保护费、迪厅、台球厅、酒吧、抢占场子、买卖毒品、走私、赌博、贿赂、白道、黑道……都是今天反映黑社会生活的文艺作品中经常出现的情节、地点和行为，这些符号重复、交替着出现在作品中，构成了现代黑社会特有的生活内容和生活背景。

帮会势力的发展壮大是"坏蛋"们生存的基础，也是他们的理想和事业，是他们"打天下"的路。最初，小混混们在路上拦截弱小的学生索要钱财，这是各地学校里常有的事，谢文东最初也曾是被他后来的生死弟兄欺负的对象，终于等他自己变成"坏蛋"后，他手下的弟兄们依然延续这种方式在学校里"混"。这些小混混往往是日后黑社会的后备力量，他们这种索要钱财的行为俗称收取"保护费"，这种方式似乎是世界各地黑社会通行的规则。这是他们走向黑社会的前奏和演练，在欺负和被欺负、压迫和反抗中成长，成长成"坏蛋"，或者，成长成主流社会认可的公民。对于有些男孩子来说，这样的生活可能有些夸张，但对于多数普通学校特别比较差的学校来说，这样的生活符合孩子们的现实生活，这大概是小说吸引男孩子的重要原因。采访中了解到，南桥镇中学是有类似情况的，只是没有像《坏蛋》中表现得那么典型和极端。

成立组织是"坏蛋"们走向黑社会的第一步。谢文东是有野心的，"立棍"初期，他就有计划、有步骤地发展和壮大自己的势力，先是控制学校内部有名的混子，然后拉拢社会上的一些小混混。事实上，也正是他的远大追求和深谋远虑使得他的生死弟兄忠心耿耿地追随他，死心塌地地跟着他"打天下"。他本是学习非常优秀的学生，中考全市第一，却放弃重点高中，带领他的弟兄们进了全省有名的流氓高中——第一高中，这一举动令"所有老师摸不着头脑，心里都暗叹可惜：一根好苗子就这样毁了！"进入一中仅一周时间就打败了学校里所有的黑帮组织，成立了"文东会"，一时间声名鹊起，成为一个传奇。小说写得很夸张，但正是如此才让他的弟兄们，也让阅读小说的孩子们热血沸腾。当然，作者为了使故事更真实，也多次描写谢文东在这个过程中的心理，描写他的顾忌和困惑。

　　他不知道自己现在做得对不对，但有一点可以肯定，自己喜欢现在的生活，也许自己天生就是一个坏坯子吧。

　　自己的未来会怎样？是做一辈子不黑不白的小混混，还是一鼓作气加入黑道。无论是哪种，这都不是自己想要的，陷得越深也越明白这两条路都是没有尽头的不归路。他心里突然冒出个想法，连自己都吓了一跳。

"文东会"成立后，"坏蛋"们的活动由随意、涣散的小混混群体转变成有组织、讲规矩的黑社会初级团体，他们自此开始真正接触黑社会，并逐步融入黑社会。

成立组织是小混混群体势力逐渐壮大的必然需要，不仅因为日益增多的人数需要周密、有效的管理，更因为严密、规范的组织能够进一步促进黑帮团体的发展壮大，使其发展成为有目标、有计划行动的组织。文东会成立后，入会人数越来越多，为了便于管理，谢文东和他的弟兄们开始逐步建立帮会的各级组织，制定规章制度，完善内部管理。为此，"坏蛋"们专门开会安排和讨论这个问题。

> 张研江向谢文东一点头，站起来大声说："国有国法，家有家规。既然我们现在已经成立帮会就应该有个完整的体系和制度。在制度方面我就不多说了，这里有规章一会大家拿去看看。我说说帮会里的体系吧！"

> 张研江喘口气，看看众人，见大家都认真听着，微微一笑道："我们帮会的名字就定为文东会，下面有四个堂口，分别是龙堂，虎堂，豹堂，另有一个执法堂。还有一个机构是暗。这里四个堂口的意思我想大家都明白，我解释一下暗，东哥为了能让我们获得更多情报，也是为了情报系统化，特意成立这个机构。暗的工作范围是不择手段的调查一切对我们有用的情报，以后它就是我们文东会的眼睛！"

可见，文东会不仅有各个不同的"堂"，还有专门的执法机构和情报机构，并以"国法、家规"的逻辑思路提出。由此也见出"家、国、天下"在中国人的意识里是多么的根深蒂固和顺理成章，对文东会的这些出身底层的年轻人来说，文东会就是"家"，也是他们"国"，"国"的领袖带领他们"打天下"，建立真正属于他们的"国家"。在以后的发展中，随着文东会势力的壮大，组织也庞大起来了，内部管理系统更加完善。

　　迪厅、台球厅、酒吧往往是城市黑帮、小混混聚集、活动的地方，这里是他们的"场子"，也是黑社会组织之间争夺的地盘，而且许多这些场所的经营者本身就具有黑社会背景，有些势力大的黑社会组织索性自己开办这类娱乐场所的。文东会成立后，为了开辟、扩大地盘，谢文东寻找机会灭了另一个黑帮组织——群兴会，抢了他们的鬼蜮迪厅，成了它的新东家。从此，文东会有了自己的据点，被当地黑道各帮会承认。正如书中所言，从此以后，"谢文东的文东会终于踏进黑社会这个无底的泥潭之中"。

　　紧接着，谢文东开始考虑如何建立自己的经济基础，顺理成章地，他们选择了黑社会的重要经营项目——毒品。也是随着贩卖毒品，文东会购买武器、打击和收服其他帮会，进而统一 J 市黑帮。谢文东高中毕业后进入省城 H 市读大学，经过一番发展，又统一了 H 市黑道，不久得到北洪门老掌门的赏识，在老掌门病重期间，掌管北洪门。在以后的发展中，谢文东开始了统一南北洪门、打击日本黑帮组织的战斗，并进一步将势力伸向国外，走向国际。

　　需要提到的是，文东会的发展除了借助传统的毒品、走私等黑道生意外，也致力于发展白道生意，这是北洪门老掌门对谢文东的教导。

　　　　老者道："赚钱嘛，门路首先要广，黑中有白，白里有黑。洪门有自己的正规企业，同时也在暗中走私。你现在主要是靠卖白粉，说实话，这东西害人，而且来钱不是很快。走私就不一样，做一次大买卖够你卖一年白粉还有剩余。前提是关系要打通好，上面的门子要硬！至于其他的嘛，我们在大陆、澳门、香港、台湾等地有数十家地上或地下赌场，这也是快速来钱的好办法！"老者见谢文东边听边点头，露出若有所思的神色，笑道："其实还有很多方法，比如投资、炒股、房地产等白道生意，黑道还可以暗杀、买卖情报等赚钱，文东，你是聪明人，我只是告诉你一个大概思路，以后的路怎么走还要看你自己。不能操之过急！"

　　谢文东沉默了好半晌，老者的话使他接触到另外一个全新领域，他点点头道："谢谢你今天的这段话，对我或许会有一生的影响。其实以前我一直琢磨漂白，现在想来也没有必要完全放弃黑道生意。正如你所说，黑中有白，白中有黑，能相互配合起来才是最好的办法！"

这位导师还用太极中的哲学来解释这其中的道理，说"穷者变，变者通。随机而变绝对是发展的关键！"自此，"坏蛋"谢文东开始涉足房地产、银行等各种白道生意。

不仅如此，谢文东还被国家权力机构看中，彼此互相利用。小说的作者杜撰了一个"中央安全政治部"的一个很特别的国家权力机关，还设计了它的来源和现状，"中央安全政治部"的前身是中央政治部，本来在解放前就已经成立，只是后来被改名为"中央政治局"，中央政治部也就随之而消失。但是近十几年，出于对国家安全的考虑，常委会决定重新组建政治部，改名为"中央安全政治部"。小说作者还赋予这个机构凌驾于警方和军方之上的执行权力和政治地位，政治部看中了谢文东的才干和在黑道的影响力，利用他打击日本右翼的在华黑势力，谢文东又利用政治部授予的特权为黑道生意开路、保驾，并进而扩张和巩固自己的势力。政治部甚至给了他一个特别的证明，证明他是"政治部的人"，此时，这个自认为是个"坏蛋"的黑帮老大又有了一个秘密而且极其重要、显赫的政府身份——政治部的人。因此，"黑中有白，白中有黑"不仅是"坏蛋"的生财哲学、生存哲学，也是"坏蛋"的身份哲学。

除了抢占场子、买卖毒品、走私、白道生意等手段外，勾结和贿赂官府是黑帮组织生存和发展必不可少的"功课"，文东会也不例外。一方面黑帮在犯事的时候，会贿赂官府（特别是执法部门）网开一面，一些官员会利用黑帮组织铲除竞争对手，为自己升官发财开路，文东会成立不久，谢文东就贿赂 J 市公安局局长放出自己被拘留的弟兄，紧接着又帮助这个局长铲除了对自己的位置虎视眈眈的副手，正如谢文东自己说过的"黑白原来是可以相交的。在黑道上混，没有白道的支持永远也成不了气候"；另一方面官府也为黑帮组织的发展创造条件，以便利用黑道做一些政府不便出面的事，政治部和谢文东之间就是这种互相利用的交易关系。

就这样，"坏蛋"谢文东带领他的弟兄们使用种种手段"打天下"，实现了自己做"中国真正的地下皇帝"的梦想，这些手段或谋略或强力、或黑或白、或官或私、或秘密或公开，总之，不择手段，因为，他是个"坏蛋"。

这是一个"坏蛋"的成长史，一个"坏蛋"群体打天下的历程，读者可以明显地从"坏蛋"身上看出梁山好汉的影子。当然，《坏蛋》能否与梁山好汉相提并论不是这里要讨论的问题，需要讨论的是，男孩子们热爱这部作品的理由，它可能给这些男孩子一些什么样的影响？它是怎样影响这些男孩子的？

主流的文学研究者当然不会给予《坏蛋》正面的评价，甚至不会给予它"文学"的身份，至今没有出版社正式出版这部作品，市场上只见到小印刷厂的劣质印刷版，纸张黑黄、字体很小、印制粗糙，厚厚的一大本，我在孩子们手中见到的就是这样的版本。

但是，《坏蛋》也像许多富有吸引力的作品一样，具有认识、教育和审美作用（如果能把"作用"一词理解的更宽泛一些的话），喜欢它的孩子们完全能通过它去认识社会和人生，并受到影响（教育），当然这种认识和影响是通过人物塑造和故事的讲述来实现的，即审美的方式，确切地说，是"感性"的方式。

不管现实是什么样子，《坏蛋》的作者通过自己的作品给它的青少年读者描绘了一幅黑社会的生活图景和一个"老大"的成长史。但如果仅仅是堆砌有关的符号还远远不够，作者必须用这些符号编织足够真实和曲折，又足够夸张的故事，同时又能在思想意识上契合读者的观念和理想，才能保证作品有足够的吸引力，倒并不一定有多么深刻的启发意义和高贵的审美价值，那些意义和价值反而可能是孩子们无法理解和接受的。这些故事情节本身也会成为黑社会生活的特定符号，比如说枪战、打斗、赌博、打台球、吸毒、走私、贿赂官员、与政府和官员交易……这些情节、人物、事件、环境都成了黑社会生活的符号。

正是通过这些特定的符号以及作者通过这些符号编织的故事和传达出的观念，男孩子们认识了黑道、社会和人生，无论成人们如何评价他们的这种认识。不仅如此，由于作者将黑道生活放在整个社会大背景中展开，让它与白道纠结在一起，这不仅使故事内容更丰富、情节更曲折，也符合普通大众向来对黑社会以及社会的认识和理解。

这里所谓普通大众的理解，指的是平常人在理解社会时，通常基于两个基础，一是现实生活的真实遭遇，比如谋生、求学、与人交往、家庭生活、社群生活、组织生活……这些直接的经验形成了他对现实生活的种种人物和事物的基本感受和观念，比如人与人的关系、家庭、政府、官员、商人、教师等，每个人都会对自己生活中出现的这些人和事做出基本的判断和认识，比如采访中南桥镇的几个孩子告诉我说"现在老师没好人"，就是基于他的真实经历；另一方面是基于传统观念中人们对社会现象的认识，每个时代的人都是生活在一个给定的社会里，无论是社会生活还是观念都具有传承性，而传承的观念常常又被传承性的生活所印证，便加深了观念并使之继续传承下去，比如《坏蛋》中说："黑道就是个弱肉强食的世界，胜者王，败者寇，谁强谁就是道理，谁赢谁就是天王，如果不是这样，那黑道也就不叫黑道了"，"所谓的白道又与之有何分别？这也是千百年来永不改变的道理！""黑白原来是可以相交的。在黑道上混，没有白道的支持永远也成不了气候"，以及当地老百姓中流传的"自古以来警匪一家""官商勾结"等，这些观念并不是《坏蛋》和今天的当地老百姓创造出来的，而是中国百姓几千年来传承下来的对社会和生活的基本理解，而他们所经历的社会现实又印证了这些认识，让它的读者产生了共鸣，在这种共鸣中，读者更加深了对自己生活与其中的社会的理解。

其实孩子们在阅读作品的时候，只是喜欢这个故事，羡慕和佩服故事中的人物，向往故事中的生活，也许并不会过多地思考通过故事去认识社会和人生，更不会去想接受教育或者进行审美熏陶。其实，孩子们心里很清楚，如果考虑教育和审美，《坏蛋》是一部"坏书"，但许多孩子就是忍不住地喜欢它，无论老师们如何禁止。虽然孩子们通过他们喜欢的《水浒》和《三国》以及其他一些文学作品，或者学校课程，也能受到"教育"，也能认识社会和生活，但《水浒》和《三国》已经远远不能满足孩子们对现代社会和生活的认识和想象；而其他一些被认可的优秀作品和学校课程具有太严重的"教化"色彩，它的主要目的是传播国家意识形态，而非"认识"，所以它们所反映的社会内容经过了过滤和选择。当然不能说那些文学名著对孩子们没有影响力，但《坏蛋》却给充满好奇心的青春期男孩描绘了一个充满刺激的世界，一个与他们从学校课程和文学名著中读到的完全不一样的世界。

事实上，《坏蛋》的世界更符合孩子们现实生活的真相，也更符合孩子们的梦想。就像小说中描写的，孩子的世界并非如成人想象的那样单纯、美好，常常充满了残酷和阴暗，打架、孤立对手、欺凌弱小、拦路要钱、拉帮结派、争夺朋友……都会发生在孩子的生活世界里。其实，孩子从出生起就开始经历对于他来说异常残酷的生存竞争，在这一点上，与成人无异，可是许多成人往往过滤掉了自己幼年和少年生活中的这一面，美化了单纯、美好的一面，这使得许多成人创作的儿童作品不够完整和全面，因此不够真实。当然并不是说《坏蛋》反映的青少年世界就足够真实，但它的确反映了他们生活的另一面，这是它吸引孩子们的重要原因。

从《坏蛋》里，许多孩子看到了自己，看到了自己生活的真正状态，也是从《坏蛋》里，一些孩子看到梦幻中的成功之路——打天下。尽管孩子们心里很清楚，谢文东的成功之路很不现实，他们自己就说故事"太夸张了"，但故事还是让他们热血沸腾，就像童年时幻想自己是孙悟空，这个年龄的男孩子开始幻想自己拥有权力、地位、财富乃至女色，所有中国传统男性文化的种子开始在他们身上萌芽。

三 "坏蛋"思想——社会、国家、民族、事业、生活

无论如何，"坏蛋"不是没脑子的粗蛮之辈，相反，正如书中所描

写的，谢文东"不只是够狠，而且还很有头脑"。他对社会、国家民族、人生、事业和生活有着认识和理解，一种黑道视角的理解。事实上，作者借"坏蛋"表达了自己的世界观、社会观、人生观。

都说黑道黑，但没有社会黑。可是，社会黑，却远远没有政治黑。在政治里，为了得到某种胜利，人命根本微不足道。

这个社会本来就是人吃人的，更何况是黑社会，谁聪明谁称雄。

在这个社会里，你要是想生存下去，不管是黑道还是白道，只要你还想生存，还想发展，你都得有一颗冰冷的心！

法律算什么，只不过是掌握在少数人手里的武器。看似高高在上，其实黑暗起来比什么都黑暗！

法是人定的，定出来如果不执行或执行地不彻底那就和没有一样。

我就是法，我所做的就是黑暗法则。

道理不是讲的，是用拳头拼出来的，是用血肉垒出来的。谁强谁就是理！

道义还不是人定的，我们称王后说的话就是道义。

现在的社会，讲道义的没有什么好下场。

正义是什么，没有人能说得清。

他明白只有这样（变强，够狠）才能不被别人欺负。

所谓的白道又与之有何分别？这也是千百年来永不改变的道理！

官场如战场，钩心斗角，尔虞我诈，贪污成风。

随便挑出个科级以上的干部，谁敢保证他从来没贪过钱。

不管在哪，要找出一个绝对干净的干部，比找三条腿的蛤蟆还难。

当贪官们用公款大吃大喝时，却不知这是一顿人肉大餐，喝得是百姓的血，吃得是百姓的肉！霓虹灯下有血泪！

现在当官的钱都不稀罕，要是送他们女人保你所求之事能样样给你办！

谢文东明白了一个道理，黑白原来是可以相交的。在黑道上混，没有白道的支持永远也成不了气候。

这是"坏蛋"对社会、法律、官场的认识和理解，可以看出，充满了草莽之气，而且融入了今天中国社会的大众观点。

> 他无法放弃现在的生活，在这段激情放纵的日子里，他感觉到什么才是快乐。世界上没有任何事能比受到别人尊重更快乐了！……他不知道自己现在做的对不对，但有一点可以肯定，自己喜欢现在的生活，也许自己天生就是一个坏坯子吧。
>
> 他享受这种充满刺激的生活，享受这种可以藐视法律，藐视一切的日子。
>
> 人的一生早被上天注定了，就算你再努力，也不能改变自己的命运。
>
> 我非英雄，广目无双；我本坏蛋，无限嚣张。
>
> 让这个世界在我的掌心跳舞，按照我的规则来转动。
>
> 挡我路的人，我会让谢文东三个字成为你永远的噩梦！
>
> 世界可以改变，人生可以重来，命运可以掌握在自己手中，宿命可以由我不由天。
>
> 顺我者生，逆我者亡。

这是"坏蛋"对人生、命运的理解，从中看得出历代枭雄的影子，正是这些构成了谢文东身上被弟兄们所崇拜的"人格魅力"。

有意思的是，尽管对官府如此憎恶，"坏蛋"们对国家和民族却无比热爱，无论对社会、对政府如何不满，国家和民族在他们心里都是神圣的，具有至高无上的地位，尤其是在面对日本人和俄罗斯人的时候，这种爱国情感尤为强烈。打击日本黑帮在华势力是《坏蛋》的重要线索，在讲述有关情节时，"坏蛋"们常常会喊出一些"振奋人心"的爱国之声。

"你们还是不是中国人，不知道里面都是＊＊＊①日本鬼子吗，你们为什么还帮他做事？别披着中国皮不干中国事。为了他们给你们得那点钱就把自己祖宗也忘了吗？南……南京大屠杀是不是也忘了？"姜森实在想不出再说什么，把南京大屠杀也搬了出来。

也许当我出生的时候就烙上了中国印，谁会不希望自己国家强大呢？谁会愿意看见自己的国家被别国鄙视呢？

猛虎帮是不是有俄罗斯黑帮撑腰你们就怕他了！我们中国人什么时候怕过外国人，现在已经不是简单黑道纷争的事了。老毛子已经欺负到我们头顶了，全省的同行都在看着我们。想做乌龟的就＊＊＊别做中国人，我现在宣布，文东会从今天开始正式向猛虎帮宣战！

不要把中国人当成好欺负的。以前你们或许能，现在或许也能，但是以后不会再有这个可能！

我们可能会被外国人看不起，但我们绝不能连自己都看不起自己！请你们自强吧！

我个人认为现实之中，一个国家的强大不在于有多么深的经济基础，也不在于有多厉害的武器，关键在于有没有强大的民族精神，强烈的民族自尊心。

我一直认为日本对于中国来说根本就不算什么，小蚂蚁一只。蚂蚁想吃大象有些可笑，以前不能，现在不能，以后更不会能！虽然屁也不是，但不代表我就不讨厌这个国家，不憎恨它，它给中国留下一页血淋淋的历史。我想大家都没有忘记，至少我们这一代没有忘记。

我们有民族精神，而且由古至今从不缺少。抗日时期，中国那么乱，那么落后，只用小米加步枪就把日本人踢出中国。援朝战争，就是靠这股精神把美国那高昂的、从没有低下过的头，让他给我们中国彻彻底底的垂下去。

---

① 作者用"＊＊＊"表示，应该是脏话。

国家的落后不可怕，受人欺负也不可怕，可怕的就是民族不觉醒。

美国不是敌人，日本更不值得一提，我们最大的敌人是自己。只要民族精神真正的觉醒过来，还有谁能阻挡中华的崛起？！美国不能，日本不能，谁都不能！他们以前做不到，现在同样做不到，以后更不可能做到！

中国人当自强！

如果单独看这些段落，其实就是一篇慷慨激昂、不乏鼓动性的极端国家主义、民族主义的演讲，言辞中对日本充满蔑视，对美国极其不服气，希望他们在中国面前服服帖帖。

有趣的是，有时候，"坏蛋"的爱国情感包含着一种奇怪的逻辑。在谈到日本在华黑势力时，"坏蛋"谢文东说"收魂帮是日本人支持的帮会，在我们中国的地盘上，要抢也得是我们抢，还轮不到他们日本狗！"当"抢"的行为出现了日本人这个对手时，"坏蛋"的"抢"的不正当性就减轻了，甚至具有了正义性。

黑社会具有反社会特点，尽管如此，爱国情绪却能让"坏蛋"们与正常社会产生一定程度上的认同感，这种情感会以一种简单而直接的方式植根于他们的心里，也会在特定的情境中以这种方式爆发出来。"中国人"是他们与生活在这块土地上的所有人——无论男女、穷富、贵贱——仅有的共同点，在这一点上，大家是"平"的，"中国人"这一身份是唯一使这些人能够不加区别地与所有正常社会的人，可能的话还可以与上流社会的人平起平坐的理由，抹平了他们之间的差异。

以上这些观点富有鼓动性、刺激性，有的观点给人不可一世的感觉，它们散落在作品中，没有什么系统性。仔细分析，这些观点也并不是作者所独创，他只是把自己认可的、流行在大众中的或传统或当代的观点有选择地安排在自己的作品中，然而正是这样，才使得大众与作品产生共鸣，赢得众多青少年读者的喜爱，事实上，作者是借小说人物之口说出大众的心里话，这是他赢得高"收视率"的重要原因。

其实，大众需要"新鲜"，并不需要"创新"。创新是大众完全不熟悉的，与他们的传统习惯相抵触，会让他们感到非常不适应、不舒服、不安全，因此大众会抵制创新。而新鲜是一种刚刚"出炉"的东西，但这个东西是大众非常熟悉的，适合他们一贯的口味和习惯，新鲜的东西让他们感到舒适、可口，因此大众欢迎新鲜的东西。如前所述，《坏蛋》有《水浒》和《三国》的影子，那两部古典名著也是男孩子非常喜欢的作品，但它们太老了，远远不能满足今天孩子们的"新鲜"需求。男孩子们需要一个完全"新鲜"的作品来诠释今天中国的男性文化，《坏蛋》满足了孩子们的这一需求。

首先，无论是故事内容还是人物形象，还是观点，《坏蛋》都给人以耳目一新的感觉，比如关于法律、正义、官场、社会、生活的许多观点都是过去作品中没有的，爱国也被树立了新时代的"敌人"。其次，很显然，《坏蛋》又是陈旧的（有的观点甚至是陈腐的），无论从表现手法，还是人物形象的塑造，还是情节的结构方式，抑或是主题思想，都是陈旧的，是大众非常熟悉的。

恰是这种"新鲜"和"陈旧"，使得谢文东的兄弟们认为他"有头脑"，使得青少年读者觉得作品的观点"很深刻"，因此，《坏蛋》成了男孩子们的最爱。他们在读着一个新故事，却在接受着一个传统立场（有的甚至是陈腐）的对社会的认知和想象。其实，"新鲜"和"陈旧"是所有大众文化的特征，是大众文化得以流行的关键。

对于这些农村青少年来说，《坏蛋》正是一部最"新鲜"又最"陈旧"的作品，它所反映的一切，都是那么契合他们已经养成的口味和习惯，契合他们当下的生活状况，印证了他们的所见所闻，无论是爱国情绪，还是官场腐败，无论是社会、政治，还是国家、法律，也无论是正义、道德，还是事业、命运。

因此，《坏蛋》在这些农村男孩子中流行是它与孩子们互动的结果，它是一个新故事，使用新的符码，表达的却是一个孩子们熟悉的、陈旧传统的观念和主题。只不过和许多文学作品的阅读行为一样，孩子们在阅读作品之前对自己生活的认识并不是那么清晰，《坏蛋》帮助他们从黑社会的角度认识和理解了社会、生活、国家、成功、事业、男人……他们将要面对的一切。

四　小结

无论从文学或教育或社会的视角看，《坏蛋》无甚可取之处，但它却给孩子们，尤其是那些身处底层的男孩子们带来了快乐和激情，《坏蛋》让他们"心潮澎湃""热血沸腾""越看越爱看""看了上瘾"。尽管很多孩子认为"坏蛋"的世界"忒黑暗、忒社会"，在那里，"法律都没用"，但许多男孩子无法阻挡它的诱惑。从问卷中反映出来的喜爱程度上看，《坏蛋》排在第二，在《三国演义》之后，但在访谈中提到《坏蛋》时，孩子们的神情和话语中明显地表现出激动和诡异。他们很清楚这不是"好书"，而且曾被老师多次没收过，但它又让一些男孩子如此喜爱，这是多么矛盾的心理。

有趣的是，有孩子用"忒黑暗、忒社会"形容这部书的内容，言下之意，"社会是黑暗的"，这其实是孩子们对社会的认识。

如果找寻"坏蛋"与这些男孩子产生共鸣的原因的话，那么主人公的社会地位、奋斗经历和梦想应该是重要因素。

出身底层是无法改变的现实，向上流动是他们共同的奋斗目标，传统文化在男性心里种植下追求成功和事业的种子、江湖义气的情结和对政治的兴趣，学校教育又在孩子们心里注入爱国主义的激情，所有这些可能与农村孩子产生共鸣的要素被作者糅进一个堪称精彩的曲折故事里，绘声绘色地讲述出来。作者通过编故事、孩子们通过读故事去想象国家政治的内幕和政府高层的真相，享受地位、权力和财富带来的满足感，感受情同手足的兄弟情义，抒发热烈的爱国主义的民族情感。事实上，人们往往把自己的身世之感和心底欲望投射到艺术作品的创作和欣赏中，在这个过程中，人的情感得到宣泄、欲望得到满足（尽管只是想象中的）。

其实，不仅农村孩子，我了解到，不少城市孩子也喜欢《坏蛋》，究其原因，应当与青少年的共同处境有关。个体在群体中地位是相对的，和成人相比，青少年属于社会中的弱势群体，父母和教师是青少年的直接管理者，具有绝对的权威。不仅如此，社会上还有许许多多有权力管制他们的人，比如警察，哪怕是一个陌生的成人，由于他们力量上的差距，都有可能和青少年之间形成权威甚至压迫关系。更有甚者，比他们强壮的同伴也会欺负他们，乃至与他们之间结成管制关系，像作品里描写的一样，这在男孩世界里是一种比较普遍的现象。事实上，《坏蛋》的故事具有一定典型性，只不过它反映得更夸张，但它对谢文东初期学校生活的描写还是很写实的，反映了许多教学、管理很混乱的学校的真实情况，这恐怕是一个世界性的现象。无论出于什么样的理由，弱势的、被压迫的处境都不是青少年心甘情愿的，他们渴望从这种处境中摆脱出来，《坏蛋》恰好提供了这样一个渠道。

《红楼梦》中"意淫"一词能形象而准确地描述这种心理，可以说，《坏蛋》的作者和读者在"意淫"，意淫政治，意淫政府高层，意淫国家，意淫成功和事业，意淫财富、地位和权力……

不过，他们是通过"黑道"这个黑暗领域实现他们的"意淫"，这或许是有意，也或许是无意的选择。但就这些孩子而言，"黑道"可能真的就是他们的成功之路和辉煌事业，是他们博得国家重视，获得地位、财富和权力，赢得社会尊重的少数道路之一，尤其是对那些成绩差、升学无望的孩子来说，黑道或许是唯一道路，否则，底层就是他们的宿命。

第三节 《校园狂少》:意淫权贵、意淫旧日春梦

《校园狂少》（以下称《狂少》）也是男孩子们多次提到的一部网络小说，只是没有比《坏蛋》更频繁。

《狂少》讲述了富可敌国、手眼通天的豪门子弟郭飞宇继承家族事业、建立庞大的商业帝国，同时又在黑社会叱咤风云、成为黑道帝王的故事，不仅如此，最终还与七位绝美女子结为夫妻。听上去很好笑的故事，一些看过它的孩子们说，看了《狂少》感觉"自己也想混起来"。

网上介绍这《狂少》时，称它"是一部都市 YY 小说"。"YY"即

汉语中"意淫"一词的拼音首字母缩写。网络中谈论"YY小说"时，有这样的评价。

　　指意淫小说，这类作品在网络小说中占有较高的比例，内容多为幻想的现实中不可能发生的事，借此来释放年轻人压抑的情绪。YY小说的作者多为年轻人。

　　"意淫"是曹雪芹在《红楼梦》中创造的，"现在意淫一词出现在mop等各类网站，指不切实际地胡思乱想"。

　　YY小说则是通常用来实现在现实中没法实现的事情，是想法天真、内容庞大、故事情节严重不符合事实逻辑的作品，概称为YY。

　　现在网上大量流行各种小说，其中大部分都是男主人公神勇无比，英俊潇洒，周围美女无数，而且已经不满足征服地球了，整个宇宙都在其手中，当然其他星球的美女也对他无比景仰了。……由于此等小说让无数的男人从中得到极大满足，我们称之为YY小说。

　　YY小说的主流宗旨是"两全、三无，也就是全初全收，无雷无郁闷无纠结"，"全收，指所有在书中出现过的，戏份达到一定程度，能够让读者留下印象和生出好感的漂亮MM，全部都要被男主角收入后宫；全初，指男主所收的所有MM，都要满足一个'初'字，'初'分为精神上和肉体上两方面：精神上，指MM在遇上男主前，没对任何其他异性动过心，包括任何的幻想……如果是仙侠或玄幻小说中的转生类情节，MM在以前某一世对别的男性动过情，则要看女主在与男主相遇的这一世是否完全重塑记忆，如果是，则可以算作'初'，肉体上，指除了男主，女主没和任何异性生物有过暧昧的身体接触，包括轻微的肌肤接触如牵手、拥抱等（年龄和辈分相差都较大的直系男性亲属可视具体情况判断）。转生类情节的处理参照上一条。（总的来说有转生情节的女主角始终让人如鲠在喉，所以一本好的YY小说应该避开这种情节。）全初全收是一本 YY 小说的基本前提。全初全收是 YY 众生的一项基本政策"。"三无"就是"指在小说中不能出现雷人情节和纠结郁闷的情节。雷人情节泛指绿帽、背叛、死女、送女、神雕（小说中有比女主角还漂亮的女配角）、漏女（有暧昧的女主结局没收）等等。郁闷纠结的情节范围很广，只要能让你感到郁闷纠结和蛋疼无比的情节都属于郁闷纠结的情节，例如：小说的文笔太差，跟小学生作文有一拼、主角的性格很白痴、暧昧到让人蛋疼、狗血情节、主角极度装 13 等等"，"这种形式随着网络文学推广而逐渐大红大紫。从旧式武侠小说，修真小说，到都市小说，出现了一系列类似作品。这类以幻想为主，为满足读者的而创作的小说便是 YY 小说"。①

听上去很滑稽的作品风格，但网络小说中有相当一部分是这类作品，它们在一定程度上帮助年轻的网络少年们疏解、释放被压抑的情绪和梦想，互联网上甚至有"YY 小说网"。

其实，从"意淫"角度讲，《坏蛋》也算得上是一部"YY 小说"了，只是不太符合"全初、三无"要求。《狂少》则是完全标准的"YY 小说"，符合这类小说的所有要求，故事中所有主要的七个漂亮 MM 都被男主角郭飞宇收入后宫。七个女子来自不同阶层的家庭，上至王公贵族、权贵富豪，下至平民百姓；这些 MM 和男主角无论从精神上和肉体上都是第一次，符合"初"的标准；故事中没有所谓戴绿帽子等雷人情节，七个 MM 对男主角无比爱慕，绝无二心；不仅如此，七个漂亮 MM 最后都嫁给了男主角，毫无怨言，而且彼此和睦相处、亲密有加，丝毫没有嫉妒之意，当然更没有欲罢不能、纠缠不已的感情纠结，或者被家庭阻挠、小人作祟一类的郁闷情节。此外，男主人公出身豪门权贵，不仅富可敌国，掌握着国家经济命脉，而且还是国家最高领导人的"干孙子"，他本人则"神勇无比，英俊潇洒，周围美女无数"。不

---

① http://baike.baidu.com/view/17011.htm.

仅聪明过人，而且具有坚强的意志，虽然养尊处优，但绝非碌碌无为的纨绔之辈。他在事业路上要风得风、要雨得雨，势力扩张到全世界；爱情路上春风得意，赢得众多绝色佳人甚至 Y 国公主的芳心，最后如愿以偿地娶到了这些漂亮 MM，还和 Y 国公主举行了盛大的皇家婚礼。作品中有大量关于豪宅、豪车、消费、美女、权势、地位的描述，豪宅如何豪华和戒备森严，以此显示主人的财富和地位，豪车的价钱多少多少，主人公的消费如何如何的昂贵而主人却连眼都不眨一下，美女如何惊艳又如何对主人公一往情深，主人公家世如何富有，又与国家最高领导人有着如何密切的关系，众人对主人公又如何如何的景仰和畏惧，……诸如此类。

可以说，无论从文学角度还是教育角度，《狂少》都是一部让人感到无话可说、无可奈何的作品，但它以及大量同类小说的存在说明它们是有市场的，它们能够满足中国男孩子心中对于财富、地位、权力梦想，对于男性妻妾成群时代的怀念。

在访谈中，孩子们谈到这个故事时，说得最多的话是："他家血（方言，'特别'的意思）有钱"，"他家挺好儿过，他在学校里混，他爸还鼓励他。" 当问一个孩子是不是佩服郭飞宇时，他说"有点，他家庭条件挺好"。我想他的意思是羡慕无比优越的郭飞宇的家庭条件，只是在说话时他没有准确地把握"佩服"的含义，不假思索地脱口说出了上面话，看来，郭飞宇优越的家世给他留下了深刻印象，显然，这正是他最缺乏的。

总之，《狂少》是一部典型的"YY 小说"，它满足了男孩子们关于财富、地位、权力和妻妾成群的梦想，通过它，男孩子在想象中意淫权贵、意淫中国男性的旧日春梦。

事实上，无论从经验还是从心理学理论角度讲，人的内心深处都有一些或善良或邪恶、或美或丑的暂时或根本无法实现的欲望和梦想，人们往往通过"意淫"的方式，即在想象中满足欲望、实现梦想，这大概是每个人都有过的经验。其实，有艺术研究就认为，艺术作品的创作和欣赏实质就是释放和满足人们潜意识欲望和梦想。

人们的欲望和梦想的内容常常就是他们现实生活中所缺乏的事物或条件，或者被社会习俗植入的价值标准。对这些出身社会底层的农村孩子来说，一方面优越的家世以及由此带来的财富、权力甚至美色恐怕是他们最缺乏、最遥不可及的生存条件，另一方面，三妻四妾的传统观念也仍然通过影视作品、历史故事影响着人们的思想，甚至在现实生活中继续被人们继承和实践着。

第四节　虚幻世界里的"白日梦"

百度在解释和介绍"YY小说"时，把网络玄幻、修真类小说也归为"YY小说"，甚至把旧式武侠小说和都市小说中以幻想为主、为满足读者愿望的作品也算在内。总之，这些作品讲述的都是超越现实的幻想故事，以主人公修炼成仙、穿越重生、学习魔法、网络游戏的经历为主要内容，"男生阅读情况分类表"中的网络玄幻、网络修真、网络重生、网游小说都属于这类作品。与《校园狂少》相比，这类小说的表现手法更具有魔幻色彩，更具有幻想性，讲述的完全是一个虚幻世界的故事，作品风格与《西游记》《封神榜》《聊斋》类似，如果按照幻想、非现实的标准来考察，像《哈利·波特》这样的国外魔幻作品也可以算在内。

若从文学立场追本溯源，依据题材、内容和表现手法追寻今天这类网络玄幻作品的源头，可以发现它们与古代神魔小说之间的渊源关系。"神魔小说"之名来自鲁迅先生，在《中国小说史略·明之神魔小说》中，他首次将一批表现神仙和妖魔斗法故事的作品称为"神魔小说"，《西游记》是其中最优秀的一部，代表了神魔小说的最高成就，《封神榜》也是其中的优秀之作。

当然，今天的网络上玄幻、修真、重生和网游小说与古代神魔有很大不同，特别是以网络游戏为内容的网游小说似乎与神魔小说毫无关系，但若从表现虚拟生活这一角度看，它们之间还是有相似之处，这些作品都是表现主人公在一个虚拟或虚幻世界的非现实的生活经历。其实《哈利·波特》这样的国外魔幻作品也有相似的特点，当然这无论如何也不是让《哈利·波特》与中国古代神魔小说扯上什么关系，只是想通过这样的对比来说明人类特别是青少年的可能的共同心理特征——幻想。

幻想超越现实的能力，幻想绝对的、不受任何约束的自由，幻想永恒，这是人类一直以来的梦想，这些梦想在不同民族、不同时代以不同的方式表现出来，呈现出不同的特色。修炼成仙、长生不老、法力无边、降妖除魔正是具有中国特色的幻想，这在中国古典神魔小说中有充分的反映，所以鲁迅指出这类小说与儒、释、道三教关系极大。这一传统被今天网络上的玄幻、修真小说继承下来，"男生阅读情况表"之"网络玄幻"一类所列《七界传说》《修真》《星辰变》《酒神》《魔剑录》《无极魔道》《张三丰弟子现代生活录》《修仙神曲》《飞升之后》都继承了这一传统，讲述了主人公经过艰苦修炼，最终获得了超人的能力，不仅能够羽化成仙、上天入地、长生不老，还拥有无边的法力和无穷的能量来降妖除魔，甚至能够穿越时空。另两部《异侠》和《盘龙》则是明显借鉴了《哈利·波特》这类国外魔幻作品的创作手法，写原本平凡的主人公由一个偶然的机缘开始的一段奇异经历。

事实上，无论网络玄幻作品的故事多么神奇和不可思议，它们总是不可避免地流露出作者对现实生活的理解，有的甚至映射现实，这与古典神魔小说是一致的，与其说这些作者有意识地继承了这一文学传统，不如说是文学创作本身的基本属性。其实幻想的发生本身就源于生活和生命的局限以及对现实的不满足，这些局限和不满足促使人们梦想摆脱和超越，在虚幻和想象的世界里得到满足和发泄。

《七界传说》讲述一个天生残缺一魂一魄的少年陆云，无意随父亲入西蜀，得遇一怪人传授十年修真法诀，后得到六千年前的百世先祖所留之神兵，并进入六院中的易园修炼，从而进入一个神奇的世界。随着陆云修为的加深，也渐渐了解到了所谓的七界传说，并从修身界，逐一进入其余六界，展开了一段神奇诡异，别开生面的旅行。

《修真》讲述名叫楚逸的青年因家传宝珠发生异变，竟是穿越星空，被传送到一个修真者的世界。在这个世界里，他从卑微的矿工做起，为的只是一线踏足修真路的机会。

《星辰变》讲述一位王爷的三世子——秦羽天生无法修炼内功，为了得到父亲的重视和关注，他毅然选择了修炼痛苦艰难的外功。然而真正改变他的命运的，是一颗流星化作的神秘晶石——流星泪，这颗流星泪在秦羽无所知觉中，融入了他的体内，他仿佛破茧化蝶一般蜕变，随后一切都发生了变化。无意之中，秦羽又发现了海外修真界的"九剑"传说，一时间风起云涌，无数修真者为之疯狂，一场争夺覆盖了海外修真界，包括潜龙大陆。最终秦羽修炼成了一个能够创造宇宙的神，他创造的宇宙被称为"秦蒙宇宙"。

《酒神》讲述国际巅峰调酒大师、品酒大师，有酒神之称的李解冻，因为品尝出土的汉代美酒而醉死于而立之年。当他一觉醒来时，发现自己来到了一个名叫五行大陆的世界，变成了一个叫作姬动的小乞丐。在这里，有一种极其特殊的职业，名叫阴阳魔师，奇异的十系魔技令人叹为观止。每一名阴阳魔师都有一顶属于自己的由本属性凝聚而成的阴阳冕，本性属火的姬动进入了这个职业，开始了他的修炼生涯。

《魔剑录》讲述了主人公柳逸一段缠绵三世的爱情故事，他是一个具有真魔之体的人，七千年来，始终坚持自己的爱，饱受三生三世之难，千年如一日。

《无极魔道》讲述了心狠手辣、胆大包天、狡猾如狐、意志坚定、心思缜密的主人公——丁浩由于偶然的机缘加入了本为魔道二流门派的无极魔宗，经过一番艰苦的修炼和斗争，无极魔道威震天下道门魔门，丁浩也被冠"无极魔君"的名号，他成了无极魔宗五千年来第一个获得封号的人。

《张三丰弟子现代生活录》讲述张三丰最出色的弟子——张湖畔，在张三丰飞升后，奉师命下山修行。经历了大学生、酒吧服务员、普通工人……等等不同的身份的生活，遭遇了种种的人和事，这些让张湖畔明白了人类数万年文明沉积的伟大，开创了一条科技与修炼结合的修炼捷径。

《修仙神曲》讲述未来时代，一个在黑网吧的火灾中被烧死的青年庄风投胎到了一个古代世界的偏僻山村里，一出生就成为孤儿，带着一些前生的记忆，跟外公外婆一起生活，由于一些偶然的机缘，遇到仙人，获得修仙秘籍，之后开始了修炼历程。

《飞升之后》讲述主人公风云无忌飞升之后，人族、魔族、血族、天堂四大种族之间，不断的争斗，而人族是最弱的种族。随着修为的增加，也渐渐知道了许多太古的秘密，走上了"一统太古，对抗外族"的艰辛历程，从初入太古，建立剑域，元神三分，到一统太古，对抗魔族。

这些网络玄幻小说除了继承古代神魔小说的传统，还接受了民国以来、特别是20世纪中后期以来武侠小说的影响，糅合了神魔小说的幻想内容和武侠小说的武功打斗内容。事实上，这两类作品本来也不是那么泾渭分明的，神魔小说主人公的超人修为总是通过降妖除魔的打斗来展现，武侠小说主人公的武功和侠义也总是通过神秘修炼得来，而且常常需要经过仙家指点才能成为武林高手。

除上述几部作品外，还有《异侠》和《盘龙》两部与它们有些不同。《异侠》讲述由于长的不那么帅气而不受同学欢迎的中学生王大明不小心吃掉一条龙，从此开始了一段奇异的人生经历；《盘龙》讲述了在四神兽家族玉兰大陆的分支家族中一个名叫林雷的少年，小时候得到了一个叫盘龙的戒指（后来知道为主神器），学习魔法，锻炼身体，挑战光明圣岛，征战地狱，最后击杀光明主宰，成为林蒙宇宙掌控者。很显然，这两部小说模仿了西方《哈利·波特》《魔戒》等魔幻作品的写法，都是写主人公经历了什么事或得到了一件什么特别的物件而获得了施魔法的能力，之后主人公利用一身魔法去降妖除魔。

"网游小说"《从零开始》与以上两类小说有些不同，它写一个痴迷网络的少年和他的伙伴在虚拟的网络游戏世界里的种种遭遇，虚拟世界与现实世界交织在一起，给读者造成一种时空错综的感觉。从小说描写的内容中看出，在现代科技的虚拟世界里，竞争、打斗、流血、死亡、战争是主要内容。从这一特点上看，网游小说与玄幻小说甚至与神魔小说和武侠小说并无本质上的区别，都是描写和讲述幻想世界里的"超人"们之间的竞争和战斗故事，称得上是网络世界里的神魔故事。

由此可见，修炼法术、获得能量和强弱斗争是这作品的主要内容，可能这样的内容是单调和类型化的，但它们所有的文学作品一样，（尽管可能许多文学研究者对这些作品不屑一顾，甚至根本不承认这些作品的文学地位。）作者在讲故事时依然无法摆脱现实生活的基本逻辑和判断标准，经过艰苦修炼才能获得法术，强弱斗争的结果总是强者得胜，正与邪、善与恶、光明与黑暗、神与魔斗法的结果总是前者得胜……体现的都是现实世界的基本法则和多数人的共同愿望。不仅如此，有些作品，像《张三丰弟子现代生活录》还寄托了作者对现实生活的观察、理解和讽刺。从这些特点上看，网络玄幻和网游作品与古代神魔小说也是一脉相承的。

事实上不仅如此，正如"神魔小说的兴起与读者的阅读需求也有很大的关系。他们在欣赏这一流派的作品时，不仅可享受阅读神奇故事而产生的愉悦，而且那些斩妖除魔的故事及其正义战胜邪恶的主题，也可使人们发泄对现实政治不满的愤懑"。① 今日网络玄幻和网游作品的兴起也与读者的阅读需求有必然的联系。与文学评论家眼中的严肃文学不同，确切地说，网络玄幻和网游作品的创作是一种事实上的商业行为，读者的喜爱决定着这些小说的命运，因此，作者在创作中必须考虑如何迁就甚至迎合读者的口味，这与古代神魔小说的处境是一样的。创作者和阅读者并没有多么高远的文学追求，一方只是想讲一个人们爱听的故事，另一方只是想听一个好听的故事，在讲故事和听故事的过程中，双方都得到了满足。

如果说，市民阶层的兴起是古典小说产生和繁荣的土壤，那么今天的年轻网民就是网络小说生长的沃土，这些人是网络小说的创作者和阅读者，他们是网络世界的"市民"。从某种意义上讲，网络小说成为这些年轻人"白日梦"，是他们抒发情感、寄托梦想、解放心灵、释放压力的途径，也是他们总结和学习社会经验、生活道理的渠道。

---

① 陈大康：《明代小说史》，人民文学出版社 2007 年版，第 400 页。

其实，网络小说的种类很多，孩子们，确切地说，这些农村男孩感兴趣的只是其中的几种，除了前面提到的"网络黑帮"外，"网络玄幻"和"排在第二位，其实可以把类似的讲述网络世界里神魔故事"网游小说"也算在内。

《重生之经济帝国》是被孩子们提到的一部网络"重生小说"，写出生在80年代的一个山村里的本来弱智的主人公白杨被一块石头击伤头部晕倒，经抢救醒来后智力恢复正常的故事。事实上这是一段未来的记忆重生在这个名叫白杨、外号"傻蛋"的孩子身上，他记得许多将来要发生的事情，小说的故事就是从这时候开始，此后就开始写白杨的成长、奋斗和事业。如果没有前面的重生情节，这部小说到有些像《坏蛋》和《校园狂少》，只不过情节没有那么夸张，我想它能吸引孩子的原因也与那两部书相同。

孩子们还提到了"网络科幻"小说《机甲狙击手》，写大学生雷一键溺海身亡后来到了另一个比地球发达几个世纪的时空断层——机甲星系，在这个星系里，他成为影响整个星系的机甲战神——天一键，小说讲述的就是他在这个星系的成长和战斗历程，和许多科幻作品大致相似。可以将这类作品看作科技时代的神魔小说。

玄幻、网游、重生、科幻，凡此种种，讲述着一种虚幻世界里的奇异故事，无论是创作者还是阅读者，恐怕都没有那么认真地把这些作品当作文学作品来对待，写作的人努力地编一个尽量吸引网民的故事，阅读者也是在闲暇无事时偶然间碰到几个自己喜爱的故事，再介绍给其他人。

事实上，网络小说的类型很多，单就幻想类作品来说，数量也是庞大的，但在"男生阅读情况表"中出现的就是这种幻想类作品和下面提到的言情类作品，而且孩子们也就提到了这么几部作品。这种状况与这些孩子的生活条件有关，在访谈中了解到，大约只有百分之十的孩子家中有电脑，有条件上网，而且绝大多数孩子是住校生，上网的时间非常有限，打电脑游戏的时间更有限。据孩子们说，除了其中的几部外，他们常常是在手机上传看这些小说，这使得他们能看到的作品很有限，集中在有限的几部小说上。

更重要的是，无论怎样的幻想，人的兴趣、喜好总是或多或少关联着自己的生活，这些孩子们也不例外。看上去他们是在茫茫网络中"偶然"碰到了这些作品，但这里面其实又有不可否认的必然性存在，这种必然性使得这些孩子的兴趣点集中在这两类作品上，而像网络上的职场小说、都市小说、社会小说无法进入这些孩子的视野。

显然，这种情况的出现不是没有原因的。中国传统文化中向来有通过修行炼丹、养生之术以求长生不老的思想，这在道教思想中体现得尤为典型。民间传说中有很多这样的故事，张三丰故事是其中最广为流传的，这些道教名士在修炼和探索中逐步构建了一个成体系的有层次的修身境界，并据此建立起了一整套修炼方法。依现代科学的眼光看，这实在是荒诞不羁的，但且不论其真假、对错和是否有效，中国人对长生不老的梦想是真实而持久的，有关这类内容的故事仍然在流传，尤其是在相对不发达的农村，换句话说，相比城市，今天的农村社会传承着更多、更深厚的传统观念和习俗，无论它是进步还是腐朽。农村的生存环境和生活状况，比如依旧是缓慢的、封闭的（在访谈中了解到，南桥镇中学的绝大多数孩子除了 S 县城，没有去过其他城市），比如受教育程度低下或根本没有受教育的父辈和祖辈，比如除了电视、屈指可数的电脑、外出打工的亲戚和课本之外，没有其他获取外界信息的渠道，更遑论直接接触外面的世界，比如几乎占据他们所有时间和精力的功课……所有这些使得更多的传统观念、习俗甚至心理感受依然能够继续在农村社会得到比城市更持久和稳固的传承，使得网络上的玄幻类小说能够吸引农村孩子的注意力，因为这些内容与他们成长过程中接受的信息和观念是相关联的。另外，值得注意的是，阅读情况表中只出现了一部网游小说，我想这与他们的生活条件直接相关，少量的电脑、有限的打电脑游戏的时间使得他们对网游世界还是有些隔膜的。

另一方面，无论对创作者还是对阅读者来说，这些故事都具有"白日梦"的功能。他们往往通过作品的创作和阅读在想象中实现在现实中无法实现的愿望，得到一定程度的满足，这也是文学、艺术的重要功能。创作者和阅读者不仅通过阅读这类小说做一个得道成仙的白日梦，更重要的是，他们还可以通过作品做一个现实的"白日梦"，因为这些作品和古典神魔小说一样，虽说是描写幻想世界里的虚构故事，其中的人物能够腾云驾雾、自由地上天入地，但故事中的人物关系、人物心理和感情、情节发展的逻辑、价值标准……仍然是现实生活的再现，事实上，绝大多数这类作品本身就有或讽刺或赞扬的现实寄托。而像《重生之经济帝国》这部作品除了开始的一段"重生"经历具有幻想色彩，其后的所有情节讲述的都是现实色彩的生活中故事，几乎没有魔幻色彩。

此外，在访谈中了解到，这个年龄的孩子还继续着对童话的喜爱，这在阅读情况表中有反映。从创作手法上看，网络上的这类玄幻、网游作品与童话是一致的。童话是人们用想象的方式去解释一些自己还不了解的事物和现象，年龄越低，不了解的事物越多，困惑越多，好奇心越强，越需要想象。随着年龄和知识的增长，人们不是不再喜欢和需要童话，只是童话的内容变化了，不再是以小猫、小狗为内容，而是有关生命、未来生活、未知世界的内容，这时候，童话被神魔小说、玄幻小说、科幻作品甚至网游作品所取代，毋宁说，这些作品是今天青春期少年的"新童话"。

谈到"童话"，不得不谈谈在"男生阅读情况表"中出现的"武侠"一类。事实上，武侠小说和玄幻小说之间的界限非常模糊，有的小说网站有"仙侠"一类，多数玄幻类作品既有"仙"又有"侠"，"仙""侠"不分。百度上这样解释"武侠小说"："武侠小说是中国通俗旧小说的一种重要类型，多以侠客和义士为主人公，描写他们身怀绝技、见义勇为和叛逆造反行为。武侠小说有广义和狭义之分，广义上是指传统武侠、浪子异侠、历史武侠、谐趣武侠、古典仙侠、奇幻修真、现代修真，但从武侠小说的狭义层次上来说就只指传统武侠、浪子异侠、历史武侠、谐趣武侠这四类。"① 可见，广义的"武侠小说"是包

---

① http://baike.baidu.com/view/2629.htm.

括了现在网络上的玄幻类作品。当然，在人们的印象里，武侠作品更偏重表现侠义之士如何在江湖上行侠仗义，玄幻作品则更侧重表现修真者如何修炼成仙。有人说"武侠小说是成人的童话"，这应当也包括玄幻小说，甚至科幻类作品。其实"网游小说"可以称作是网络少年的童话。

当然，这些"童话"的内容和主题有些差别。武侠和玄幻更具有中国传统文化色彩，多以行侠仗义、修行得道、降妖除魔、惩恶扬善、江湖恩怨为主题，杂糅了传统的侠和道的思想；科幻和网游作品更具有现代色彩，多以科学想象、虚拟世界为主题。（阅读情况表中也出现了《海底两万里》和《地心游记》两部科幻作品，虽然不多，但科学主题作品的数量还是不少。）

此外，表中出现的《哈利·波特》也和上述这些作品有些相似的属性，不妨称之为外国的魔幻"童话"。颇有意味的是，这部在国际上炙手可热、在国内也拥有大量被称为"哈迷"的追捧者的作品，在表中只出现了一次。究其原因，可能一方面由于农村的闭塞，另一方面可能是农村孩子们的不太认可这样的国外魔幻作品，他们更容易接受那些与他们已有的感情、思维和价值观更接近的内容和主题，比较起来，孩子们更喜欢《西游记》《封神榜》这些和他们的思维习惯相一致的神魔小说，尽管是古典作品，依然颇受孩子们喜爱。

除了以上提到的这些作品外，还有一类非现实内容——鬼——的作品。阅读情况表中出现了两部：《鬼吹灯》和《鬼故事》，另外《聊斋》也可以算在内。

《鬼吹灯》是 2006 年在网络上迅速流行起来的一部糅合了现实和虚构、盗墓和探险的网络小说，主要讲述了三位当代盗墓者的一系列的诡异离奇故事，他们利用风水秘术，解读天下高山大川的脉搏，寻找那些失落在沙漠、雪山、森林、峡谷、急流、草原上的一处处鲜为人知的龙楼宝殿，小说的情节惊悚、悬疑，风格诡异。

《鬼故事》是一本专门登载短篇鬼怪故事的小杂志，在孩子们中颇为流行，男、女生都爱看。在访谈中，孩子们谈到这本杂志时，总是说

"心里挺害怕，可是还想看"。非常矛盾。

关于鬼的故事在各个民族中都能见到，并非中国所独有。鬼怪故事源自对生命的困惑和对死亡的恐惧，人们试图通过这种方式来解释生命的奥秘和肉体死亡之后灵魂的归宿。当然，《聊斋》是用这种方式抒写现实人生的悲欢故事，寄托对现实的理解和希望，不能与普通鬼怪故事相提并论，但无论如何，《聊斋》之所以吸引读者，首先是因为作者讲述的一个个狐鬼故事充满悬疑又令人惊悚，在这一点上，它与《鬼吹灯》和《鬼故事》还是有些相似之处。可见，即便是科技发达到今天的程度，生命衰老和死亡仍然是人们无法回避的问题，这种困惑和恐惧为这类鬼怪作品提供生存空间。其实网络上也有很多这类故事，而且其中很多是以现代生活，甚至现代城市生活为背景，倒未必是农村青少年所特有的兴趣，毕竟，在人类的社会，从未有过"生而平等"，却一向都是"死而平等"，对于死亡、鬼的兴趣大概是人类的共通的。

第五节　本章小结

无论学校教育者多么不情愿、多么愤怒、多么担忧，也无论他们怎样阻挠，许多男孩子阅读《坏蛋》和其他一些教育者们眼中的"不良"小说的热情，还是远远超过学校推荐的优秀作品。

孩子们喜欢这些作品的原因不同，但都可以用"意淫"来概括，《坏蛋》让孩子们意淫成功、事业和强大，《校园狂少》让他们意淫权贵和中国男性的旧日春梦，玄幻和武侠作品让孩子们意淫长生不老和无边法力。当然，仅仅意淫还不能完全满足孩子们的阅读需求，他们也需要通过作品认识社会和生活，在这一点上，《坏蛋》从黑社会的视角、底层的视角给孩子们描绘了一个与学校教育完全不同的社会和生活，当然，他们可能无法肯定地说《坏蛋》里的世界就是真实的，但那至少是让他们震撼的，我想这是《坏蛋》成为孩子们最喜爱作品的重要原因。

从正统的、健康的教育角度考虑，这些小说是些"不良"作品，会对孩子们产生极坏的影响。然而，人的欲望是多种多样的，他们希望成功、财富、地位，希望能管制别人，希望有显赫的家世，希望有美女环绕、妻妾成群，希望长生不老，希望能有无边法力……无论这些欲望是高尚还是卑鄙，但作为人性和社会现实的一部分，它们真实地存在着。这些欲望都可以通过阅读文学作品来实现，通过"意淫"来实现。事实上，成人又何尝不是如此呢？当然，并不是说存在就是合理的，只是说它的存在是有原因的。也并不是说学校教育应当对此视而不见、无所作为，只是说，压制和禁止是无济于事的，就像统治者曾经禁止《水浒传》《金瓶梅》、邓丽君歌曲一样。这里当然也没有将《坏蛋》等作品与文学经典相提并论的意思，这些作品究竟如何，自有文学的历史去检验，只是想说，人的欲望禁止不了，无论这些欲望是基于人性还是社会，它总要寻找一个渠道来释放。

事实上，无论教育者们愿不愿意看到，"坏书"在任何一个年代都是学校正规教育的"补充"，这种补充不仅给孩子们提供了一个意淫的渠道，也给他们认识完整的社会和生活提供了一个平台，二十多年前风靡校园的金庸武侠小说和琼瑶言情小说不也是如此吗？可能，黑与白、高贵与卑劣的结合才是最真实的。

第四章　校园里的爱情想象

第一节　女孩子的阅读世界

和男孩子一样，除了课本以及与课本配套的读本和各种作文大全之外，多数女孩子并未养成阅读课外书的习惯，这一点在学习成绩优秀的孩子身上尤为明显，优异的成绩说明她们把大部分的时间和精力倾注到了功课上，没有多少闲暇时间阅读课本以外的书籍。

以下是通过问卷获得的女孩子阅读书目表（见表4－1）。

表4－1　　　　　　　　　　女生阅读情况

作品名称	频数
作文	29
红楼梦	20
格林童话	19
钢铁是怎样炼成的	15
童话	10
泡沫之夏	10
安徒生童话	10
一千零一夜	10
西游记	9
三国	9
鲁滨孙漂流记	8

续表

作品名称	频数
福尔摩斯	8
笑话	8
时代影视	7
十万个为什么	7
阿衰	7
智慧背囊	6
水浒传	5
骆驼祥子	5
幽默	3
朝花夕拾	4
感恩亲人	4
爱情小说	4
在人间	3
漫画	3
我的大学	3
汤姆·索亚历险记	3
郭敬明	3
古希腊神话与传说	2
神话	2
四大名著	2
语文读本	2
格列佛游记	2
脑筋急转弯	2
童年	2
青春开逗	2
淘气包马小跳	2
当代小学生	2
青年文摘	2
少年文艺	2
故事会	2
麦克白	2

续表

作品名称	频数
鬼故事	2
心理测试	2
海的女儿	2
泰迪男孩	2
心灵鸡汤	2
复活	2
成语故事	2
故事书	2
读者	2
寓言故事	2
聊斋	2
夏至未至	2
路过花开路过你	2
龙日一：你死定了	2
课外读本	2
鲁迅全集	1
静静的流云	1
最小说	1
青春校园系列一类的书刊	1
白马王子	1
爱丽丝	1
爱丽儿	1
名人	1
射雕英雄传	1
青春风铃	1
秘密花园	1
科幻	1
杨红樱校园小说	1
平凡世界	1
快乐星球	1
明晓溪	1

续表

作品名称	频数
开国十少将	1
二十五史	1
超完美男友	1
论语	1
人性的优点	1
等你在清华北大	1
老人与海	1
草房子	1
猫	1
笑猫日记	1
痴心等待 QQ 爱	1
过去的历史	1
黑道学生	1
天使蜜糖	1
可爱淘	1
校园沙拉	1
一起又看流星雨	1
东方茱丽叶	1
马可·波罗行纪	1
露希弗的诱惑	1
爱情厚黑学	1
汤姆叔叔的小屋	1
再寄小读者	1
麻雀要革命	1
茶花女	1
感悟人生	1
会有天使替我爱你	1
冷宫太子妃	1
哈利·波特	1
穿越时空	1
青少年每天成功一点点	1
天使街 23 号	1
穆斯林的葬礼	1
公主 e 论	1

续表

作品名称	频数
再见五月天	1
梦里花落知多少	1
稻草人	1
世界之谜	1
中华上下五千年	1
世界地理未解之谜	1
奇幻	1
拿的起放的下	1
意林	1
侠骨魔心	1
七龙珠	1
狼之少年	1
子夜	1
圆梦名校	1

注：和男孩子一样，有些女孩子的兴趣不是集中在具体的一两本书上，就写出了书籍的种类，有的则写出了作者名称。

巧合的是，经过整理，女孩子也列出了121种书或书籍种类的名称，根据内容和主题，可以将这些作品大致划分为15类，如表4－2所示。

表4－2　　　　　　　　女生阅读情况分类

种类	作品名称	频数	合计
1. 儿童文学、童话、动画、动漫	格林童话	19	71
	童话	10	
	安徒生童话	10	
	阿衰	7	
	漫画	3	
	神话	2	
	海的女儿	2	
	淘气包马小跳	2	
	爱丽丝	1	
	快乐星球	1	
	猫	1	
	笑猫日记	1	

续表

种类	作品名称	频数	合计
1. 儿童文学、童话、动画、动漫	七龙珠	1	
	狼之少年	1	
	杨红樱校园小说	1	
	青春校园系列一类的书刊	1	
	青春风铃	1	
	天使蜜糖	1	
	再见五月天	1	
	爱丽儿	1	
	秘密花园	1	
	稻草人	1	
	草房子	1	
	再寄小读者	1	
2. 主流名著	钢铁是怎样炼成的	15	56
	一千零一夜	10	
	骆驼祥子	5	
	朝花夕拾	4	
	在人间	3	
	我的大学	3	
	古希腊神话与传说	2	
	童年	2	
	麦克白	2	
	复活	2	
	穆斯林的葬礼	1	
	鲁迅全集	1	
	平凡的世界	1	
	老人与海	1	
	汤姆叔叔的小屋	1	
	茶花女	1	
	子夜	1	
	马可·波罗行纪	1	

续表

种类	作品名称	频数	合计
3. 中国古典名著	红楼梦	20	48
	西游记	9	
	三国演义	9	
	水浒传	5	
	四大名著	2	
	聊斋	2	
	论语	1	
4. 流行、休闲	笑话	8	45
	时代影视	7	
	智慧背囊	6	
	幽默	3	
	青春开逗	2	
	脑筋急转弯	2	
	故事会	2	
	心灵鸡汤	2	
	心理测试	2	
	青年文摘	2	
	故事书	2	
	寓言故事	2	
	读者	2	
	拿的起放的下	1	
	名人	1	
	意林	1	
	静静的流云	1	
5. 言情作品	泡沫之夏	10	
	爱情小说	4	
	郭敬明	3	
	夏至未至	2	
	泰迪男孩	2	
	龙日一：你死定了	2	
	路过花开路过你	2	
	梦里花落知多少	1	

续表

种类	作品名称	频数	合计
5. 言情作品	最小说	1	42
	可爱淘	1	
	校园沙拉	1	
	白马王子	1	
	明晓溪	1	
	超完美男友	1	
	痴心等待 QQ 爱	1	
	一起又看流星雨	1	
	东方茱丽叶	1	
	爱情厚黑学	1	
	会有天使替我爱你	1	
	冷宫太子妃	1	
	公主 e 论	1	
	天使街 23 号	1	
	露希弗的诱惑	1	
	麻雀要革命	1	
6. 作文	作文	29	29
7. 课外教育读物	感恩亲人	4	19
	语文读本	2	
	当代小学生	2	
	成语故事	2	
	少年文艺	2	
	课外读本	2	
	人性的优点	1	
	青少年每天成功一点点	1	
	感悟人生	1	
	圆梦名校	1	
	等你在清华北大	1	
8. 国外经典游历小说	鲁滨孙漂流记	8	13
	汤姆·索亚历险记	3	
	格列佛游记	2	

续表

种类	作品名称	频数	合计
9. 科学、自然、科幻	十万个为什么	7	11
	科幻	1	
	世界之谜	1	
	世界地理未解之谜	1	
	奇幻	1	
10. 侦探	福尔摩斯	8	8
11. 历史作品	开国十少将	1	4
	二十五史	1	
	过去的历史	1	
	中华上下五千年	1	
12. 武侠	射雕英雄传	1	3
	侠骨魔心	1	
	穿越时空	1	
13. 鬼怪作品	鬼故事	2	2
14. 网络黑道	黑道学生	1	1
15. 国外魔幻小说	哈利·波特	1	1

从表中看出，主流名著占了大多数，其中《红楼梦》最受欢迎，其次是"儿童文学、童话、动画、动漫""流行、休闲"和"校园、爱情作品"。与男生相比，女生的阅读兴趣是有些不一样的，把两个表合在一起可以看出明显的差异（见表4－3）。

表4－3　　　　　　　　男、女生阅读情况比较

女生				男生			
种类	作品名称	频数	合计	种类	作品名称	频数	合计
1. 儿童文学、童话、动画、动漫	格林童话	19		1. 中国古典名著	三国演义	37	64
	童话	10			水浒传	11	
	安徒生童话	10			四大名著	6	
	阿衰	7			西游记	6	
	漫画	3			红楼梦	2	
	神话	2			聊斋	1	
	海的女儿	2			封神榜	1	

续表

	女生				男生		
种类	作品名称	频数	合计	种类	作品名称	频数	合计
1. 儿童文学、童话、动画、动漫	马小跳	2	71	2. 主流名著	钢铁是怎样炼成的	22	48
	爱丽丝	1			爱的教育	2	
	快乐星球	1			童年	2	
	猫	1			家	2	
	笑猫日记	1			鲁迅	2	
	七龙珠	1			朝花夕拾	2	
	狼之少年	1			假如给我三天光明	2	
	杨红樱校园小说	1			老人与海	2	
	青春校园系列一类的书刊	1			基督山伯爵	1	
	青春风铃	1			春	1	
	天使蜜糖	1			秋	1	
	再见五月天	1			狂人日记	1	
	爱丽儿	1			老舍茶馆	1	
	秘密花园	1			骆驼祥子	1	
	稻草人	1			羊脂球	1	
	草房子	1			傅雷家书	1	
	再寄小读者	1			唐诗三百首	1	
2. 主流名著	钢铁是怎样炼成的	15	56		300 首古诗中的趣味故事	1	
	一千零一夜	10			穆斯林的葬礼	1	
	骆驼祥子	5			名人传	1	
	朝花夕拾	4		3. 网络黑道	坏蛋是怎样炼成的	24	42
	在人间	3			校园狂少	6	
	我的大学	3			黑道学生	3	
	古希腊神话与传说	2			校园风流邪神	2	
	童年	2			黑道争霸	2	
	麦克白	2			黑道小子	1	
	复活	2			黑道太子	1	
	穆斯林的葬礼	1			黑道修神	1	
	鲁迅全集	1			流氓天尊	1	
					狱锁狂龙	1	

女生				男生			
种类	作品名称	频数	合计	种类	作品名称	频数	合计
2. 主流名著	平凡的世界	1		4. 流行、休闲	笑话	4	22
	老人与海	1			幽默	3	
	汤姆叔叔的小屋	1			脑筋急转弯	2	
	茶花女	1			读者	2	
	子夜	1			青年文摘	1	
	马可·波罗行纪	1			时代影视	1	
3. 中国古典名著	红楼梦	20	48		偶像	1	
	西游记	9			快活林	1	
	三国演义	9			点亮青少年心灵的感悟	1	
	水浒传	5			小故事，大道理	1	
	四大名著	2			智慧背囊	1	
	聊斋	2			千年一叹	1	
	论语	1			哈佛家教	1	
4. 流行、休闲	笑话	8	45		男生女生	1	
	时代影视	7			名人故事	1	
	智慧背囊	6		5. 科学、自然、科幻	十万个为什么	5	20
	幽默	3			科幻	5	
	青春开逗	2			人类（世界）未解之谜	3	
	脑筋急转弯	2			昆虫记	2	
	故事会	2			百科全书	1	
	心灵鸡汤	2			UFO之谜	1	
	心理测试	2			自然科学	1	
	青年文摘	2			海底两万里	1	
	故事书	2			地心游记	1	
	寓言故事	2		6. 儿童文学、童话、动画、动漫	阿衰	5	19
	读者	2			淘气包马小跳	3	
	拿的起放的下	1			漫画	2	
	名人	1			七龙珠	2	
	意林	1			童话	2	
	静静的流云	1					

续表

女生				男生			
种类	作品名称	频数	合计	种类	作品名称	频数	合计
	泡沫之夏	10		6. 儿童文学、童话、动画、动漫	虹猫蓝兔	1	
	爱情小说	4			动画王国	1	
	郭敬明	3			青春学院	1	
	夏至未至	2			格林童话	1	
	泰迪男孩	2			海的女儿	1	
	龙日一：你死定了	2		7. 国外经典游历小说	汤姆·索亚历险记	6	15
	路过花开路过你	2			鲁滨孙漂流记	6	
	梦里花落知多少	1			格列佛游记	3	
	最小说	1		8. 网络玄幻	七界传说	3	15
	可爱淘	1			修真	2	
	校园沙拉	1			星辰变	2	
5. 言情作品	白马王子	1	42		异侠	1	
	明晓溪	1			盘龙	1	
	超完美男友	1			酒神	1	
	痴心等待 QQ 爱	1			飞升之后	1	
	一起又看流星雨	1			魔剑录	1	
	东方茱丽叶	1			无极魔道	1	
	爱情厚黑学	1			张三丰弟子现代生活录	1	
	会有天使替我爱你	1			修仙神曲	1	
	冷宫太子妃	1		9. 作文	作文	13	13
	公主 e 论	1		10. 历史作品	中华上下五千年	6	12
	天使街 23 号	1			二十五史	2	
	露希弗的诱惑	1			史记	2	
	麻雀要革命	1			明朝那些事儿	1	
6. 作文	作文	29	29		资治通鉴	1	
7. 课外教育读物	感恩亲人	4	19	11. 言情作品	安妮宝贝的八月未央	1	10
	语文读本	2			泡沫之夏	1	
	当代小学生	2			你是天使我是谁	1	
	成语故事	2			迷幻小新娘	1	
	少年文艺	2					

续表

女生				男生			
种类	作品名称	频数	合计	种类	作品名称	频数	合计
7. 课外教育读物	课外读本	2		11. 言情作品	班花	1	
	人性的优点	1			天使街23号	1	
	青少年每天成功一点点	1			郭敬明	1	
	感悟人生	1			梦里花落知多少	1	
	圆梦名校	1			幻城	1	
	等你在清华北大	1			和空姐同居的日子	1	
8. 国外经典游历小说	鲁滨孙漂流记	8	13	12. 武侠	武侠	2	7
	汤姆·索亚历险记	3			天龙八部	1	
	格列佛游记	2			笑傲江湖	1	
9. 科学、自然、科幻	十万个为什么	7	11		绝代双骄	1	
	科幻	1			屠龙小说	1	
	世界之谜	1			杨家将	1	
	世界地理未解之谜	1		13. 兵法、军事	孙子兵法	2	5
	奇幻	1			军事	2	
10. 侦探	福尔摩斯	8	8		三十六计	1	
11. 历史作品	开国十少将	1	4	14. 鬼怪作品	鬼吹灯	1	3
	二十五史	1			鬼故事	2	
	过去的历史	1		15. 侦探	名侦探柯南	1	3
	中华上下五千年	1			破案一分钟	1	
12. 武侠	射雕英雄传	1	3	16. 网游小说	网游	1	2
	侠骨魔心	1			从零开始	1	
	穿越时空	1		17. 医药	本草纲目	1	2
13. 鬼怪作品	鬼故事	2	2		妙药奇方	1	
14. 网络黑道	黑道学生	1		18. 网络科幻	机甲狙击手	1	1
15. 国外魔幻小说	哈利·波特	1		19. 网络重生	重生之经济帝国		1
				20. 国外魔幻小说	哈利·波特	1	1

　　从总体上看，女生的阅读兴趣的种类比较集中，可以分为13类，男生分为21类，而且女生的"课外教育读物"一类在男生阅读表中归

在"流行、休闲"类，因为男生读物中这一类数量极少，只有一两部，因此，从种类上看，女生比男生的兴趣更集中。但是女生的兴趣点又不像男生那样强烈地集中在某几本书上，从表中看出，女生写出的书目总频数高于男生，（这可能有两个原因：第一种可能是女生在做问卷时更认真，第二种可能是女生比男生更爱阅读课外读物）书目总数却与男生相同，而且频数最高的《红楼梦》只出现了 20 次，远不及男生对《三国演义》的兴趣，也比不上男生对《坏蛋》的兴趣。也就是说男生阅读的总体兴趣要比女生更广泛，但又往往喜欢扎堆儿阅读其中几部作品，女生阅读的总体兴趣不及男生广泛，但不像男生那么集中在少数几部作品上。

女生最感兴趣的是"儿童文学、童话、动画、动漫"作品，这类作品在男生那里只排第六位，而且女生涉猎的这类作品的品种更丰富，除了传统的经典童话外，还有现代的动漫作品（主要是中国和日本的）、当代著名的儿童文学作品（如《草房子》《再寄小读者》、杨红樱作品等）以及《青春风铃》类的校园杂志。在这类作品中，女生最感兴趣的是格林童话、安徒生童话这几部传统的儿童文学作品，而男生最感兴趣的是当代动漫作品《阿衰》。

排在女生第二位的是"主流名著"，与男生一样，其中《钢铁是怎样炼成的》频数最高，也与男生一样。其次受欢迎的是《一千零一夜》，其实这部书也可以作为神话作品放在"儿童文学、童话、动画、动漫"一类里。

排在女生第三位的是"中国古典名著"，频数最高的是《红楼梦》，其次是《西游记》《三国演义》和《水浒传》，男生的排列顺序是《三国演义》《水浒传》《四大名著》《西游记》和《红楼梦》，男女生差不多是相反的，符合人们对男、女生阅读兴趣的普遍印象。

排在女生第四位的是"流行、休闲"类，男生的这类作品也排在第四位，而且女生的这类作品种类比男生要丰富得多。其中名人、《青年文摘》《读者》、笑话、《时代影视》《智慧背囊》、幽默、脑筋急转弯等是男、女生共同感兴趣的作品，但女生书目中的心理测试和心灵鸡汤两类作品是男生书目中没有的。

排在女生第五位的是"言情作品"。一直以来，女性尤其是少女对言情作品的兴趣是人们司空见惯的事，这些农村女孩子也不例外，她们也对言情作品保持着浓厚的兴趣，虽然这类作品在阅读情况分类表中只排在第五位，但在访谈中了解到，她们对这类作品的兴趣远高于男生，这类作品成为女生在阅读兴趣上区别于男生的重要标志。此外，对《红楼梦》和《三国演义》的兴趣也在一定程度上显示了这种男、女生的差异。

排在女生第六位的是"作文"，这是孩子们最容易获得的课外读物，几乎每个学生的课桌上都能看到这类书，是孩子们可以名正言顺地在教室里阅读的"重要作品"，它们事实上属于教辅类书籍。

排在女生第七位的是"课外教育读物"，是男生读物中没有的种类，其实男生读物中也有几部这类读物，比如《点亮青少年心灵的感悟》和《哈佛家教》，但因为数量太少，就归在"流行、休闲"类里，但女生读物中这类作品很多，因此单独列出。其中的《语文读本》《课外读本》《感恩亲人》都是与语文教科书配套的课外读物，由于上课不讲，孩子们就把它们当作课外读物对待，看来女孩子比男孩子更喜爱这些读物。《少年文艺》《当代小学生》是校园杂志的主流作品，女孩子对它们的喜爱程度也超过了男孩子。

排在女生第八位的是"国外经典游历作品"，所列三部作品与男生一样，其实这三部小说也是语文课程标准的推荐作品，与男生不同的是，女生对《鲁滨孙漂流记》表现出特殊的兴趣。

排在女生第九位的是"科学、自然、科幻"类作品，比较起来，女生对这类作品的兴趣不如男生，所列作品种类和表现出的兴趣程度都不及男生，除了《十万个为什么》外，女生对其他科学作品没有太大的兴趣，而且，列表中没有出现男生列表中的科幻作品。

女生也对侦探作品表现出一定兴趣，排在第十位，这和男生有一致之处。

女生对"历史作品"的兴趣明显低于男生。女生列表中只出现了

《二十五史》一部经典历史作品，男生列表中还出现了《史记》和《资治通鉴》，① 还出现了很有影响力的历史新作《明朝那些事儿》，说明男生对历史作品的兴趣使得男生对这类作品的口味不同于女生。

比起男生来，女生对"武侠"作品也没有那么高涨的兴趣，只出现了 3 部，虽然男生列表中也只出现了 7 部武侠作品，但男生感兴趣其他作品，如"网络玄幻"中有很浓重的武侠成分，因此，男生对武侠的兴趣远高于女生。

女生也对鬼怪故事表现出兴趣，与男生的差异不大，特别是对《鬼故事》，在访谈中，男、女生都提到了这本小杂志。

很显然，"网络黑道"几乎是男生的专利，女生列表中只出现了一次，而在男生列表中出现了 42 次，列第三位。事实上，几乎所有黑道作品的主人公都是男性，这或许是它们吸引男孩子而不讨女孩子喜欢的原因吧？当然，作品本身就是现实的再现，尽管可能是曲折、隐晦的，甚至可能是变形的。

农村孩子对"国外魔幻小说"的兴趣都不大，看不出性别差异。

女生的阅读书目中看不到"网络玄幻""网游小说""网络科幻""兵法、军事"等作品，说明这些作品是男孩子独有的兴趣。

以教育的眼光看，除了"流行、休闲"类中的少数作品和多数"校园、爱情小说"外，女生阅读的多数作品是能被主流教育思想接受的。

第二节　校园里的爱情梦想

女生对言情小说具有独特而强烈的兴趣，从列表中也可以看出这一倾向，虽然"言情作品"只排在第五位，但考虑前面几类作品虽然作品形式相似，主题内容却不那么集中。因此，除了第一类"儿童文学、童话、动画、动漫"作品外，女生最感兴趣的就是"言情作品"。事实上，女孩子特别是这个年龄的女孩子读《红楼梦》更多的也是被其中

---

① 这里所说《史记》《资治通鉴》《二十五史》等，不是原著，而是专为青少年出版的白话简写本。

的爱情内容所吸引。

　　"女生阅读情况"的"言情作品"类里面共出现了 24 部作品和作者。24 部作品中，《泡沫之夏》出现 10 次，高居榜首，小说的作者是明晓溪，列表中的另一部作品《会有天使替我爱你》也是她的作品，列表中还出现了一次她的名字，这样算起来，"明晓溪"及其作品出现了 12 次。明晓溪是当今大陆很走红的言情小说女作家，列表中的两部作品都是她的代表作，其中《泡沫之夏》已拍成电视剧，很受欢迎。在访谈中女孩子们谈到课外读物时说自己喜欢读的"名著"有"明晓溪"的作品，也就是说，在她们的意识里，明晓溪的作品是"名著"，可见明晓溪作品在女孩子中的影响力。

　　不少孩子泛泛地列出"爱情小说"，出现了 4 次。

　　郭敬明是有影响力的 80 后作家。在表中，他的名字出现了 3 次，《夏至未至》（出现 2 次）、《梦里落花知多少》（出现 1 次）都是他的作品，《最小说》（出现 1 次）是他主办的青春文学杂志，这样算下来有 7 次。

　　《泰迪男孩》是韩国女作家青春小说作家银戒指（本名刘静娥）的作品，另外，《校园沙拉》也是韩国小说，作者是"韩国青春爱情小天后"酷贝儿（本名崔友丽），"可爱淘"也是韩国青春文学女作家，本名李允世，代表作有《那小子真帅》《狼的诱惑》。和大受欢迎的韩剧一样，韩国青春爱情小说也颇受女孩子的喜爱。

　　《龙日一：你死定了》和后面的《天使街 23 号》和《麻雀要革命》是 80 后青春偶像作家郭妮的作品，共出现了 4 次。郭妮笔名"小妮子"，有日产万字"华语小天后"的称号，其小说主要为面向少女的青春恋爱小说，访谈中还听孩子们多次提到列表中未出现的《壁花小姐奇遇记》。

　　剩余的几部中，《一起又看流星雨》是汪海林的电视剧本，和它的第一部《一起来看流星雨》都拍成了电视剧，是这几年非常受女孩子喜爱的偶像剧，《路过花开路过你》的作者是夏日里的阿燃（本名欧阳娟），《超完美男友》的作者是莫小果，《冷宫太子妃》的作者是魅紫鸢，《露希弗的诱惑》的作者是嘻哈宝贝，这几个作者都是年轻的女性网络写手，《白马王子》《痴心等待 QQ 爱》《公主 e 论》不知道是什么作品，但从题目上能看出是爱情主题的故事，《爱情厚黑学》不是小说，是一本讲解女人如何、男人如何以及怎样谈恋爱的书，类似"爱情宝典"。

一　灰姑娘的爱情——女性气质文化的范本

《泡沫之夏》小说以古典灰姑娘故事为原型，在故事情节、人物性格、关系模式、语言运用以及价值取向上融入了许多现代元素，是个现代版灰姑娘和王子的爱情故事。

具体故事情节是这样的：尹夏沫和弟弟小澄是同母异父的姐弟，母亲去世后，他们被孤儿院收养，后来被好心的尹爸爸和尹妈妈领养；11岁时，尹夏沫为了保住养父的工作，也为了不再回到孤儿院，在马路上纵身拦住养父公司董事长的车，事实上是公司继承人、富家少爷欧辰的车，从此两人开始交往，成为好朋友，最终成为恋人；就在尹夏沫和欧辰上中学时，尹爸爸又从孤儿院里收养了洛熙，但孤僻的洛熙与夏沫姐弟相处不睦；后来，洛熙在夏沫和弟弟参加电视歌唱大赛遇到尴尬状况下为他们解围，三个孩子中间的坚冰在逐渐融化，洛熙和夏沫也逐渐互相吸引；深爱尹夏沫的欧辰为了分开洛熙和夏沫，以解雇尹爸爸相威胁，最终和尹夏沫达成协议，同意出资送洛熙到英国留学；就在送走洛熙的时刻，尹爸爸内心愧疚，想追回洛熙，在悲伤中开车发生车祸，尹爸爸、尹妈妈当场死亡；养父母的死让尹夏沫深恨欧辰，无论欧辰怎样请求，尹夏沫决绝而去；欧辰绝望之下，开车狂奔，也发生车祸，不幸丧失记忆。五年后，尹夏沫进入大学读书，洛熙回国，成了拥有无数粉丝的天王巨星，尹夏沫和好友到演艺公司应聘打工，与洛熙再次相遇；在洛熙的帮助下，尹夏沫进入演艺界，两人再续前缘；夏沫与洛熙的发展耀眼动人、令人忌妒羡慕；但这看似美好的爱情，随着欧辰恢复记忆而崩塌，他不顾一切要抢回夏沫，不仅封杀洛熙让他失去表演舞台，更以小澄的生命威胁夏沫（小澄患有肾病，需要换肾，而且只有欧辰是合适的肾源）；为了弟弟，尹夏沫放弃了爱情；就在夏沫与欧辰婚礼的当天，绝望的洛熙选择了自杀，而无意间得知姐姐结婚真相的小澄，在上手术台的前一刻坚持拒绝接受欧辰的帮助；悲痛于洛熙的自杀，愧疚于欧辰的深情，备受内心煎熬的尹夏沫，再也无法接受弟弟病逝的打击，终于支撑不住，陷入了与世隔绝的自我封闭状态……之后，为了让尹夏沫恢复情绪，欧辰安排她与拍了一部与弟弟差不多故事的电影；自杀后获救的洛熙为了夏沫，也赶来参演，扮演剧中的"弟弟"角色；电影拍完后，夏沫也与洛熙成了好朋友，与欧辰甜蜜地生活，并怀上了宝宝。

出身卑微的灰姑娘被地位高贵的王子深深地爱上，历经一番磨难，排除种种障碍，最后终成眷属，"从此过上幸福的生活"，这是灰姑娘故事的经典情节，古今中外的文学、戏剧作品中有大量的类似故事，今天的言情影视剧中相当一部分作品在讲述这类故事，美国作家柯莱特·道林称之为"灰姑娘情结"。

柯莱特·道林认为，"灰姑娘情结"表现了女性对于自信的缺乏和对独立的畏惧，这一情结的存在可以用源远流长来形容，随着父权社会的出现，女性的主动权和独立性就逐渐泯灭了，既然男性可以凭体力在生活中挑起大梁，那么天生柔弱的女性也就只能当助手和配角了，于是，他们从全方位的进取姿态无可奈何地变成偏安于家庭的一隅。柯莱特·道林曾这样写道："这就是灰姑娘情结。过去十六七岁的姑娘常被此困扰，常被弄得上不了大学，而且匆匆忙忙地就过早结了婚。现在，则是上完大学并在社会上干了一段时间的妇女经常碰到这种情况。当获得'自由'的第一阵激动平息下来、焦虑的渗合理取而代之时，她们就会被从前对安全感的渴望所牵动，希望得到搭救。"[1]"灰姑娘情结"是女性的一个典型而独特的社会心理现象，在所有男权社会具有超时空性和普遍性，是一个典型的女性气质文化的典型范本。

如果仅仅讲述一个差不多的故事并不能吸引人，历代灰姑娘故事都会涂抹上当时、当地的社会和文化色彩，只有这样才能与大众产生共

---

[1]　金马：《情感智慧论》，北京师范大学出版社1993年版，第203页。

鸣。《泡沫之夏》的作者深谙此道，因此，她在一个古老的故事原型中嵌入了最能吸引人，特别是吸引年轻女孩子的现代元素——明星、演艺圈、豪门。故事发生在演艺圈和豪门权贵之间，主人公和主要人物是明星、贵族少爷、演员、导演、制片人、经纪人以及娱乐记者等所有与演艺界可能相关的人物，涉及的是诸如演艺公司、电影公司、电视台、报社等行业，故事情节在片场、欧氏公司大厦、演艺公司办公室或大厅、电影试镜室、招待会或颁奖礼现场、舞台、男女主人公的家、汽车里、街道等等地方发生和发展，主人公和主要人物在这些地方偶遇、相识、误会、纠葛、被粉丝追随、被娱乐记者采访和围堵，发生的事件主要是拍戏、唱歌、演员试镜、讨论演员的选拔、采访、演员间的恩怨矛盾、男女主人公及主要人物间的情感交流……诸如此类的事。总而言之，所有这些都是现代社会里人们认为风光、美妙、神秘和尊贵的人物和事件，也因此令大众感到好奇、羡慕和嫉妒，其中的许多人希望自己也成为他们，拥有那些主人公的身世、美貌、才华和经历，当这一切无法实现时，人们就通过谈论、窥视、观赏、崇拜或者诋毁明星和豪门贵族来疏解好奇和嫉慕之情。这样的感情投射是一种普遍的社会心理，正是这种心理催生了娱乐新闻。《泡沫之夏》的作者正是选择了最令现代普通大众瞩目的两类人物作为主人公来编织一个古老的灰姑娘式的爱情故事，既满足了现代人的感情投射需求，又勾起了他们"灰姑娘"的古老情结。可以说，《泡沫之夏》是用最吸引人的现代元素为诱饵吊起普通大众，特别是吊起这些不谙世事、没有见过多少世面的年轻的农村女孩子的最深邃可能也是最难以满足的感情胃口。

还有一点值得注意的是，《泡沫之夏》虽然是在讲述一个灰姑娘和王子的爱情故事，但尹夏沫这个灰姑娘和她的王子欧辰却是从小一起长大的青梅竹马的伙伴，幼年的尹夏沫还没有贪图荣华富贵的意识，他们在一起成长中逐渐产生了感情，而且尹夏沫一开始就表现出自尊自强的性格。更重要的是，尹夏沫嫁给欧辰的初衷是牺牲自己的幸福拯救弟弟的生命，而非贪图豪门富贵，而最终选择留在欧辰身边是出于爱，因为他们早已有爱在心。这样的情节安排避免了一般灰姑娘故事可能遭受的女主人公贪图富贵的诟病，使得这个灰姑娘既得到了王子的爱、得到了幸福，又保持了纯真、高尚的天使般的完美形象，充分满足了女性既希望幸福生活，又希望完美爱情，同时又保持美好形象的愿望。换言之，历经磨难之后，心安理得地嫁入豪门，又受到所有人的衷心赞美和祝福而不遭鄙夷和嫉恨。

　　除了融入现代元素的故事情节，人物形象的"现代化"也是令一个老套爱情故事吸引人的必不可少的条件，当然一些基本的传统元素是不变的，那是令新故事触动读者心灵的力量。

　　小说女一号是："灰姑娘"尹夏沫。

　　尹夏沫出身卑微，是酒吧歌女的私生女，母亲去世后，被好心的尹爸爸和尹妈妈收养，后来又遭遇了恋人误解和威逼、养父母亡故、弟弟病逝等悲惨事件，总之，悲惨的身世和遭遇是灰姑娘故事的经典要素，是故事能够打动读者的关键。而且尹夏沫的爱情纠葛也是"现代性"的，她和恋人之间的种种障碍不是来自于"后母"或其他什么"坏人"，而是来自另一个同样爱她，也同样令人同情和喜爱的"第三者"，第三者的出场造成了男女主人公之间的猜疑、误会乃至于伤害，甚至一度移情别恋，也就是说，这是一个典型的现代"三角恋爱"故事。"三角"或者"多角"是到了现代社会随着男女平等的意识的出现才逐渐被人们接受的一种恋爱行为，因为这意味着女性不再是那么被动等待王子的选择和追求，她们也有了一定程度上的选择余地，甚至会在不同的选择对象间摇摆，而不是像古老的灰姑娘一样，渴望王子的垂青，痴心不改地等待王子寻找到自己。但故事终究没有背叛"男追女"的传统故事模式，作者让尹夏沫集两个无比优秀的男人的宠爱于一身，大大满足了女性根深蒂固的渴望被保护、被宠爱的心理需求，也满足了读者历经磨难、苦尽甘来、终成正果的心理期待。

　　除了卑微的出身，优秀的性格和美丽的容貌是灰姑娘故事的另一传统元素，这是主人公获得幸福的重要条件，这一条件满足了听故事的人"好人有好报"愿望。《泡沫之夏》的作者也赋予了她的灰姑娘所有现代好人的优秀品性，尹夏沫温柔善良、宽容大度、勤奋坚强、聪明自尊、从容淡定、善于把握机会，更突出的是，尹夏沫拥有绝世的美貌和天使般优雅的气质，小说中无数次描写到她的美丽，描写她的美貌带给人的惊叹。

卑微的出身，优秀的性格，绝世的美貌和气质，保证了《泡沫之夏》具备吸引年轻女孩子的所有要素，这些要素帮助她们通过作品的阅读完成一次灰姑娘式的"白日梦"之旅，就如《坏蛋是怎样炼成的》之于男孩子。

和所有灰姑娘故事一样，作为王子的欧辰虽非王室，但显赫、尊贵和富有却堪比王室。中国已没有王室和贵族，但作为类似群体的富贵阶层就代替王室和贵族成为大众瞩目、想象和谈论的对象，对普通百姓而言，今天的豪门富贵就无异于昨日的王公贵族。即便在资讯发达的今天，富人的生活也不是普通百姓完全能了解的，如过去的王室一般，豪门依然是神秘的，人们也只能通过想象勾勒他们生活的种种状态。

小说男一号是："王子"欧辰。

欧辰性格霸道，像多数人印象中的许多富家公子一样，尊贵的地位、优越的生活条件，养成了他孤傲、冷漠的性格，这与经典灰姑娘故事以及后来的许多同类型故事大体一致。此外，和所有王子一样，欧辰王子也深爱着她的灰姑娘。不同的是，这个王子遇到了一个身为平民的竞争对手，除了显赫的身世外，这个对手无论是容貌还是才华都与他同样优秀，这使得王子的爱情之路充满了坎坷和痛苦，身心备受伤害，甚至一度失去爱情。这样的情节安排让王子承受了普通平民的爱情磨难，符合现代社会"公平竞争"的原则和愿望，在一定程度上满足了现代人的平等诉求：在爱情面前，无论你是王子还是平民，大家是平等的，唯一重要的是"爱"。不仅如此，王子和平民一样，他真正渴望和追求的也是"爱"，而不是形式上的无爱的婚姻。小说作者为王子设计的这些遭遇都是试图在一个污秽的现代物质社会里制造一个纯净的"爱情宗教"，在现实的无法逃避的欲望和浪漫的精神超越的追寻之间架起一座彩虹桥，这不仅符合人类对爱情的一贯立场，也极大地满足了现代人的爱情"白日梦"。毫不例外的是，身世显赫的王子是美丽的，而且他的美丽来自高贵的血统。和对尹夏沫一样，作者在小说中多次描写欧辰令人震撼的美貌和高贵气质，赋予了他无与伦比的尊贵，试图让他的每次出现都产生神明降临般的效果，唯有如此，方符合普通民众对王室贵族的期待和想象。

小说男二号是：洛熙。

不得不谈谈尹夏沫的平民恋人——洛熙。洛熙是个弃儿，在孤儿院长大，曾被人领养，又被退回，最终被尹爸爸领养，却由于妨碍了王子和灰姑娘的感情，被王子送到英国留学，五年后回国，成为演艺界的天王巨星。与欧辰比较起来，洛熙无异于一只被遗弃的小狗，他和灰姑娘一样卑微，如果王子愿意，他完全能够左右洛熙的命运，悬殊的地位差距使得贫儿与王子的爱情竞争充满了戏剧性。但是，和尹夏沫一样，卑微的出身并未妨碍洛熙拥有美丽、气质和才华，而且一样的无与伦比和令人惊叹，但作者给洛熙设计了完全不同于欧辰的另一种风格纯净、细腻、飘逸的美。

作者在小说中这样比较欧辰和洛熙："少爷的尊贵，少爷的背景，也是洛熙难以企及的。女生们可以接近洛熙，但是无法接近少爷，少爷就像漆黑夜幕中最遥远的一颗星，闪着寒光，因为明知无法得到，也就更加令人神往。于是，洛熙就成为了她们幻想中最可能的美好梦想。"

很显然，小说的作者有意塑造了一个出身卑微却极其美丽和优秀的洛熙，优秀得几乎能抗衡真正的王子，甚至能在爱情上与王子一争高下。这样的情节设计充分表达了卑微者自尊、自信和自强的诉求，仿佛在向世人宣告："看！我们也有自己的王子！"从精神上满足了这个群体与豪门权贵平起平坐的梦想。但欧辰王子仍然是"太阳神"，"少爷就像漆黑夜幕中最遥远的一颗星，闪着寒光，因为明知无法得到，也就更加令人神往"。崇羡豪门权贵但又自尊、自信、自强，两种复杂而矛盾的心态同时并存于普通大众的意识中。因为毕竟，社会的现实是：豪门终究是豪门，卑微者的优秀是屡弱的，但生存是高贵者和卑微者的唯一选择。既如此，人生的现实便是：人往高处走，不上则下，犹如生存与毁灭；"上"是人的本能追求，怎么能否认"上"的价值呢？但

"下"是卑微者的现实处境，又怎么能否定自己的价值呢？就女性而言，自当追求真爱，但豪门真爱无疑是最完美的，是幸福的顶点，按照这个逻辑思路，灰姑娘尹夏沫最终放弃了想象中的王子，选择了真正的王子。

除了故事情节和人物形象外，《泡沫之夏》人物的关系模式在延续古典灰姑娘故事传统的基础上，也融入了更多的现代元素。比起古典灰姑娘故事，《泡沫之夏》的人物数量要多得多，相应地，人物关系也要复杂得多。毕竟，如果《泡沫之夏》只是简单地模仿一个老套的灰姑娘故事，是没有吸引力的。要想使一个老故事焕发新的光彩，再次激发受众的好奇心，再次打动他们，使故事复杂化是一种异常有效的手段。要做到这一点，多种多样的人物形象和错综复杂的人物关系是必不可少的，这不仅是故事复杂性的重要体现，也是编织一个曲折而复杂的故事情节的重要条件。《泡沫之夏》吸引人的重要原因之一就是其曲折而富有悬念的情节，这一切是通过丰富多样的人物形象的表现和行动实现的。比起古典灰姑娘故事，《泡沫之夏》的人物关系有所变化。作为尹夏沫的朋友和敌人出现的人物，他们在尹夏沫的爱情之路上不再像古典灰姑娘故事那样，具有非常突出的关键性作用，只是作为围绕在女主人公周围的或喜爱或憎恨她的两类人物而存在，对她最终获得王子的爱情并未产生太大的促成或阻碍的力量。她的敌人虽然试图阻碍她的事业，却并未阻止她获得王子的爱情，而且他们"作恶"都有情非得已的理由，最终都得到了尹夏沫的原谅。这样的安排赋予了尹夏沫坚强、善良、宽容的美好品质，能够最大程度地赢得读者的喜爱和赞赏，也避免了作品人物非善即恶的简单印象。

真正导致尹夏沫爱情之路坎坷不平的是黑马王子洛熙和次要人物沈管家，他们也都不是恶毒之人，洛熙的出现为古老的灰姑娘爱情故事注入了现代活力，沈管家和其他"敌人"的非恶毒形象摆脱了老故事善有善报、恶有恶报、惩恶扬善的简单立场，作品真正要表达的是，尹夏沫和欧辰所遭遇的所有爱情磨难都不是来自于外在的"恶毒"力量，而是来自爱情本身就存在的犹疑、猜忌、诱惑等感情纠葛，在这里，爱情成为具有独立地位和价值的主题和事件，更确切地说，作品在无意中表达这样一种意识：破坏爱情的是爱情，成就爱情的也是爱情。这样的情节处理方式即满足了现代人特别是女孩子向往纯粹爱情的愿望，也符合她们对爱情的一贯理解，即主宰爱情的力量不来自于外部世界，而是来自于爱情本身，爱情的力量是伟大的。

在日益物质化的现代消费社会，爱情无疑已经成为一种宗教，成为人们生活中特别是女孩子生活中最重要的事，人们，尤其是年轻女孩子越来越渴望纯粹的、无瑕的爱情，事实上，正是现实的缺乏诱发了对爱情的渴求，但爱情终究无法摆脱现实的物质土壤，灰姑娘与王子的纯粹爱情便成为最完美的爱情标本。

在访谈和问卷中了解到，女孩子最喜欢的电视剧是《一起来看流星雨》，并不是同样拍成电视剧的《泡沫之夏》，但小说《泡沫之夏》却是女孩子们最喜欢的读物。分析其原因，可能是因为绝大多数女孩子们都喜欢看电视剧，《一起来看流星雨》是她们最爱，而阅读只是一部分孩子的兴趣，作为小说的《泡沫之夏》比电视剧本《一起来看流星雨》更胜一筹，因为能引起兴趣的作品不仅要在故事情节上离奇曲折，还要在语言上具有足够的魅力，比较起来，专为阅读而写的小说比为电视拍摄而写的剧本更吸引喜欢阅读的受众，换句话说，《泡沫之夏》更适合阅读。因此，《泡沫之夏》在叙述方式、语言运用上一定有它吸引女孩子之处。

《泡沫之夏》是一部言情小说，爱情是小说要表现的重要主题，或者说是唯一主题，不仅如此，这还是一部表现当今娱乐界和豪门的俊男美女的爱情故事，因此，俊男美女的美丽、豪门的富有尊贵和爱情的心理历程是小说重点表现的对象，作者用了大量笔墨、从不同角度、用不同的词汇来描述和表现男女主人公惊人的美貌、气质、尊贵和他们之间爱情的苦乐悲喜。

比如小说这样描写洛熙初次出现在人们的视野里的情景。

　　他叫洛熙，十六岁，无论在学校里还是在电视里她都没有见过比他更漂亮的男孩子。他的肌肤美得就像院子里的樱花，眼珠像乌黑的玛瑙，黑发有丝绸般的光泽，衬衣虽然有些破旧，但穿在他身上依然有种王子般的矜贵。

她刚见到他时，就有这种心惊的感觉。盛开的樱花树下，洛熙美丽得好像画书里的妖精，他太美了，少年美丽成这样子是件很恐怖的事情。

花瓣纷飞中。

仿佛听到她的声音，樱花树下的他轻轻侧转回头来。

那样美丽的眼睛。

眼底有丝妖娆的雾气……

她心惊，他真的像个妖精，好像因为他知道自己的美丽，所以就美得更加强烈，更加嚣张，他在盛开的樱花树下回眸看她，整个庭院仿佛都充满了潮湿的白雾。

正如尹夏沫的预料，整个校园全都轰动了。一传十，十传百，女生们脸红地交头接耳，走廊里学生们一群群聚在一起兴奋地议论，无数小纸条在各班课堂上飞快传递，到上午第四节下课的时候，几乎学校的每个学生都知道了高中部二年三班新转来一个惊天动地的美少年。

二年三班班导师的教案险些掉在地上，当他一拉开教室门，只见教室外乌压压的别班学生们像洪水般拥挤在门口，一双双睁大的眼睛兴奋好奇地向教室里张望。

"转校生！"

"转校生——！！"

"转校生——！！！"

不知是谁带的头，围观的学生们开始起哄大喊，一心想要看看这转校生是不是真的如传说中那么漂亮。

林荫道。

翠绿的树叶在风中沙沙作响。

空中有淡淡洁白的云丝。

背着书包的尹夏沫牵着小澄的手从高中部二年级的教室外面走过。走廊里喧闹的叫声让她忍不住转头看去，呵，好热闹啊，简直就像超级明星来了。

"转校生——！"

"出来——！"

"出来——！转校生——！"

小澄也探头往教室走廊方向望过去，兴奋地说："姐，好像那些哥哥姐姐们在喊洛熙哥哥呢！她们是不是都很喜欢洛熙哥哥？"

"……"

"小澄也很喜欢洛熙哥哥啊！"

"为什么？"

"因为洛熙哥哥很漂亮啊，"小澄眼睛亮亮地跳着走，"而且看起来人好好哦！"

尹夏沫接过小澄身上的书包，看着他在前面快乐地蹦蹦跳跳，微笑不由得染上唇角：

"他有那么漂亮吗？"

"啊——！"

惊呼声从走廊传出来！

然后。

是一片静静的吸气声……

然后。

校园里安静得只有树叶的轻响。蔚蓝的天空，洁白的云朵，阳光灿烂如万千道金丝，走廊里所有的呼吸都没有了，所有的心跳也都在刹那间消失了。

洛熙成为了学校里最受欢迎的男生，在圣辉学校的历史上，他是一个神话。几乎所有的女性，从女老师到女生，每个人都为他着迷。他简直是完美的王子，有美丽的容貌，谦逊的气质，温柔的性格，无论是谁跟他说话，哪怕是公认最丑的女生跟他借笔记，他也微笑体贴好像她是公主一样。

洛熙的微笑。

就像传说中杀人于无形的暗器。

关于他第一天转学来圣辉，宁静地走出教室，在各年级学生们乌压压的包围里露出的那抹令人痴迷的惊心动魄的微笑，至今还有许多个流传的版本。

有人说他的笑容温润如春风轻轻吹绿大地。

有人说他的笑容勾魂摄魄带着几分冰冷的恶意。

有人说他的笑容像孩童一样寂寞孤独。

有人说他的笑容妖艳又性感。

到底洛熙的笑容属于哪个流派，各自的拥护者在校园 BBS 论坛上进行了将近十天的火热讨论。后来，终于是"洛熙温柔派"占得上风，因为在随后的日子里同学们逐渐熟悉的洛熙像王子般优雅而矜贵。他功课优秀，待人温和，让人无论如何也没有办法将"冰冷""妖艳""恶意"等字眼跟他扯上丝毫关系。

期中考的成绩榜贴在广场的大布告栏上，学生们紧张地围成一堆挤来挤去找自己的分数。

"哎呀！洛熙是二年级第一名呢！"一个女生捂住嘴巴尖叫。

"大呼小叫什么啊！"众女生用白眼飞她，"我们洛熙当然是第一名！这是理所当然的！这是只需崇拜不需惊讶的！"

"洛熙真是帅呆了！"

"没错！"

"洛熙真是太完美了！"

除了用樱花、玛瑙、丝绸、王子般矜贵、妖娆等词汇直接描写洛熙的美貌外，作者还通过旁观者的惊叹、赞美、崇拜来渲染他的美，使用了大量的感叹句，甚至用"圣辉"这个让人联想到圣人降临的词，以后作者多次以类似的语言风格描写洛熙。作者也以同样的手法描写欧辰和尹夏沫，只不过对欧辰，作者强调的是他的欧洲贵族般的尊贵，对尹夏沫，作者突出了她的淡定、优雅和天使般的纯净。

除了描写主人公的美丽和魅力，作者还花了大量的笔墨刻画和渲染男女主角复杂、挣扎的恋爱心理。

那么，应该恨她才对，看到她痛苦看到她受羞辱，应该感到快慰才对。可是，为什么，胸口仿佛被利刃划裂般的痛楚，恨不能撕碎那个胆敢给她耳光的女人！

欧辰黯然地抿紧嘴唇。

原来他竟然是如此喜欢她吗？哪怕五年前被她伤害背弃，五年后又再次被她漠然地拒绝，也仍然如此地喜欢她吗？

刚才将她拥抱住的那一刻，他的生命仿佛是满的。而她挣扎着从他的怀中离开，受伤红肿的面颊、凌乱的发丝、空洞的眼神，她漠然地离开他的怀抱，漠然地从他面前走开，他的心顿时变得空空落落。

空空落落……

就好像，生命也变得空空落落。

欧辰站在卧室的落地窗前，星光寂寥，地板上斜斜长长的投影染着寂寞皎洁的夜色。手指拿着水晶酒杯，浓烈的伏特加，他沉默地喝下，火辣辣地从咽喉一路燃烧到胸口。

那张雪白失血的面容……

欧辰闭上眼睛，心底一阵撕裂般的疼痛，渐渐地，随着这疼痛，脑中也如针扎般地痛起来！

脑海里……

沉重的门慢慢地开启……

强烈的白光……

他不再排斥和抗拒，该想起的记忆就让它回来吧。也许，这就是他的宿命……

整部作品中约有差不多快一半的篇幅是这样的描写，语言学上称这种手法为"过分词化"，指的是用大量不同的词语来描述或指称同一事物，表明说话者及其所属的群体或阶层尤为关注的经验和价值领域。①就这部作品而言，对于爱情，作者关注的是人物的美貌、气质、尊贵和爱情过程中的心理历程，传达出作者对爱情的理解：爱情的主人公是美丽的，恋爱的对象是尊贵的、优雅的，爱情是一种心理经历。

《泡沫之夏》这种安排叙述重点的结构方式和语言叙述方式使得作品更适合阅读，因为读者可以通过作者的描写充分想象主人公的美丽和他们复杂的恋爱心理，这恐怕就是女孩子们喜欢小说《泡沫之夏》超过了电视剧本《一起来看流星雨》，而喜欢电视剧《一起来看流星雨》又超过了电视剧《泡沫之夏》的原因。

更重要的是，《泡沫之夏》不仅传达了作者对爱情的经验和价值观，也以此影响和吸引了喜欢阅读的年轻女孩子对爱情的理解和想象。事实上，这是一个彼此相互培养的过程：年轻的女作家们和她的少女读者们之间共同探讨和养成着关于爱情的现实经验和理想模式，当然，这个过程并非青少年女性群体的独立行动，而是在一个现实的、文化的大背景下历史地展开着的，毋宁说，这种爱情的经验和理想也是成人的、大众的。

实际上，"灰姑娘情结"是世界性的，她的"一飞冲天"式的道路切中了许多人的心意，填充了许多人的梦想。虽然长期以来，多数人把灰姑娘的故事定义为一个远离现实生活的童话，可是人们始终不能阻止自己内心深处对于"灰姑娘情结"由不切实际的白日梦转化为现实可能的期盼，而且在现实中，也有很多女孩子不仅梦想着而且在实践者自己追求王子爱情的梦想，也的确有不少女孩子真的成功了，最典型的无过于戴安娜王妃的故事。实际上，"灰姑娘情结"展现出的是一种"一劳永逸"式的救赎，身处底层的人们也总是在平淡无奇、了无突破、看不到上升希望的生活中渴望着某些彻底的逆转。此外，不可颠覆的"灰姑娘范式"最让人着迷的部分无非是以爱情的名义打破阶层、突破界限，以实现对女性的根本救赎。这是一条女孩子实现"向上流动"

① 辛斌：《批评语言学：理论与实践》，上海外语教育出版社 2005 年版，第 70 页。

的道路，而且是一条捷径，充满了女性气质。

正如男孩子靠的是拉斯蒂涅式的不择手段的个人奋斗实现向上流动，而女孩子则需要依靠王子的搭救，文学作品中的"灰姑娘模式"，满足了女性"灰姑娘情结"中借助爱情和婚姻、借助对男性的依附实现向上流动的需要。她们并不在乎"王子与灰姑娘"以后的生活是不是也会出现各种问题，等待的仅仅是"从此他们过着幸福的生活"这一句话，就足够达到心理上的满足。

不同的道路反映的是不同的生存状况和社会处境，在此过程中，社会用不同的观念和方式塑造了男孩和女孩的不同气质。社会习惯势力基于男女生理结构的不同，向男孩和女孩分别提出了不同的要求，对男女两性各有不同的期望和规范，这种不同的社会化定向必然导致男女有选择地接受不同的社会影响，导致男女形成与其特定的性别角色相适应的不同的心理内容和人格倾向。男性须按男性角色要求行事，女性则须按照女性角色要求行事。因此，女性的成长和发展是一系列社会化的过程，正如西蒙·波伏娃所说言："女人并不就是生就的，而宁可说是逐渐形成的。在生理、心理或经济上，没有任何命运能决定人类女性在社会的表现形象。决定这种介于男性与阉人之间的、所谓具有女性气质的人的，是整个文明"①，因为，作为一种完全社会化的组织，"在人类社会中没有什么是自然的，和其他许多产品一样，女人也是文明所精心制作的产品"②，事实上也包括男性。

因此，对于女性而言，"灰姑娘情结"既是社会化的手段和过程，又是社会化的结果，而对这些出身于社会最底层的农村的女孩子们来说，就更是如此。她们既有向上流动的需求，又被社会教化成弱于男性和依赖男性的种类，还被无数的艺术作品灌输了关于女性的幸福和归宿成功在于爱情、婚姻、子女和家庭，获得幸福的道路就在于遇到自己的白马王子的信念，无论一个女性本身多么独立、坚强，如果没有男性的垂青，给予她爱情、婚姻和家庭，她都是个不完美甚至不完整的女人。

---

① ［法］西蒙娜·德·波伏娃：《第二性》，陶铁柱译，中国书籍出版社 1998 年版，第 309 页。
② 同上书，第 820 页。

反过来，大多数男性也被灌输了关于男性、女性的种种观念，他们被教化成喜欢"有女人味儿"的女性的男人。而社会习惯势力所谓的"女人味儿"大概不外乎温柔、优雅、性感、母性，当然也不乏坚韧，总之，既依赖男性又能承受压力的女人，符合社会认定的所谓"男人喜欢的"女人。

所以，当人们泛泛地说"女孩如何如何""男孩如何如何"或者"女人应该如何如何""男人应该如何如何"，都是说话人在代社会习惯势力说话，而非他本人自己在说话。

事实上，无论是男人还是女人，他们的气质、性格、趣味从来不是天生的，而是"文明所精心制作的产品"，"灰姑娘情结"是如此，女孩、女人亦是如此，男孩、男人同样不例外。

二　郭敬明——青春期少女的感情棒棒糖

无论读者和学术界怎样评价郭敬明，可能都无法否认他是 80 后的代表作家，无法对他和他的作品对青少年的影响力视而不见，在这个群体里，他是有"市场"的。他的名字和作品在"女生阅读情况表中"中出现了 7 次，在"男生阅读情况表中"出现了 3 次，可见女孩子比男孩子更喜欢郭敬明，但一个作者和其作品出现 3 次的情况在男生和女生中并不太多见，说明郭敬明和他的作品在这些农村孩子们中是也有一定影响力的。

事实上，把郭敬明归在"言情作品"一类是有些勉强的，因为他的作品似乎不能简单地用"言情"来概括，特别是如果"情"只是指"爱情"的话。有些研究者用"青春文学"来指称以郭敬明为代表的一批 80 后作家的作品，包括了玄幻、灵异、恐怖、悬疑小说，如果这样的定义的话，前面提到的男生阅读的玄幻、网游作品都可以称为"青春文学"。不过，对于 80 后作家作品的分类、命名和评价不是本文探讨的重点，笔者在此要说明的是：也许用"青春文学"概括郭敬明作品的特点是恰当的，在青春里，校园、爱情是最重要的主题，这正是郭敬明作品的主要内容。

此外，网络上的玄幻、网游作品的作者和读者也都是如郭敬明一样，是伴随着电视、网络成长起来的 80 后一代，而且曾经畅销一时的郭敬明的代表作《幻城》就是一部玄幻作品，只是在语言上更具有郭敬明的个人特色，这部书出现在"男生阅读情况表"中，（同样是郭敬明的作品，男生更喜欢玄幻内容，女生更喜欢校园、青春、爱情内容，男生和女生的差异可见一斑）如果这样看的话，将所有的玄幻、网游作品都称为"青春文学"也未尝不可。

除了郭敬明的名字外，孩子们在表中列出了他的三种作品：《夏至未至》《梦里落花知多少》《最小说》。

《夏至未至》的故事开始于一个虚构的城市浅川，一个长满高大香樟树的北方城市。在这里，几个年轻人，勤奋而有灵气的立夏，有绘画天赋的傅小司，聪明、幽默而活跃的陆之昂，喜欢唱歌的遇见和七七，开始了自己的高中生活。接下来，几个少年开始了各自的人生路程。陆之昂的母亲因为癌症去世，深刻地改变了他的性格，而傅小司因为参加津川美术大赛一举成名，成为全中国都有小有名气的插画家。之后那些曾经在一起的年轻人因为毕业而分离，立夏和傅小司去北京继续念书，陆之昂去日本留学，七七去了上海，从小孤独的遇见，放弃了高考、放弃了自己在浅川的一段与青田的美好感情而单独去了北京，开始为实现自己的歌唱的梦想而努力。从此成人世界的大门洞开，里面的世界一点一点地展现在他们面前，个人的命运都有了千差万别。傅小司的画集发行后，他红遍了全中国，而立夏成为傅小司的助手，七七在上海因为一次陪朋友参加歌唱比赛而成为歌手，在发完第一张唱片之后飞速成为全中国的青春偶像，而反倒一直为了唱歌而努力的遇见，却在北京辛苦地生活，但是她却依然没有放弃成为最好的歌手的梦想，在北京，她遇到了一起在便利店打工的段桥。几年后，陆之昂从日本归来，就在这时，成名的傅小司卷入抄袭的官司中，陆之昂在小司的新书发布会上抑制不住心中的愤怒，误伤了人。立夏在这个最关键的时刻，听信了七七怀上小司孩子的话，绝望而无奈的离开了傅小司，离开了繁华，回到浅川，这个回忆开始的地方，和新交的男朋友谈婚论嫁。遇见也在段桥车祸去世后回到浅川，回到青田身边。傅小司抄袭事件逐渐平息，推出了新的画集，成为全国书卖得最好的画家。陆之昂潜逃一年后在书店门口翻看傅小司画集时被抓捕，被判无期，在狱中他拒绝见傅小司。

《梦里落花知多少》讲的也是一个关于青春和成长的故事，有友情、爱情和梦想，有痛苦、伤痕和磨难，只是故事更曲折，语言风格更具节奏感些。

《最小说》是郭敬明主编的一本青春文学杂志，"以青春题材小说为主，资讯娱乐以及年轻人心中的流行指标为辅，每月发行两期（上、下）。旨在刊登最优秀最精彩的小说，最小说力求打造成年轻读者和学生最喜欢的课外阅读杂志，无论从风格还是内容绝对会更成熟更专业更迎合市场。《最小说》内容丰富多彩，有时尚的摄影绘画，同时汇集了原创短篇青春校园题材类的小说，有郭敬明长篇独家连载、专栏文字；人气作者落落，著名漫画家年年，超级女声李皆乐，以及时下年轻人眼里当红的文艺界名人独家撰稿等人的专栏……《最小说》秉承郭敬明一贯画面制作华丽和精良的风格，在原有的基础上融入青春系列杂志的品位和风格，是一本既有高文学性的小说读物，又是轻松娱乐，富有亲和力的休闲杂志，内容和风格更贴近学生阅读群体，设计新颖定位准确"①。这是百度对《最小说》的介绍，从中可见其办刊宗旨、内容侧重和风格情趣。这本青春杂志的作品风格与郭敬明作品的格调是一致的，都是抒写青春与成长中的种种故事、情绪和感悟。网上流传着许多《最小说》的经典语录，可见其杂志的作品风格，如下面几段。

在青春之书里，我们同在一行字之间。被窝是青春的坟墓。关于少年时代，冷暖自知，最朴素的生活，与最遥远的梦想。这一切将在被回忆肆意篡改的书写下，渐渐抽象成一些雾一样的尘埃，浮在梦境之外的空茫黑暗中，日日夜夜不停坠落，终会尘埃落定。在我们的希望和愿欲的深处，隐藏着对青春的默识。如同种子在雪下

---

① http://baike.baidu.com/view/549384.htm.

静静梦想。所以你要知道，我将在更大的沉默中归来。青春是生活最温暖的被窝，是生命最华丽的裙袂。

我庆幸，他因为信任我，使我成为他内心秘密的第一个知情者。他是一个喜欢男孩的男孩，那些年当我在寂寞而伤感地想念着他的时候，他也同样，甚至更为艰苦卓绝地，想念着另一个无法企及的人。

只有记忆成了身外之物，我们才可以在这陵园一样的人间，走得远些。

有时明白人的一生当中，深刻的思念是维系自己与记忆的纽带，它维系着所有的过往悲喜。亦指引我们深入茫茫命途。这是我们宿命的背负。但我始终甘之如饴地承受它的沉沉重量，用以平衡轻浮的生。

我们明明都会料到事情的结局，却要走一段很远的行程去探索它的意义，我们的路途，不过是在毫无意义的上演一个闹剧的圆。

陌路尽头，撒去一捧惨淡暗白的骨灰，有多少淡漠的人情能够留得住厚养薄葬的遗憾，在悲郁的挽歌的尾音上，给这尊尊沉默的青碑下孤子的魂灵叩首，而在这朝生暮死之间，有多少尸骨未寒的魂灵遁入空寂，却在人世中再也捞不起一丝纪念。

遇到你时，我尚是一张白纸。你不过在纸上写了第一个字，我不过给了一生的情动，心底有了波澜。但我知道波澜总归平静。

鸣谢那些生命中带来幸福的人们，无论你们现在还是过去式。

年轻，本来就是一处忘了又记起，美化又可笑的戏。

无数暖湿气流随着车辆经过，卷起风低速搅动着逆光的颜色，让人看不见眼前，看不见身后，看不见别人的表情，看不见远方的灯火，看不见一秒秒之后的光是否与这一瞬有什么不同。

暧昧让人受委屈，找不到相爱的证据。连拥抱都没勇气。

其实早就明白世界上没有那么多巧合，偶然不过是必然在某种介质下的一种转换形式。能遇见已经很不容易，所以才要珍惜你送给我的每一种巧合。

仅从故事角度看，《夏至未至》和《梦里花落知多少》似乎并无特别曲折奇特之处，只是以爱情为主题和线索"记录"几个青少年的成长故事，故事普通、平凡，不具有那么强的普遍性和典型性，相反，故事是独特的、个性的，很难为它们找到灰姑娘故事那样的原型，可以说，两部作品讲述的都是平凡人的个性故事。事实上，这可能正是郭敬明小说吸引青少年的原因之一，他的作品既可以帮助他们做一个"白日梦"，也可以帮助他们理解自己的生活。作为和读者年龄相仿的青少年，郭敬明正是用自己的作品和他的读者一起咀嚼他们的青春岁月和成长故事，一起咀嚼生活。因此，如前所述，郭敬明的作品不能简单地用"言情"来概括，事实上，他写的是青春，青春里的所有内容都是他叙述的对象：爱情、友情、成长、校园、学业、梦想、渴望、毕业、事业、奋斗、挫折……所有青春里会遭遇的事件、会滋长的情绪、会面对的选择，都是他描写的内容。

《夏至未至》和《梦里花落知多少》都写了爱情，但它们都不是如许多言情小说一般讲男女主人公如何爱得轰轰烈烈，虽经历种种误解、磨难，仍然忠贞不渝，最终终成眷属，更不是讲灰姑娘如何遇到王子的故事。爱情在这两个故事里是主题，也是线索，作者在写爱情的同时又通过爱情叙写青少年成长中遭遇种种事件，抒发由这些事件引发的种种情绪。确切地说，《夏至未至》《梦里花落知多少》以及郭敬明所有作品的主题是：青春与成长。无论评论界对郭敬明是褒是贬，郭敬明从少年时开始写作，在写作中成长，和那些同时读着他的作品的同龄人一起走过了自己的青春岁月，一起步入青年。我也跟一些已经进入青年期的二十四五岁的女孩子聊起过郭敬明，她们说读中学时曾经非常喜欢他的作品，喜欢他精致、凄美的语言，"上自习课时，只要看到女生拿着本书，边看边流眼泪，不用说，肯定是在读郭敬明"，可见，郭敬明的作品陪伴了整整一代青少年特别是女孩子的青春岁月。

无论教育者如何看待他的作品，实际上，就像每个人在孩子时期都喜欢水果糖、棒棒糖一样，可能教育者要说那都是些没营养的东西，但这些东西却给孩子们的幼年带来极大的心理上的满足和快乐，成为每个人童年时期的美好时光，而每一代孩子都有他们自己的水果糖和棒棒糖，就如二十多年前的中学生有琼瑶和金庸，现在的小学生有动漫一样。

如果仅仅一般性地讲述一个普通少年们的个性故事，并不能使作品吸引足够多的青少年读者，以致形成他们的一种阅读风尚，真正赋予一个普通个体的故事以普遍意义，使它拥有唤起读者强烈共鸣力量的手段是故事的叙述方式和语言运用。写作者借助这些手段营造某些具有象征或代表意义的氛围，抒写故事本身焕发出来的或作者希望引起的情绪，进而揭示个体故事所蕴涵的有关人生、社会、世界的普遍意义，这样一来，作品中陌生人的陌生故事与读者的生活和情绪之间有了某种象征性的抽象的关联。这种关联是深刻的，它透过了具体故事表层的距离感，在作品故事和读者之间建立起了情绪和心理上的熟悉感和亲切感，使得读者借助不同的故事释放相似的生活情绪、思考共同的人生问题。这一切正是郭敬明作品引起他的同龄中学生共鸣的根本原因。

很难为郭敬明作品中的故事找到或建立一个具有一定概括性的模型，他讲述的故事都是发生在特定环境中、具体人物生活中的独特事件。这并不是说他的主人公具有多么与众不同的个性，故事多么传奇，而是指他们和生活中的每个人一样彼此千差万别，过着各不相同的独一无二的生活，经历着不一样的遭遇感受，换句话说，郭敬明讲述的都是让读者陌生的故事。但这些陌生人的陌生故事却引发了如此广泛的共鸣，所以如此，得力于他借助巧妙而娴熟的叙述方式和语言运用提出了他的同龄中学生正在面临和思考的问题，表达出了他们感受到却未表达出的情绪和心境。

心理描写是郭敬明的作品的特点，《夏至未至》尤其如此，为了使心理描写更真切，作者会在他认为合适的地方直接用第一人称刻画人物的心理感受，而《梦里花落知多少》则是用故事主人公林岚的口吻讲述整个故事。在文学作品中，这或许不是什么稀罕的手法，却是一种有效的富有感染力的手法，它能带着读者直接进入作品人物的心里，产生感同身受的效果。这正是郭敬明作品能够吸引青少年、特别是年轻女孩子的原因之一，也是在这一点上，男生和女生兴趣表现出明显的差异。

比较一下《夏至未至》和《坏蛋是怎样炼成的》两部作品中的动词，可以发现，《夏至未至》使用的动词多数是心理动词，而《坏蛋》则大量使用行为动词，说明《夏至未至》注重刻画人物的情绪、感受等心理活动，"过分词化"心理过程，《坏蛋》却喜欢描写打斗场面以及人物的所作所为，通过人物的行为表现主人公的"厉害"，"过分词化"行为过程。男生和女生的兴趣差异可见一斑。

在刻画人物心理过程时，郭敬明在语言上做了探索，尽管有评论者甚至曾喜欢过他作品的女孩子在成年后会说他"矫情"，但不能否认的是他的作品曾经给那些同龄的少男少女以心灵上的慰藉，让他们成长中的青春情绪得到了宣泄，之所以如此，得益于郭敬明在语言上的努力。

郭敬明喜欢用一种奇特的、有时看上去不那么合乎语法规则的话语极其传神地刻画出细腻的、难以捕捉的心理和情绪，带给读者非常新鲜而奇特的感觉。看下面这些句段。

那些吵吵闹闹的音乐在他身上生根发芽，那些又残忍又甜美的呐喊就在他梦里每夜唱起挽歌。他们说这个世界上总有块干净的大陆，小司想总有一天我会找到。

那些朝着寂寞的天空拔节着的躯体，在这些时光的笼罩下，泛出琉璃一样的微光。

那些繁茂的香樟在他们的年轮里长成日胜一日的见证。

那些天空里匆忙盛开的夏天，阳光有了最繁盛的拔节。

她从他身边匆忙地跑过，于是浮草开出了伶仃的花；他在她背后安静地等候，于是落日关上了沉重的门；那个城市从来不曾衰老，它站在回忆里面，站成了学校黄昏时无人留下的寂寞与孤独。

阴影里有迟来十年的告白。

光线挫去锐利的角，剩下钝重模糊的光感。微微地烘着人的后背。

只剩下当初的音节，镂空在陈旧的空气里。

依然拿着横笛站在山冈上把黄昏吹得悠长。

那些命运的丝线发出冷白的光。

而没有人记得，那些匆忙回归的夏天，冲乱了飞鸟的迁徙。

于是岁月就这么轰隆隆地碾过了一个又一个生命中的切片。

于是日子就这么安静地盘旋在城市上空。一点一点地烧燃了那些古老到石头都开始风化的城市。最后这些飞行着的时光都化成了鸽子灰般的羽毛，覆盖每一个人的骨骼。

音乐能生根发芽，呐喊唱起挽歌，天空是寂寞的，躯体会拔节，香樟见证成长，盛开的夏天，落日关上了门，阴影里有告白，光线有锐利的角，音节能镂空在空气里，横笛可以把黄昏吹得悠长，日子可以盘旋在城市上空……仔细体会这些句子会发现，为了刻画成长中少男少女特别而莫名的细腻情绪和感觉，郭敬明喜欢用一种事物的属性和特征去描写和形容另一种事物，使得许多句子读起来很不合乎语法规范，常常出现搭配错误的句子，但读起来却又别有趣味，姑且称这种手法为"拟"，有拟人，也有拟物，也有时用一种事物拟另一种事物。看得出，为了表达出那些细腻而特别的情绪和感觉，郭敬明在努力创造一些新鲜的"拟"。

郭敬明还擅长在作品中创造精致、新奇的比喻。

于是我就成为你的倒影，永远地活在与你完全不同的世界。

就像是人死去时离开身体的灵魂，带着恍恍惚惚的伤心和未知的恐惧。

那些影子像是依然留在空荡的校园里，游荡着，哼着青春时唱过而现在被人遗忘的歌。

日光像是海啸般席卷着整个城市。

墨绿色的阴影像是墨汁滴落在宣纸上一般在城市表面渲染开来。男孩子的白衬衣和女生的蓝色发带，高大的自行车和小巧的背包，脏兮兮的足球和干净的手帕，这些年轻的具象，都如同深海中的游鱼，缓慢地浮游。

影子和影子的交替让时间变得迅速。可是感觉却出了错，像是缓慢的河水漫过了脚背，冰凉的感觉。有钢琴声在遥远的背景里缓慢地弹奏，滴答滴答的节拍慢了下来。

世界一瞬间黑暗无边，再一瞬间狼烟遍地。满天无面的众神，抱着双手唱起挽歌。那些在云层深处奔走的惊雷，落下满天的火。只剩下最初的那个牧童，他依然安静地站立在森林的深处。

立夏再抬头就看到了傅小司清晰的眼神，如同北极星一瞬间让立夏失了明。

有些人，却像是尘埃般朝着生命里聚拢，沙雕般地聚合成一座雕塑，站立在生命的广场上。

蹑手蹑脚小心翼翼，玻璃杯里牛奶的热度，遇见（人名）小声的一句"谢谢你"，午夜嘎吱打开的门，这些成为了立夏的习惯。像是一条刚刚踩出的小径，从最开始倒伏成一条路的草地，到最后渐渐露出地面，变成一条宽敞的道路。通向遥远的未来。

时光变成狭长的走道。沿路标记着记忆和习惯。

话说到一半，硬生地断在立夏的嘴里，像是突然被折断的筷子，发出清脆的声响。

夏日如洪水从记忆里席卷而过。

郭敬明试图创造出新鲜的、完全不同于诸如"姑娘像花儿一样"的、传统的人们非常熟悉的比喻，这些比喻将一些不同的、完全没有关联事物联系在一起，让年轻的读者尤其女孩子产生无尽的联想和想象，使得作品的阅读过程变得如梦似幻，这大概是年轻女孩子喜欢郭敬明作品的重要原因。

不仅如此，郭敬明还特别喜欢对事物、情景、感觉做细致入微的刻画，但他避免对对象做静态、客观的描写，而是展开充分的想象，用一些看上去本不适合描写对象的词句去描写它们，使其拥有了许多并非其本身所具有的属性和特征，这样独特而精致的描写赋予了其描写对象以奇特的生机和绚丽的色彩，使得原本的文字符号幻化出视觉效果，比如下面这些句子。

那些人终于走了，带着三年时光的痕迹消散在了城市的各个角落并最终会消散在全中国甚至全世界的每一个地方。

浅川对于立夏就是这样的存在，真实而又略显荒诞地出现在她面前。

如果十年前无法遇见，是否永远无法遇见？在大雾喧嚣了城市每一个角落的岁月里，芦苇循序萌发然后渐进死亡，翅膀匆忙地覆盖了天空，剩下无法启齿的猜想。

沿路撒下海潮的阴影。

白天染成黑色。黑夜染成白色。

世界颠倒前后左右上下黑白。

十年前我们不曾明白，十年后又想不起来。

目光再远也看不到丝线尽头，谁是那个可怜的木偶。而你，带着满身明媚的春光重新出现，随手撒下一千个夏天，一千朵花，一千个湖泊，一千个长满芦苇的沼泽唱起宽恕的歌，而后，而后世界又恢复了最初的安详。花草又重复着轮回四季，太阳又开始循环着升起，再循环着坠落。

当大雨席卷烈日当头的村落，夏天淹没了下一个夏天，跳过绿春悲秋忍冬和来年更加青绿的夏天，你又出现在我面前。眉眼低垂。转身带走一整个城市的雨水，再转身带回染上颜色的积雪。麦子拔节。雷声轰隆地滚过大地。

荒草蔓延着覆盖上荒芜的山坡。那些沉睡了多久的荒原，终于被绿色渲染出柔软的质感。

这类描写在作品中很多，在推动情节发展的同时又给作品营造出一缕忧伤的格调。

就这样，郭敬明用忧伤而精致的笔触叙写出与中学生读者生活相仿、情感相似的文本，讲述青春与现实劈面而遇时无法逃避的宿命，抒发对无法挽留的青春的无限感伤，进而表达对时光、年华流逝的感悟和无奈，赢得了中学生的喜爱。

值得注意的是，女生比男生更喜欢郭敬明的作品，这说明他的作品更投合女生的口味，更具有女性气质。

值得注意的是，在问卷中，女生提到了《夏至未至》《梦里花落知多少》和《最小说》，男生提到了《幻城》和《梦里花落知多少》。比较起来，《夏至未至》和《最小说》风格类似，具有情节淡化的特点，风格温馨、凄美而忧伤，而《梦里花落知多少》的情节比《夏至未至》要曲折得多，以叙述人物的行为为主，因而语言上富于节奏感，《幻城》作为郭敬明的代表作更像一部玄幻作品，却没有出现在女生的书目中。由此可见男、女生阅读兴趣的差异性，对同一个作家，男生更喜欢情节曲折离奇、语言富于动感的作品，女生更喜欢注重表现人物情感发展变化的作品，她们很容易沉浸在温馨、忧伤、浪漫的氛围中，容易被这样的情绪感染，总之，她们喜欢这种"调调"，这似乎真的证明了所谓"女人是感情的动物"的说法。当然，若从社会、文化的角度讲，女人并非天生的感情动物，而是后天社会和文化塑造的感情动物。

三　韩国式校园爱情——行动主义

女生喜欢的读物中有一些韩国作品，是男生书目中没有的，有银戒指的《泰迪男孩》和崔友丽的《校园沙拉》，还出现了"可爱淘"，网络上介绍她的代表作是《那小子真帅》，都是女性作者和作品。不仅如此，这几部作品的风格一模一样，单从作品看，几乎就是同一个作者的作品。

《泰迪男孩》的故事从名门高中新生入学开始。迷糊女生刘小银和野蛮女生申民智是两个平凡普通的女孩，她们没有公主般的美貌与优雅，有时甚至用拳头与男生说话，可她们精灵古怪、随和可爱的个性，得到了名门高中大名鼎鼎的"五大男孩"——泰迪男孩闵西振、橘子男孩郑宇贤、兔子男孩云镇禹、蓝色男孩李旻贤、花心男孩夏敏安——的青睐。五个男孩可非等闲之辈，他们拥有让人羡慕的完美身材，迷死人的外表，无论是打架还是玩跆拳道……都是一流的棒。首先走入人们视线的是五大男孩之首的闵西振，他就是随时随地挂着泰迪熊的"泰迪男孩"，他性格不羁，脾气暴躁，却成绩优秀，于是小说围绕以西振为首的五大男孩和小银、民智等女生，展开了种种友情、爱情的浪漫故事，最后是有情人终成眷属。

《校园沙拉》讲述纯真、善良、美丽的女主人公高中女生池恩雅陷入对同学柳振赫的纯情眷恋中。帅气的柳振赫言语不多，桀骜不驯，但在僵硬的外表下，绝顶聪明的他用温柔纯真的心，以自己的独特方式眷恋着池恩雅。不久，高中男生郑星翰出现了。优雅、善言、同样帅气而又桀骜难驯的郑星翰向池恩雅发起凌厉的情感攻势。世界上屈指可数的知名集团乔迈逊集团会长——柳振赫的父亲，为了集团经济利益，现身并力劝池恩雅离开柳振赫。此时确知柳家背景的单纯的池恩雅彻底迷失了自己，她在情感的旋涡中低回不已。当然最后还是皆大欢喜。

可爱淘的《那小子真帅》也差不多是同样的故事和叙述风格。

不同于前面谈到的灰姑娘式爱情，这是几个典型的"动漫式恋爱"故事，无论是故事的内容、结构，还是人物形象的塑造乃至表现方式，都具有典型的动漫特点，这或许正是它们吸引年轻女孩子的原因。

如果能给动漫式恋爱构建一个模型的话，可以概括为：单纯的人物性格，恋爱言行推进中的故事情节，无背景的故事环境。

这些故事中的人物都是一些天真、烂漫、单纯、可爱、帅气、漂亮、常常搞笑的少男少女，偶尔出现的主人公的父母也和他们的子女一样单纯、搞笑，总之，人物形象都是漫画式的。

故事中叙述的都是少男少女的恋爱中发生的事件，约会、玩耍、争吵、想念、冲突、分手、和好……除此之外，别无他事，似乎恋爱是故事人物的唯一生活，而且所有这些也都是以轻松、搞笑的漫画风格来讲述，给读者的感觉像是一群儿童在谈恋爱。更值得注意的是，所有故事情节的推进都是在人物的语言和行动中展开，这是几部作品表现手法上最突出的特点。作者自始至终都是在叙述人物之间的对话和动作，偶尔也会穿插描写人物的心理活动，但确切地说，那些心里活动都是人物在心里对别人或对自己说话，主要内容也都是一些临时的情绪表达或宣泄，看不到深入的思想活动和持久的情感活动的描写，因此也就从不涉及对爱情、对生活的深入思考和感悟，可以说，几部作品中的心理描写是一种无思想、非感情的心理活动的描写，这也是它们所表现的爱情的特点。

由于几部作品都是在人物的言语和行动中展开故事情节，故事的环境不是作者关注的对象，因此在作品中极少看到环境描写，有时为了描述人物行动的状况而点出故事发生的地点，但并不对环境作进一步的描写。其实，这正是动漫的特点，在动漫中，环境是通过画面表现出来的，无须用描写环境，所有的语言都是人物对话或人物心理活动。不仅如此，对人物的生活状况、社会背景也几乎不做介绍，作品中的人物都是互称哥哥、姐姐、弟弟、妹妹的一群朋友、学友，除非特别必要，才安排父母之类的成人出场。这种不描写环境的做法使得故事处于一种无背景的真空状态中，给读者造成作品的故事就是整个世界的印象。

此外，这几部作品的语言也有特别之处。虽然不是动漫作品，但作品中约有一半的篇幅是人物之间的对话，且都是一些简短的充满情绪的日常话语，必要的时候用简单而戏剧化的语言描写人物的夸张动作。《泰迪男孩》就是以女主人公情绪高涨的欢呼开始讲故事。

> "名门高中……名门高中……18011……18011！"
>
> "太好了！"我又蹦又跳地在校园里欢呼。
>
> "你总算没白努力。－＿－"旁边的民智白了我一眼，终于说了句公平话。
>
> 再看下面的这些段落。
>
> "喂！白腰带！！！给我来杯水！！！"一位红带前辈朝这边儿喊；"嘿，白腰带，去给我买点儿吃的！"又一位黑带前辈命令道；"嗨！我说白腰带，我的跆拳道服熨好了吗？"哇！黄腰带前辈真是盛气凌人啊！
>
> "好的，知道了……呜呜？－？……"民智的眼泪都要掉下来了。

"哇啊！到山顶啦！哇啊！"终于到达山顶，我一顿欢呼，兴奋得在草地上跑来跑去。再看西振，一屁股坐在地上，靠着一块石头狂喘，还努力在嘴角挤出一丝微笑，好勉强啊～。

"前辈！！振作点儿！我第一次爬这么高！祝贺我吧！！"

"好，祝贺你……"这家伙一副强作欢颜的样子。

"呀，前辈，您很累吗？－＿－；"我装作很无辜的样子。

"背你已经消耗了我全部能量。－＿－；；"西振有气无力地回答。

我对这句话虽然不满，又找不出什么辩解的话来。哼！那就给他……"敲敲腿"好了！－＿－……我给西振的腿突袭一记重拳……！

"天啊！饶了我吧……可爱的'天使'……"西振大吼道，看来很是"受用"啊。

我呢，背过脸去看风景，"哇～，美景尽收眼底噫。"

这样的叙述让故事情节从一个场景迅速地转换到另一个场景，跳跃式展开和推进，充满动感，情绪夸张，极富戏剧性，给读者营造出动画片画面闪动、音响震撼的视听效果。

有趣的是，这几部作品还大量使用目前在网络上流传的似文字又非文字的象形符号，比如下面这些：

－＿－，－＿－^，～，－＿－＋，－O－，＝口＝，┳＿┳，＝＿＝，＋＿＋，＊，＝○＝，○＿○，○口○，^○^，＊－O－＊，＊－＿－＊，＞＿＜，＞＿┳，——————，┳┳＿┳┳，＞○＜，┳┳○┳┳，^○^，＊＝＿＝＊，┳？┳^，＋＿＋，^—^，☆☆☆@＿＋，‥‥—＿—‥‥。

这些符号都是伴随电脑网络成长起来的年轻一代，利用电脑软件上的通用符号创造出来的表达符号，看上去像图画，又像文字，既抽象又具体。这些少年正在利用新的手段，努力创造一种能够传达和交流他们自己崭新感受和思想的新的文字符号，像所有文字最初的状态一样，这些网络符号看上去是象形的，却在尽力表达抽象的内容。值得思考的是，在网络时代，符号的创造、交流和使用是跨文化的，这是否孕育着一种新的全球共同语？

韩国爱情小说的写作风格也影响了孩子们的写作。南桥镇中学的初二女生张静雅喜欢写小说，由于平时阅读的基本都是爱情小说，比如上面提到的韩国小说和明晓溪的作品，在她的概念里，明晓溪的作品是名著，还问我写小说的技巧。在我的要求下，静雅把自己的作品拿给我看，主题是校园爱情，内容是校园里的恋爱、选举校花校草、与父母的冲突（当然都是无伤感情的充满喜剧色彩的，这也是近年来爱情文艺作品的特点）、玩耍、富家子弟、恋人间的小冲突等，风格上更接近韩国小说，自始至终都是对话和行动描写，在人物的话语和行动的一来一往中展开情节，是韩国爱情的中国版。很显然，这个孩子完全是通过想象勾画出一幅城市校园爱情生活的图画。

在此并无意评价这些作品的文学价值、语言价值，需要探讨的是这些作品中所表达出来的价值倾向和思维方式以及它们吸引一些青春期少女的原因。

这些作品没有编织一些古老的灰姑娘式的爱情故事，而是塑造了一群天真烂漫、漂亮、帅气的少男少女，将他们放置在一个无背景的真空环境里，展开充满了孩童气的轻松搞笑的动漫世界里的恋爱故事。成人可能不屑于甚至读不懂这种动漫式小说，但它们却特别迎合了那些伴随着大量的国内外动漫长大的少年的阅读口味。事实上，不同于传统上的由成年人为孩子创作的儿童文学作品，这些动漫小说是这一代少年抒写和描绘着自己的生活的作品，他们在用一种儿童甚至幼儿的艺术形式来表现青年人的生活内容，创作出了这些有趣的作品。

现代社会的政治、文化和经济给这些伴随着动漫长大的一代青少年提供了完全不同于他们父辈的生活经历和体验，使得他们的儿童期延迟，而青年期又提前。

一方面，民主观念的广泛传播使得人们对儿童越来越宽容，在一些发达国家尤其如此，人们越来越重视和保护儿童的兴趣、好奇心、古怪念头、不合逻辑的想法、超越现实的梦想……所有属于儿童世界的思想和感情开始成为人们的欣赏、关心和研究的对象，总之，童年生活本身的价值和意义日益被肯定和接受，这使得孩子不再过多地承受来自成人的"期待成熟"的压力，能够更长时间地停留在童年时期，导致童年期延迟。

另一方面，物质生活水平的提高和日益开明的文化环境不仅使得孩子生理期提前，还使得成人世界与孩子世界日益融合，孩子越来越多地接触成人世界的事件，对孩子来说，成人世界越来越少自己独享的秘密，成人与孩子之间的界限逐渐模糊甚至消失，孩子开始越来越早地模仿和学习许多原本属于成人的行为，事实上，像语言的习得过程一样，这是一个自然而然而非刻意为之的过程，导致的结果是，青春期的提前，孩子越来越早地经历恋爱，虽然在成人看来，他们在模仿恋爱，而对孩子来说，这是真正的恋爱。

可是说，两方面的因素导致的儿童期延迟和青年期提前给"动漫式爱情"作品的出现提供了适宜的环境，这类作品的主人公都拥有儿童甚至幼儿的天真、烂漫、感性、单纯的性格，却沉迷在成人的恋爱经历中，使得他们的恋爱行为完全依照儿童的情绪和思维逻辑发生和发展，演出了一场场儿童的恋爱故事。成人会觉得这是一件令人哭笑不得的事，但当恋爱的年龄一年年地提前的时候，或许，"儿童期恋爱"能够成为与诸如"青年期恋爱""中年期恋爱""老年期恋爱"并列的概念，恋爱不再只是成人世界的事件，它也是孩子世界的重要事件，谁又能说这完全不可能呢？

第三节 本章小结

如果说男孩子们意淫的是强壮、权力、武功、女人，那么女孩子意淫的主要对象就是爱情、公主、王子、灰姑娘、浪漫、伤感、豪门……总之，一切与感情特别是爱情和婚姻有关的事物。

对于许多女性特别是传统女性来说，爱情是她生活中最重要的事，婚姻是她生命的归宿，幸福家庭是她的成功，诸如此类，传统文化给女性的大脑植入的有关她生命的种种观念，文学作品则给她们提供了一个意淫的具体对象。其实，越是传统的、生活于底层的女性越是需要爱情、婚姻、家庭作为她们生存的保障。

事实上，无论是关于女性的传统观念还是现代思想，无不是其社会生存环境的结果。人类的家庭本质上是一个生产单位，婚姻是维持这个生产单位正常运作的手段，而爱情、亲情是生产的润滑剂。当然这里所谓"生产"，既包括物质资料的生产，又包括了人类自身的生产。因此各种婚姻制度、家庭模式无不与特定的生产、生存方式相关联，人们总是会依据所处的生存环境创造最适合生存、特别是最适合群体、个体生存的方式，无论是东方的一夫多妻还是西方的一夫一妻。在这个过程中，为了群体的生存，人们常常会本能地选择牺牲个体的权利、尊严乃至生命，这常常并非是一种主动的选择，而是一种生存本能所致。因此，任何婚姻制度和家庭模式的都有其诞生和存在理由，当然，这并非说它理应如此、天经地义，只是说它们是有原因的。即便是在现代人自诩文明发达的今天，社会上的种种婚姻事件、家庭纠纷又有多少不是有着一个生存的根源和动机呢？

以上这些并不是想评价有关婚姻、爱情和家庭的传统和现代观念谁更合理，或者谁更高尚，只是想说明人类的所有行为、观念、规范都有其生存的无奈，而这些喜欢爱情故事、特别是灰姑娘爱情故事的女孩子们本质上只是希望给自己的未来生存一个保障，可能她们自己并不明确地意识到这一点，因为她们用爱情掩饰了这些，连她们自己都忘记了这个本来的欲望，这样的掩饰已经成了一种集体无意识。毕竟，人是一个需要生产和其他许多条件才能生存的物种，只有当女孩子们不需要男孩就能安全、顺利地生存的时候，灰姑娘的故事才可能不再被女孩子传诵和喜爱。

第五章 娱乐时空里的虚实真假

从两个学校的作息时间上可以看出，在校期间，上课、学习是孩子们每天最主要的活动，除了课间、午饭和晚饭时间外，娱乐的时间并不多，周末和假期回到家里，看电视是多数孩子最重要的娱乐方式，一部分孩子能用父母的手机上网聊天或玩一些游戏，少数孩子有条件上网，而极少数孩子会偶尔偷着去镇上网吧玩玩儿。所以，尽管不如城市里的孩子有那么多看电视和上网的时间，但看电视和上网也已经是他们非常重要的娱乐方式，这使得他们的娱乐生活不再局限于扑克、麻将、象棋之类的传统游戏，也使得一些传统的儿童游戏逐渐式微、失传。

第一节 娱乐时空

在访谈中了解到，无论男生和女生，最受孩子们欢迎的是娱乐和综艺节目，其中提到最多的是《快乐大本营》，女生尤其喜欢这个节目，下面的问卷调查统计表中也反映出孩子们的这一兴趣倾向（见表 5-1）。

表 5-1　　　　　　　　　　学生电视节目倾向

节目种类	男生		女生	
	节目名称	频数	节目名称	频数
综艺娱乐	快乐大本营	15	快乐大本营	77
	天天向上	13	天天向上	13
	喜剧学院	6	喜剧学院	10
	我爱记歌词	2	一呼百应	10
	星光大道	2	欢乐中国行	7

续表

节目种类	男生		女生	
	节目名称	频数	节目名称	频数
综艺娱乐	明星转起来	1	勇往直前	6
	非常6+1	1	娱乐无极限	4
	开心100	1	音乐集结号	4
	综艺大满贯	1	我爱记歌词	4
	我们有一套	1	非常6+1	2
	我要上春晚	1	乡村大世界	2
	娱乐双响炮	1	先声夺人	2
			本山快乐营	2
			我是大评委	1
			开心100	1
			欢乐送	1
			墙来了	1
			欢乐英雄	1
			综艺满天星	1
			正大综艺	1
			音乐风云榜	1
			音乐会	1
			爽食赢天下	1
			明星转起来	1
			春节联欢晚会	1
			快乐男声	1
			曲艺杂苑	1
			壹周立波秀	1
			康熙来了	1
闯关、体育	NBA	8	爱拼才会赢	6
	快乐向前冲	7	快乐向前冲	2
	智勇大冲关	3	城市之间	2
	爱拼才会赢	2	智勇大冲关	2
	男生女生向前冲	1	挑战60秒	1
	冲关我最棒	1	男生女生向前冲	1

节目种类	男生		女生	
	节目名称	频数	节目名称	频数
闯关、体育	以一敌百	1		
	惊奇十分	1		
	篮球公园	1		
	全运向前冲	1		
	武林风	1		
	城市之间	1		
相亲征婚	非诚勿扰	7	爱情来敲门	7
	爱情来敲门	1	非诚勿扰	6
	我们约会吧	1	我们约会吧	4
			今日有约	2
科学、自然、探索	人与自然	3	人与自然	3
	探索发现	2	科技博览	2
	我爱发明	2	动物世界	2
	自然密码	2	绿色空间	2
	地球密码	1	百科探秘	1
	动物世界	1	走进科学	1
故事、访谈	八点听书	2	拉呱	3
	艺术人生	1	八点听书	2
	鲁豫有约	1	爱传万家	2
	天下父母	1	新故事客栈	1
	经典传奇	1	天下父母	1
	今夜有戏	1		
	拉呱	1		
新闻	新闻联播	2	新闻联播	3
	焦点访谈	1	焦点话题	1
			新闻袋袋裤	1
			新闻女生组	1
			共同关注	1

续表

节目种类	男生		女生	
	节目名称	频数	节目名称	频数
教育类	新杏坛	1	百家讲坛	3
	希望英语	1	希望英语	1
	开学第一课	1	课文讲座	1
			红楼人三行	1
法制	今日说法	1	法制编辑部	1
	法律与道德	1		
生活、少儿	智力快车	1	芝麻开门	1
	世界吉尼斯	1	大风车	1
	快乐体验	1	快乐生活一点通	1
	购物街	1	寻宝	1
	寻宝	1	购物街	1
			交换空间	1
			百科全说	1

从表中看出，"综艺娱乐"节目最受孩子们欢迎，不仅种类多，而且出现的次数也最多。在这些节目中，《快乐大本营》格外突出，女生提到77次，遥遥领先，其次是《天天向上》。这两个节目的形式和内容是差不多的，都是纯粹的娱乐，都是靠主持人与嘉宾的搞笑和才艺展示来组织和结构整个节目。类似的节目还有《非常6+1》《综艺满天星》《乡村大世界》《星光大道》等等。其他的综艺娱乐节目中以唱歌节目居多，像《一呼百应》《先声夺人》《欢乐中国行》《音乐集结号》《音乐风雨榜》《我爱记歌词》等都是以唱歌为主的节目。还有一类是以喜剧小品、笑话等形式出现的纯粹的幽默、搞笑类节目，比如《喜剧学院》《欢乐送》《娱乐双响炮》《本山快乐营》《壹周立波秀》等，其中《喜剧学院》最受孩子们欢迎，在访谈中也多次听他们提到这个节目。

对于"闯关、体育"类节目，男生明显地表现出比女生更浓厚的兴趣，他们列出了更多的节目种类，不仅有闯关类节目，而且有NBA、篮球公园、武林风这类专门的体育节目，其中NBA出现了8次，是这类节目中频数最高的。女孩子没有列出专门的体育节目，她们只列出了一些可以称之为"趣味运动"的闯关类节目，这类节目具有更浓厚的游戏色彩，竞技性不强，气氛轻松、愉快，甚至有些搞笑，颇受欢迎。

最近几年才年出现的"相亲征婚"类节目颇受青少年的喜爱，女孩子尤甚。这类节目给青年男女创造了一种崭新的寻找配偶和谈情说爱的方式，而对这些刚刚进入青春期的孩子们来说，他们是伴随着这类节目开始自己的恋爱之旅的，电视相亲可能会成为他们自然而然的恋爱方式。

一些"科学、自然、探索"类节目也出现在表中，从所列节目和统计频数中看出，男、女生对这类节目的兴趣没有太大的区别。

从内容上看，"故事、访谈"类节目故事可以称之为"百姓小新闻"。有别于新闻联播类的宏大新闻，这类节目报道的都是一些平民百姓的新闻或故事，特别贴近大众的日常生活，也特别契合普通人的平凡感受，而且一些地方电视台的这类节目特别注意报导当地百姓身边的新闻事件，让观众感到格外亲切。孩子们列表中出现的《八点听书》《拉呱》《天下父母》《新故事客栈》都是山东电视台的一些节目，其中《拉呱》节目的名称就来自山东方言，意思是"聊天、讲故事"，节目本身也是用山东方言播出的。

从表中所列"新闻"类节目看，女生列出了更多的节目，但考虑到在答问卷时，女生比男生更认真，这可能使她们列出更多的节目名称，所以，男、女生对新闻的兴趣应当是差不多的。

"教育"类节目里，"希望英语"是男、女生共同的兴趣，女生对"百家讲坛"表现出比较强烈的兴趣。对最后两类节目，如果单从表中看，男生对"法制"节目似乎表现出比女生强烈一些的兴趣，女生则对"生活·少儿"节目更有些兴趣。

不过，学生在答问卷时不太严谨，或者不能确定某一个节目，就笼统地写上节目种类或某个电视频道的名称，有的没有看清题意，写出的是电视剧的名称，这样在统计整理时，就把电视剧的名称统计到下一题里去了，并另外列表统计电视频道，以做参考（见表 5-2）。

表 5-2　　　　　　　　　　　学生电视节目种类及频道倾向

类别	男生		女生	
	节目名称	频数	节目名称	频数
节目种类	小品	5	新闻	4
	动作电影	3	娱乐节目	3
	军事节目	2	小品	3
	搞笑	2	京剧	1
	少儿	2	少儿	1
	综艺节目	1	关于法制	1
	相声	1	魔术表演	1
	体育赛事	1	爱情电视节目	1
	科幻	1	科学教育	1
频道	CCTV-6	14	湖南卫视	25
	湖南卫视	12	安徽卫视	7
	CCTV1	11	CCTV-少儿	4
	山东齐鲁	5	中央7台	2
	CCTV少儿	5	浙江卫视	2
	CCTV-5	4	CCTV-3	2
	浙江卫视	2	CCTV-1	2
	CCTV-3	2	CCTV	1
	四川卫视	2	山东少儿频道	1
	综艺频道	2	山东卫视	1
	安徽卫视	1	音乐频道	1
	江苏卫视	1	科教频道	1
	山东综艺	1		
	体育频道	1		
	山东少儿	1		
	山东影视	1		
	CCTV-8	1		
	辽宁卫视	1		
	黑龙江	1		

　　虽然不够严谨，但这个表与电视节目统计表反映的情况还是一致的。孩子们对小品类的娱乐节目表现出更浓厚的兴趣，此外，男生对电

影特别是动作电影也非常喜欢，（从采访中也感受到这一点）女生似乎比男生对新闻更有兴趣。从所列电视频道看，CCTV - 6、湖南卫视和CCTV - 1是男生最喜欢的，湖南卫视是女生最喜欢的，这和采访了解的情况基本一致，其中孩子们最喜欢的节目"快乐大本营"和最喜欢的电视剧《一起来看流星雨》都是湖南卫视的作品。

《一起来看流星雨》是这些孩子特别是女孩子最爱看的电视剧，在"最喜爱的电视剧"问题中，这部作品位列第一。下面两个表是这个问题的问卷统计（见表5 - 3、表5 - 4）。

表5 - 3　　　　　　　　　　学生喜爱的电视剧统计

女生		男生	
电视剧名称	频数	电视剧名称	频数
一起来（又）看流星雨	149	一起来看流星雨	23
泡沫之夏	22	亮剑	18
放羊的星星	16	篮球火	14
海派甜心	14	西游记	13
单身公主相亲记	9	海派甜心	13
雪豹	7	传说	12
我家的天使	6	仙剑奇侠传	12
还珠格格	6	三国演义	12
传说	6	喜羊羊与灰太狼	10
仙剑奇侠传	5	神话	8
神探狄仁杰	5	雪豹	7
巴啦啦小魔仙	5	秦时明月	6
重案六组	5	水浒传	6
公主小妹	5	地道战	5
倚天屠龙记	5	奥特曼	5
喜羊羊与灰太狼	5	天下第一	4
哈啰小姐	4	隋唐英雄传	4
欢天喜地七仙女	4	篮球部落	4
家有儿女	4	射雕英雄传	3
命中注定我爱你	4	鹿鼎记	3
快乐星球	4	火线	3

续表

女生		男生	
电视剧名称	频数	电视剧名称	频数
笑花	3	我的美丽人生	3
名扬花鼓	3	泡沫之夏	3
爱上琉璃苣女孩	3	猎鹰 1949	3
微笑百事达	3	我们的队伍向太阳	3
就想爱着你	3	快乐星球	3
我的淘气王子	3	龙珠	3
活佛济公	3	天龙八部	3
刁蛮公主	3	叶问	3
篮球火	3	永不消逝的电波	2
上海滩	3	魔幻手机	2
武林外传	2	宝莲灯	2
红楼梦	2	我的兄弟叫顺溜	2
乡村爱情	2	命中注定我爱你	2
大丫鬟	2	春桃的战争	2
暖春	2	武林外传	2
战火中青春	2	父爱如山	2
美女如云	2	放羊的星星	2
鹿鼎记	2	倚天屠龙记	2
地道战	2	单身公主相亲记	2
丘比特的圈套	2	原来我不帅	2
会有天使替我爱你	2	蜘蛛侠	2
神雕侠侣	2	家有儿女	2
幸福的眼泪	2	聊斋	2
传奇	2	浪漫满屋	2
天龙八部	2	美女如云—无懈可击	2
第八号当铺	2	李小龙传奇	2
家有外星人	2	沙场点兵	1
租个女友回家过年	2	公主小妹	1
笑着活下去	2	金粉世家	1
好事多磨	1	魔剑生死棋	1

续表

女生		男生	
电视剧名称	频数	电视剧名称	频数
闲人马大姐	1	布衣神相	1
翻滚吧！蛋炒饭	1	变形金刚	1
黑糖玛奇朵	1	我的丑娘	1
不差钱	1	暖春	1
猫和老鼠	1	陈真	1
男才女貌	1	鹰隼大队	1
蓝色档案	1	风云	1
儿女传奇	1	一个好人	1
女公安局长	1	非常突击队	1
牵挂	1	转角遇到爱	1
射雕英雄传	1	永不回头	1
花样少男少女	1	不离不弃	1
小鸡不好惹	1	突然心动	1
孔小如	1	爱的阴影	1
蝶剑	1	十八岁的天空	1
魔术表演	1	租个女友回家过年	1
篮球王	1	八大豪侠	1
亮剑	1	战火中青春	1
爱就在一起	1	拜托小姐	1
我的丑娘	1	红罂粟	1
西游记	1	中国维和警察	1
天地传奇	1	微笑百事达	1
黑玫瑰	1	功夫	1
错爱	1	大唐双龙传	1
恶魔在身边	1	哈啰小姐	1
非亲姐妹	1	桥隆飙	1
爱的阶梯	1	闯关东	1
水月洞天	1	萧十一郎	1
单身公主的恋爱	1	爱你一生不后悔	1
误入军统的女人	1	爱就宅一起	1

女生		男生	
电视剧名称	频数	电视剧名称	频数
海宝来了	1	出轨	1
外乡人	1	传奇	1
加油！伏雅	1	边城匪事	1
原来是美男啊	1	狙击生死线	1
霹雳 MIT	1	大沙暴	1
民国往事	1	狼毒花	1
江湖绝恋	1	百团大战	1
中国兄弟连	1	老爸快跑	1
微笑在我心	1	内线	1
奋斗	1	边塞匪事	1
流星花园	1	龙之战	1
流星蝴蝶剑	1	包青天之七侠五义	1
王子变青蛙	1	少年包青天	1
贤妻良母	1	爱拼才会赢	1
天国的嫁衣	1	我的女孩	1
少年大钦差	1	魔女游戏	1
春桃的战争	1	A 计划	1
不离不弃	1	温柔的背叛	1
我的青春谁做主	1	铁道游击队	1
恋爱女王	1	败家仔	1
神话	1	越狱	1
海绵宝宝	1	封神演义	1
宝莲灯	1	偶像剧	1
天仙配	1	牵挂	1
福寿禄三星报喜	1	老大的幸福	1
八大豪侠	1	机器猫	1
战火中青春	1	佳期如梦	1
十八岁的天空	1	活佛济公	1
十七岁不哭	1	雪域天路	1
胡杨女人	1	少年张三丰	1

续表

女生		男生	
电视剧名称	频数	电视剧名称	频数
玫瑰刺	1	欢天喜地七仙女	1
情深深雨濛濛	1	水月洞天	1
青蛇外传	1	灵镜传奇	1
案发现场	1	终极三国	1
敢死队	1	举起手来	1
弹珠战机	1	天敌	1
斗牛要不要	1	狩猎者	1
浪漫满屋	1	父母爱	1
爱情占线	1	天师钟馗	1
兄妹契约	1	八阵图	1
我的女孩	1	血腥狂潮	1
小草	1	小兵张嘎	1
来不及说爱你	1	爱情公寓	1
十七岁的雨季	1	冲吧，你行的	1
聊斋	1	无间道	1
桃花小妹	1	如洛洛历险记	1
甜蜜再恋	1	海绵宝宝	1
说谎的爱人	1	恋爱狂	1
雪天使	1	宋代足球小将	1
武则天	1	X战警	1
青蛇传	1	天线宝宝	1
红蝎子	1	葫芦娃	1
名捕震关东	1	包青天	1
大话江湖	1	巴啦啦小魔仙	1
我是一棵小草	1	超智能足球	1
非常岳母	1	丝丝心动	1
大汉天子	1	哆啦A梦	1
铁梨花	1		
小鱼儿与花无缺	1		
欢乐农家	1		

女生		男生	
电视剧名称	频数	电视剧名称	频数
丝丝心动	1		
暗香	1		
娘家的故事	1		
张小五的春天	1		

仍然有一些孩子没有写具体的电视剧名称，而是笼统地写出自己喜爱的电视剧种类，下面是统计结果。

表 5-4　　　　　　　　　　学生喜爱的电视剧种类统计

女生		男生	
视剧种类	频数	视剧种类	频数
动画片	4	动画片	10
青春偶像剧	3	爱情故事	6
动漫	2	武打	3
古装剧	2	武侠	2
偶像剧	2	成龙	2
武打电视剧	1	偶像剧	1
湖南偶像剧	1	故事片	1
韩剧	1	成龙电影	1
港台剧场	1	搞笑的电视剧	1
幽默剧	1	魔幻	1
历史	1	科幻	1
悬疑片	1	李连杰	1
影视大放送	1	喜剧	1
科幻剧	1		
喜剧	1		

由于学生列出的电视剧名称很多，很难给它们一一分类，但将两个表联系起来看，能够明显地看出这些孩子的兴趣倾向：女生喜欢的主要是青春偶像剧、动画片、魔幻类电视剧，男生对青春偶像剧和动画片也很感兴趣，但他们对战争、武侠和历史类作品的兴趣也很浓厚，比较起

来，女生的兴趣点更集中，男生的兴趣更广泛些。

　　虽然只有极少数家庭有电脑，而且沉重的学习负担也使得他们很少有时间玩电脑游戏，但孩子们还是在有限的时间里利用可能的机会体验网上的游戏生活，更多的孩子会经常在假日用父母的手机上 QQ 聊天或玩游戏。

　　比较起来，男生比女生更喜欢玩电脑游戏，他们比女孩子对游戏表现出更浓厚的兴趣，下面是对学生喜欢的游戏的问卷统计结果。

表 5 - 5　　　　　　　　　　学生游戏情况统计

男生		女生	
游戏名称	频数	游戏名称	频数
穿越火线	101	QQ 游戏：飞车、炫舞	33
QQ	79	连连看	8
地下城与勇士	48	斗地主	7
问道	26	CS	3
梦幻西游	13	泡泡龙	3
CS	8	装扮小游戏	3
跑跑卡丁车	8	休闲小游戏	2
斗地主	5	开心农场	2
侠盗飞车	4	侠盗飞车	2
赛尔号	4	休闲、益智	2
血战上海滩	4	黄金矿屋	2
红警	4	摩尔庄园	1
流星蝴蝶剑	4	猫捉老鼠	1
VF	2	开心宝贝	1
三国	2	CF	1
弹弹堂	2	红警	1
植物大战僵尸	2	空间星的魔法大片	1
暴力摩托	1	找茬	1
小游戏	1	暴力摩托	1
明朝时代	1	扫雷	1
DHF	1	祖玛	1
战地之王	1	偷菜	1

女生		男生	
游戏名称	频数	游戏名称	频数
快乐农场	1	大鱼吃小鱼	1
剑侠情缘	1	玫瑰小镇	1
所有单机游戏	1	阳光牧场、花园	1
闪客快打	1	新飞飞	1
草机	1	穿越火线	1
亮剑	1	雷电	1
魔域	1	斗地主	1
点图标的游戏	1	植物大战僵尸	1
奥特曼打怪兽	1	芭比娃娃化妆	1
圣地安列斯	1	冒险岛	1
野地飞车	1	拼图	1
摩尔庄园	1	摩天大楼	1
天龙八部	1	纸牌	1
魔兽	1	换装游戏	1
实况足球	1	服装设计	1
NBA2008 中文版	1	制作蛋糕	1

孩子们如此喜欢电脑游戏，以至于在他们的意识里，"游戏"一词已经失去了它传统意义上的本来意义，专指"电脑游戏"。从表中看出，男生对电脑游戏的兴趣远远超过女生，男生对打斗、枪战、武侠类游戏具有特别浓厚的兴趣，穿越火线是一款枪战游戏，在表中高居榜首，远远超过其他游戏，下面提到的地下城与勇士、问道、梦幻西游、侠盗飞车、血战上海滩等都是这类游戏；女生最喜欢的是QQ游戏，一些休闲类和妆扮类小游戏也能吸引他们。从表中还可以看出，无论男、女生，都非常喜欢QQ游戏，这大概是由于QQ游戏可以通过手机玩耍的缘故吧？

尽管还没有很好的条件接触电脑游戏，但显而易见，游戏已经成为这些孩子的重要娱乐方式。

第二节　娱乐世界里的快乐神话

《快乐大本营》是国内有代表性的娱乐节目，也是两个镇的孩子、特别是女孩子最喜欢的节目，类似的还有《天天向上》，也比较受孩子们欢迎。孩子们喜欢这些节目的搞笑，他们说《快乐大本营》"说的那话儿，很搞笑，做的那事儿也很搞笑，人长得也很搞笑"，"装扮也很好笑"，"里面有很多明星"，有的孩子说"我的偶像在那上面了我才看"。可以说，以《快乐大本营》为代表的娱乐节目已经制造了中国电视的"快乐神话"。

当然，这不是日常语言中传统意义上的"神话故事"，而是符号学意义上的，"神话是一种言谈"，"神话是一种传播体系，它是一种讯息。……它是一种意指作用的方式、一种形式"。① 确切地说，神话是用一个经过加工而适用于传播的本身就有意义的素材，即有"概念"内含的"形式"，发挥"意指作用"。就像是我们用表达"概念"内含的语言"符号"进行"言语活动"，但与语言符号不太一样的是，神话的"形式"本身是有意义内含的，正是这种意义内含的存在使它在传播过程中发挥"意指作用"，类似于中国古诗的"用典"，典故本身是一种有意义的形式，诗歌使用的正是蕴涵了意义的形式。从本质上讲，神话与普通的言语活动又是一样的，它只是使用了比普通语言符号更复杂、更丰富的符号，它用语言符号叙述出的内容作为自己的"符号"发挥"意指作用"。

正如我们使用词汇、遵循语法规则来表达意义，展开言语活动一样，以《快乐大本营》为代表的众多娱乐节目在传播它们的信息、言说它们的意义、创造"娱乐神话"，即发挥自己的意指作用时也需要大量有意义的素材和特定的规则，这就是"代码"，是使用者在传播和交流是所使用的"具有一定意义的体系"，是"组织符号的系统"，"这一

---

① ［法］罗兰·巴特：《神话——大众文化诠释》，许蔷蔷、许绮玲译，上海人民出版社1999年版，第167页。

系统是由使用代码的全体成员共同遵守的规则所制约的"。对言语活动来说，代码是词法和句法，在社会生活中，代码是传统的习俗和规范，而在电视传播领域里，可以称之为电视代码。① 无论在哪个领域里，代码与应用者的社会实践密切相关，它们都具备以下一些基本特点：

1. 它们是可供选择的单元，这是共时尺度，这些单元（除了最简单的单一单元之外）都可以按着规则或传统习惯组合起来，这就是历时尺度；

2. 所有的代码都可以传达出一定的意味，它们的单位就是符号，并且通过多种形式指代其他一些东西；

3. 所有的代码都依赖使用者之间的协定和共同的文化背景，代码与文化密不可分；

4. 所有的代码都具有社会的或者交流的功用；

5. 所有的代码都可以由恰当的媒体或交流渠道来传递。②

因为有了电视代码，电视的各种功能才可能实现。需要说明的是，呈现在电视屏幕上的事件已经被社会代码进行了编码，也就是说电视使用的是社会生活中已形成的现成代码，电视传播是对社会代码进行的再编码过程。电视代码可以分为如下几个层次：

第一层次：（现实）外表、衣服、化妆、环境、行为、讲话、举止、表情、声音等（以上这些是由下列技术代码进行编码的）；

第二层次：（展现）摄像机、灯光、编辑、音乐、效果（以上这些传递的是表述代码，它们塑造了这种媒介的描述形式，如叙述、冲突、人物、行为、对话、场景、表演等，它们导致了第三层次的产生）；

第三层次：（观念）以上的描述形式被观念代码组织成一个整体，从而为社会接受。观念代码包括个人主义、父权制、种族、阶层意识、实利主义等。③

以《快乐大本营》为代表的娱乐节目也有自己惯常使用的代码，

① 张诟：《电视符号与电视文化》，北京广播学院出版社1994年版，第35页。
② 同上。
③ 同上书，第54页。

依靠这些代码，它们制造了今日中国电视的"快乐神话"。

搞笑是这类节目制造快乐的主要手段。《快乐大本营》和《天天向上》主要是邀请演艺、时尚界嘉宾表演才艺、做游戏、介绍自己的工作生活情况，有时也会邀请一些其他领域的嘉宾或有才艺的平民嘉宾，通过主持人和嘉宾、观众之间的互动、表演来搞笑，制造快乐。在节目过程中，主持人是制造快乐的关键要素，这类节目的主持人都风趣、幽默、多才多艺，他们总是能够随时抓住一切可能的机会制造可笑的场面，有时这么做是为了在和嘉宾互动时衬托嘉宾的出色，也有时候他们会彼此互相搞笑或者故意搞笑自己，目的都是为了活跃节目气氛、制造快乐。孩子们最喜欢的《快乐大本营》的主持人是三男两女五个年轻人，因为"快乐"，他们被称为"快乐家族"。总之，风趣、幽默、多才多艺是主持人的必备素质，他们就像是戏曲中的丑角。不过，他们的搞笑更多的是指向自己，这能使他们最大限度地避免伤及嘉宾或观众，偶尔指向嘉宾或观众的幽默也是毫无恶意和当事人能接受的，相反，他们还必须能够为嘉宾和观众在他们尴尬的时候机智地替他们圆场。然而，也正因为此，他们的幽默、风趣是单纯的搞笑，这些搞笑非常机智，不追求思想的智慧和深度，因为他们接触的都是娱乐明星或者具有娱乐才华的平凡人，看上去接触了各色人等，实际上这些人只是社会生活中的一个狭窄领域，此外，他们也不可能在搞笑时从深层次上直指事件的本质以至于开罪明星和观众，毕竟这些人是他们的"衣食父母"，因此，他们的幽默、风趣局限在娱乐领域，是单纯的娱乐搞笑。娱乐节目用一切可能想象得到的手段"搞笑"，通过说笑话搞笑，通过表演搞笑，通过游戏搞笑，通过调侃自己或嘉宾搞笑，这使他们的节目充满了笑声，给观众带来了许多快乐，事实上，这正是《快乐大本营》和《天天向上》吸引人的重要元素。因此，对娱乐节目来说，笑话和滑稽的表现是这类节目的"词汇"，搞笑是节目的"句法规则"和"修辞手段"。换句话说，娱乐节目主持人用风趣、幽默的笑话和滑稽表现为"代码"发挥"意指作用"，表达出种种娱乐的"概念"，制造出"娱乐神话"的体系。

娱乐节目制造快乐的另一个手段是时尚和流行，邀请时尚界、演艺界的嘉宾，制造时尚、流行的场景是这类节目吸引观众特别是年轻观众的重要手段，它们迎合了年轻人追求新鲜又崇尚个性的心理。娱乐节目中的人物通常穿着入时，紧跟潮流，喜欢休闲、自由、个性甚至怪异的服装，无论是主持人还是嘉宾，极少见到有穿西装一类非常正式的服装的，他们常常还会在发型、饰品上别出心裁，为自己装扮出另类、怪诞或者他们称为"酷"的造型。这么做的目的是尽量体现出自己与众不同的个性以吸引观者，他们也确实达到了这个目的，采访的时候，孩子们就说"谢娜每一集的发型都不一样"。邀请来的绝大多数嘉宾都是娱乐界的时尚名人，有些人的打扮非常与众不同，吴镇宇出场时扎了个朝天辫，周杰伦出场时戴着年轻人喜欢的漏手指头的手套，对于观众特别是现场观众来说，他们是追随和模仿的对象。有一期还请来了专门"制造"时尚的著名的发型师、保养专家、服饰搭配师，在节目中，他们通过发型、化妆和服饰告诉大家什么是帅、什么是时尚、什么是美，对于普通人来说，这些是他们最可能追得上的潮流和时尚。这真是个矛盾的心理，人们既崇尚个性又追随时尚和流行，既想与众不同，却又不由自主地追随别人，名人、明星特别是娱乐明星正迎合了这种矛盾心理，无论是表现个性还是时尚潮流，他们都给年轻人树立了典范，成为人们模仿的对象。

与外表和装扮相适应，娱乐节目中人物的言谈举止和行为表情也是时尚、流行的，一些最新出现的动作、话语都会被主持人和嘉宾吸收进节目中，他们对新鲜事物极其敏感，他们用"哇"表达惊叹，用带有南方味的、嗲气的声音说"谢谢"，使用诸如 Out、Fashion、潮、帅、给力、神马都是浮云、杯具、劲爆、帅是一种精神、超××、有的没的、Pose、范儿……他们必须对流行话语非常敏感，这能使节目更吸引观众特别是年轻观众。更重要的是，娱乐节目里的时尚、流行总是与"搞笑"结合，是的，"搞笑"才是娱乐节目的精髓。与专门的时尚节目不同，娱乐节目必须用搞笑的方式来展示、解读时尚与流行的精神和趋势。

　　此外，节目里还会出现流行的行为、动作、表情，有时甚至会专门做有关这方面技巧的节目，教给大家有关这方面的"知识"，告诉观众在特定的时候如此这般的行为是"合适"的、时尚的。有一期《快乐大本营》请来了当红的模特来教给人们如何摆姿势拍出好看的、最流行的、"国际范儿"的照片，模特现场给大家示范一些流行的姿势和摆这些姿势的方法、原则，并告诉观众哪些姿势是正在流行的、哪些姿势已经过时了，总之，通过这个节目，嘉宾将关于美的最时尚和最流行的元素和特质介绍给观众，告诉人们当今什么是美的、怎样才能美丽，尽管这些所谓的"美"都只是时尚界自己制造出来的。《天天向上》的某一期请来了日本著名的调酒师，给观众表演调酒，同时告诉一些大家有关欧洲酒文化的知识，诸如什么样的酒是好的、什么样的酒值多少钱、什么样的酒该如何饮用（比如用什么杯子、用什么姿态和动作等），节目中主持人还说出"拉菲"这个词，通过所有这些给观众展现了一幅欧洲上流社会的生活图景，尽管普通人只能凭想象去勾勒这些画面。

　　人们之所以追随和模仿某种装扮、话语和行为，是出于追求新鲜，而不断变化的流行趋势，又反映了人们追求个性的心理，就在这种矛盾中不断追随时尚和流行，也造就了时尚界和它的产业。或许追随时尚和流行并不是快乐本身，但人们总是追随自己喜欢的事物，所以追随的过程和结果会给追随者带来极大的满足，可以说这是一种"深度快乐"。

　　除了搞笑和时尚流行之外，《快乐大本营》和《天天向上》还借鉴了年轻人熟悉和喜爱的动漫的表现手法来制造快乐。在节目进行中，随时在画面上打出配合当事人或观众心理活动的调侃式的文字旁白，增添更多的笑料。在《快乐大本营》的"他们夏了夏天"一期里，邀请了香港导演刘镇伟和演员方力申、冯德伦，在短短几分钟的谈话里就出现了下面这些旁白。

　　尴尬

　　有人懂我

　　I 服了 U

你拍的不是电影，是他们几个的纪录片

太灵了！

郁闷

算你反应快

我不是好惹的！

不服

任人摆布的小方

他们夏了夏天

摆得飞快的脚

福气宝宝

好灵活的胖子

内伤

方力申，哪里先动啊？

YEAH

　　的确，漫画的手法与这类娱乐节目喜剧的风格和气氛非常适合，它在娱乐节目里制造了一幅真人版的动漫。

　　当然，娱乐节目使用其他一些辅助性的手段来制造快乐，比如灯光、色彩、音乐、剪辑。更重要的是，这些娱乐节目都有现场观众，他们会随着场上主持人和嘉宾的表现以及节目的进展发出欢呼、尖叫、爆笑、争抢等声响，制造出欢乐、热烈的气氛，这些声音都是娱乐节目制造快乐必不可少的手段。

　　"娱乐精神"，如果给娱乐节目概括一个观念代码的话，《快乐大本营》结尾的这句口号应该能表达多数娱乐节目的追求和理想，给观众制造快乐是这类节目最重要的目的。当然，普通的中下层大众是观众的主体，因此，所有的快乐必须符合这些人的口味。但事实上，电视是一种具有社会性权力的媒体，它是作为"社会控制的结构"而发生作用的，这种权力来源于政治、经济、技术和话语的变革，它能推动这些变革，并触及、改变人们日常生活体验的社会、文化和社会心理的内容。电视支持、因而也强化社会规范，它赋予社会成员、场所、政策和事件以地位，只要给这些内容上镜的机会就可以把政治和经济精英的利益直接渗透到普通人的社会心理体验中去，使大众与社会和经济现状相一致，换句话说，这种权力给予某种意识形态以特殊偏好，对公众议程发挥影响，调动社会网络以支持某个政党或国家的政策，更一般地说，动员社会资源以支持这类制度性安排。[①] 因此，大众的口味可以被电视塑造。

当然，大众口味的塑造受制于电视观众的文化特质，因为"电视转播的特点是接收环境的家庭化和接受行为的日常化，对电视传播者来说，主动权完全掌握在观众手里。……在家庭里，家庭成员有最大的权威和最大的自由。个人的文化结构（经验、认知等）和心理状态对传播效果影响往往更大，而外部传入的信息，则需要接受者依据自己的文化经验进行解码才会形成传播效果"[②]，所以受众所处的社会阶层影响着电视传播的效果。"但是社会是由不同的阶层组成的。不同的生活方式是区别社会阶层的重要标志之一，这便是象征方面的差异，或者说是文化上的区别。电视的表层内容依赖这种区别，同时又使它变得模糊。电视把不同的生活都清晰地表现出来，即每一种生活方式只属于一个阶层，而不属于另一个，然而，电视把一些以阶级为基础的节目从劳动阶层转化成了大众文化。大众文化比传统的劳动阶层文化更能吸引观众，这里所说的观众主要来自社会的中下层。"[③] 通过这样一个过程，电视节目就能够吸引以社会中下层人们为主力的电视观众。不仅如此"一些社会学家认为，劳动阶层文化的影响力正在增强，中产阶级的价值观念也渗透进了电影、电视等流行娱乐中了。……在看电视时，观众易于把那些比自己地位高的人的观念和行为当作楷模。为了进入或者适应那个社会阶层，人们往往要学习那个阶层的个性化语言、行为方式，并且追求那个阶层所特有的习惯"[④]。但是"虽然……大众娱乐确实给大多

①　［美］隆·莱博：《思考电视》，葛忠明译，中华书局 2005 年版，第 23—24 页。
②　张讴：《电视符号与电视文化》，北京广播学院出版社 1994 年版，第 94 页。
③　同上书，第 95 页。
④　同上。

数人带来了安逸的享受，而且这种享受曾经是上层社会的特权，但是这并不意味着他们进入了另一个阶层，也就是说，劳动阶层对……所谓'富有生活'的追求，并不能使他们奇迹般地进入上流社会，况且'富有生活'这一模式是由拥有者为'无有者'提供的参照系"①。因此，人们从这里发现"电视媒介与社会划分的本质关系，甚至可以'自相矛盾地'认为电视媒体并没有阶级性，因为它的内容来自大众，并且作用于大众。大众属于一个庞大的群体，这就是非统治阶级群体"②，电视娱乐节目的播放和产生的效果证实了这一点。与学校学习不同，作为一种纯粹的娱乐活动，这些农村孩子在看电视时有充分的选择的自由和权力，他们选择了《娱乐大本营》，但节目所表现主要内容，比如时尚、流行、明星、偶像、服饰、模特、拍电影电视、演唱会、发唱片等生活内容和行为，都是距离这些喜爱它的农村孩子非常遥远的概念，但这并不妨碍他们喜欢它并在生活中模仿这类节目人物的个性化语言、行为方式，并且追求他们的习惯，孩子们会在服饰、发型、行为举止、喜欢模仿偶像，把偶像的照片贴在桌子上、课本上，有些孩子还喜欢模仿偶像唱歌、跳舞。但是，无论一些电视节目展示的"生活方式多么富有魅力，与上层社会多么相似，他的社会地位最终还是同广大电视观众一样处于社会的中下层"③。电视内容的魅力"与电视观众的生活方式存在着一种转喻关系：即观众可以分享使这种生活方式具有价值的文化体系，他们甚至还可以具有电视片所宣扬的一些特征。……任何人都可以在这里做发财梦。当然，有些梦想是可以实现的，而大多数观众只能坐在电视机面前观看"④。

电视节目中的天王、天后、哥、姐在秀着快乐、时尚和流行时，这些孩子也在想象中分享着他们的生活方式，在这个过程中，富裕阶层通过电视行使定义时尚的权力，把他们定义的关于幸福、美好、魅力、品

---

① 张讴：《电视符号与电视文化》，北京广播学院出版社1994年版，第95页。
② 同上书，第96页。
③ 同上书，第95页。
④ 同上书，第96页。

味、快乐……等等的概念植入孩子们的大脑中，刺激他们对这些模式的渴望和崇拜。因为，作为一个组织化的、典型意义上心理群体，"它形成了一种独特的存在，受群体精神统一律的支配"①，"所有刺激因素都对群体有控制作用，并且它的反应会不停地发生变化。群体是刺激因素的奴隶。……孤立的个人具有主宰自己的反应行为的能力，群体则缺乏这种能力"②，"群体的心理过程中没有多少逻辑成分，在超出自己熟悉的生活范围之外，他也不具备多少经验和合理的批判能力，而这正是一些别有所图的个人或集团赢得群众信任的一个要件。他们在鼓吹什么大概并不重要，关键是……在很大程度是能够改变甚至制造人民的意志的"③。群体的这一非逻辑的心理本质给时尚领袖、偶像生产者提供了足够的可能性操纵和制造正处于青春期的孩子们的趣味和爱好，使用的手段就是利用人类喜爱模仿的天性，使用断言、重复和传染的手段制造时尚和偶像的名望，因为"名望是一切权力的主因。不管神仙、国王还是美女，缺了它一概没戏"，④ "人类就像动物一样有着模仿的天性。模仿对他来说是必然的，因为模仿总是一件很容易的事情。正是因为这种必然性，才使所谓时尚的力量如此强大。无论是意见、观念、文学作品甚至服装，有几个人有足够的勇气与时尚作对？支配大众的是榜样，不是论证"。⑤ 在倾听、观赏、想象直至模仿时尚和偶像的过程中，大众产生"类似于被催眠的人在催眠师得操纵下进入的迷幻状态。被催眠者的大脑活动被麻痹了，他变成了自己脊椎神经中受催眠师随意支配的一切无意识活动的奴隶。有意识的人格消失得无影无踪，意志和辨别里也不复存在。一切感情都受着催眠师的左右"⑥。

　　因此，事实上，对于观众、对于这些农村孩子来说，引起他们快乐

---

　　① ［法］古斯塔夫·勒庞：《乌合之众：大众心理研究》，冯克利译，中央编译出版社 2005年版，第 12 页。

　　② 同上书，第 21 页。

　　③ 同上。

　　④ 同上书，第 107 页。

　　⑤ 同上书，第 104 页。

　　⑥ 同上书，第 17 页。

的本来可能是各不相同的事物，也就是说快乐的内容并非天然就是时尚、偶像、搞笑，这些只是《快乐大本营》一类的娱乐节目定义并制造出来的，当然，它们也可以制造出其他形式的"快乐"，通过这个过程，它们传播了所谓的"娱乐精神"。

然而，从人类本性的角度看，"娱乐精神"也是娱乐界和观众共同合谋的结果，就如语言规则是使用它的群体共同协商、约定俗成的，"快乐"的神话也是它的电视和观众共同创造的成果，因为粉丝需要崇拜偶像，娱乐界创造偶像，偶像需要粉丝的崇拜，偶像与粉丝的互动（比如崇拜、模仿）创造彼此的快乐，在这个过程中，娱乐界收获了财富，粉丝们收获了快乐，他们共同实践着"娱乐精神"。

真的，没有哪个时代的人们像今天的人们一样如此热烈和疯狂地追逐快乐、崇尚娱乐，像今天一样把"快乐"当作人生目的，这真是个快乐时代！

第三节　视觉时代的爱情
——"秀"出恋人絮语

"通过广播、电视和电脑，我们正在进入一个环球舞台，当今世界是一场正在演出的戏剧"①，虽说戏剧家早就说"人生如戏，戏如人生"，但所有人都明白这只是个比喻，可是这句比喻今天真的变成了现实。今天，社会是一个舞台，生活是一场戏剧，表演贯穿了群体和个体的每一个行动，生活的每一个角落都成为戏剧的场景，甚至恋爱这样原本隐秘的私人事件也未能幸免，年轻一代的男女们开始在舞台上坦然地"秀"出或者说表演出自己的恋爱。

相比中国传统的"父母之命，媒妁之言"式婚姻来说，"谈恋爱"是近代以来逐渐形成的新传统。时至今日，在走向婚姻过程中，"谈恋爱"的地位越来越重要，成为必不可少的环节，男女青年也越来越重

---

① ［加］埃里克·麦克卢汉、［加］秦格龙编：《麦克卢汉精粹》，何道宽译，南京大学出版社 2000 年版，第 389 页。

视谈恋爱过程中的相互接触、了解和感情的培养。有些人甚至由于格外重视感情的培养而拒绝以婚姻为明确目的的相亲，他们希望自己在工作和学习中自然而然地了解身边的人，在了解的基础上去追求和培养感情，当然也有追求一见钟情式的浪漫爱情，总之，无论如何，爱情是今天年轻男女婚姻生活中必不可少的要素。

但是快节奏的现代城市生活和频繁的人口流动使得年轻的男女们缺少时间和机会去认识、了解并慢慢培养感情，有社会研究者说"现在的男孩和女孩互相睁着眼摸不着对方"，所以相亲成为年轻男女在解决婚姻问题、组建家庭时愿意接受的一种方式。其实相亲这种方式并非是今天的新发明，只是现代社会的许多相亲事件更多了商业运作和效率追求，这大概就是婚介机构出现的社会背景。而各种电子媒体的出现又催生了《非诚勿扰》一类的相亲节目，这种方式就把男女恋爱的过程搬上了"舞台"，给"谈恋爱"的新传统增添了"表演"的成分。

此外，婚姻的直接目的是家庭，而家庭是一个经济共同体（当然家庭还有社会化、情感支持和陪伴、性规则等功能），"家庭被经常部分地定义为一群人为追求经济目的而合作所形成的经济单位……在现代社会，大多数生产性工业在家庭之外进行，但是，家庭仍然是经济活动的重要单位。然而家庭的主要经济行为已经由生产转为了消费。以家庭为单位，它们进行着最主要的购买消费，如购买房屋、汽车、电视等"①，而爱情只是成年男女间的一种精神感受，有阅历的人常会说"爱情与婚姻是两回事"，因此，事实的真相是，爱情并不天然地与婚姻家庭相关，有时甚至是对立的，这种对立与人们对爱情、婚姻和家庭的良好愿望形成了矛盾，使人们在处理这些事件时常常陷于纠结，这种纠结同样流露在《非诚勿扰》的舞台上。

在这个舞台上，恋人"只是一个在习见与陈词中挑拣的现代文化人。恋人在表演恋人的角色，这个角色由习俗陈规决定，艺术提供给他感觉、情绪和词句。他的痛苦是可望而不可即而产生的焦虑；他无法越

---

① ［美］戴维·波普诺：《社会学》，李强译，中国人民大学出版社1999年版，第392页。

过陈规的雷池以更直接的形式实现他的渴求。……热恋中的自我是一部热情的机器，拼命制造符号，然后供自己消费"①。也就是说，在这个舞台上，男女恋人们使用并继续制造着这个视觉时代的恋爱的符号和文法，向对方、自己和他人传达并同时塑造自己恋爱的形象和心情。

电视相亲的过程可以分为几个阶段：

1. 上台

2. 表现与印象

3. 交流、展示条件

4. 引起他（她）注意

5. 浪漫

6. 牵手或拒绝

尽管整个过程和生活中的相亲大致差不多，但由于电视相亲是通过视觉媒体来进行的，因此，相亲的所有环节都必须加以修改，以适合、其实也是利用视觉媒体的视觉性、表演性，也就是娱乐性的特点。

第一步，相亲见面是在一个"舞台"上展开的，因此，见面的第一个问题就是如何上台，必须精心考虑装扮是否得体，特别是是否吸引人，以什么样的方式出场，在决定这些事情的时候一定要考虑舞台效果。

第二步，上台出场后，男女双方都是凭借出场一瞬间的表现对对方做出基本的判断，喜欢或不喜欢，大家都知道第一印象的重要性。

第三步，交流、展示和提出条件，从外貌到心理、思想、习惯，再到背景等，事实上也是传统上男女恋爱过程必然会了解的。不过电视相亲将这个过程在短短的几分钟到十几分钟的时间里迅速、高效而比较清晰地展示出来，通过事先录好的视频或文字资料，或者现场的简短交流，不管什么样的方式，表演是其基本特征，录像资料里是表演，在众目睽睽之下的交流更是身不由己地要表演。

"引起注意"是电视相亲的第四步。如果对对方感兴趣，无论男、女都会想一些方法吸引对方的注意以博得好感，当然，服饰打扮和上台

---

① ［法］罗兰·巴特：《恋人絮语——一个解构主义的文本》，汪耀进、武佩荣译，上海人民出版社 2004 年版，第 5—6 页。

的亮相是达到这一目的的最初手段，但到了这个环节，引起注意开始有明确的目标。这个环节正是电视相亲活动的表演展开的过程，男女在这个过程中会努力向对方表达自己的好感，表现自己美好的一面，以吸引对方选择自己。他们像演员一样，用各种方式向对方传达出有关自己爱好、兴趣和优点方面的信息，在合适的时候，现场条件允许的情况下，主持人会邀请男女嘉宾会表演自己的专长，尤其才艺方面的，比如唱歌、跳舞等，这会大大增加他们被关注的程度。不仅如此，由于是电视上相亲，嘉宾的表演会借助电视这一强大的媒体传播到更广泛的社会角落，引起更多人的关注，可以想见，数量是巨大的，因此，嘉宾的"表演"不仅是给自己心仪的人，也不仅是给在场的人，更是给电视机前数不尽的观众的，"表演"会让更多的人认识他们，即使在台上没能牵手成功，一些看过节目的观众会通过电视和网络提供的联系方式主动联系他们感兴趣的嘉宾，事实上，很多嘉宾就是被某些观众看中，开始恋爱交往的。所以，无论是否在节目上牵手成功，众人认可的良好"表演"在电视相亲节目里都具有非常重要的意义。另一方面，"舞台表演"是在一个狭小的空间里做一个短暂的表演，有限的时空不适合过分委婉曲折的表达，相反，它要求尽量浓缩彼此了解和表白的过程，因此，男女嘉宾都力求在短暂的时间里做出判断和选择，尽量清晰和直白地表达自己的兴趣、感受和理解。这些都是电视相亲与传统相亲很不同的地方。

　　几乎所有的人都认为，"浪漫"是爱情必不可少的元素，电视相亲也不例外，这可以看作电视相亲的第五步。事实上，浪漫也是现代人特别刻意追求甚至消费的东西。但电视相亲节目不是连续剧，相亲者是初次相见，在舞台上进行十几分钟的简短交流，不容易发生浪漫事件，但节目策划者会利用电视的声、光、像等手段营造浪漫氛围，使得相亲本身变成一个浪漫事件。此外，男女主角常常会讨论什么样情境是浪漫的、怎样营造浪漫……诸如此类的问题，女嘉宾常常会假设一件事要求男嘉宾设计和描述一个浪漫的情境。不仅如此，浪漫常常会被在场相亲的男男女女经意或不经意地制造出来，《非诚勿扰》里出现过唯一为男嘉宾亮灯到最后的女嘉宾正是他的心动女生，还出现过男嘉宾看到刚跟自己分手的女友出现在节目里，到节目里重新找回了自己的恋人，破镜重圆。

"牵手"和"拒绝"是相亲的两种结果。与生活中的恋爱类似，牵手往往基于两种考虑：一是是否"看中"，现在的年轻人常用"眼缘"一词来概括；二是各种经济、文化、出身的条件是否匹配。当然，两种条件常常不能兼得，或者至少不能获得最佳组合，所以必须在两项考虑之间做复杂的取舍和平衡，现实中，这是非常纠结的漫长过程。但在舞台上，必须在短短的几分钟里做出判断和选择，有什么办法呢？效率追求使然。当然了，舞台上的"牵手"并非最终结果，具有很大程度的"虚拟"性。"拒绝"是相亲过程中经常会发生的事，但生活中的相亲一般发生在相亲结束之后通过中间人或其他方式来实现，而电视相亲的拒绝发生在舞台现场，因此表演在电视相亲中具有非常重要的意义。但这种"表演"又并非真正虚构的戏剧表演，而是情境化的真实"表演"。在场的人，特别是相亲的男女双方深知这一点，他们知道台下的观众在看着他们的种种表现，更有数不清的观众在电视机前关注着他们，他们总是力求给所有看到他们的人以最好的表现。因此，多数时候，男女双方在陈述自己拒绝的理由时会比较委婉和讲究技巧，让他们的理由听起来令对方、在场的人和电视机前的观众比较容易接受，有时可能会做一定程度的修饰或掩饰，甚至干脆找个借口，而不说真实的理由。总之，在电视相亲的"舞台"上拒绝对方不仅要得体，还要好看，必须给观众留下好印象，因为这是个"舞台"，必须演好这出"戏"。

应该说相亲是谈恋爱的第一个环节，传统上是这样，电视相亲也是如此，但借助现代电子媒体来进行的电视相亲与传统相亲又有很大的不同。

电视相亲非常追求效率。不像传统的一对一的相亲，电视相亲是多人对多人的交往，在有限的时间里，每个人可以见到多个异性并与之交流，大大增加了信息流动的速度，使得人与人之间的交流更活跃，也更容易保持激情，相应地大大节省了交往成本，《非诚勿扰》的一位男嘉宾很激动地跟朋友说"头一回一次见24个女孩，还不用花钱请吃饭"。不仅如此，今天的电视相亲节目还与互联网紧密合作，交友网站向电视相亲节目推荐嘉宾，节目播出后，网友又在网站上讨论嘉宾，这样的合作使得电视相亲节目和交友网站形成优势互补，互相借助对方的优势力量扩大自己的影响力。而对交友的人来说，一方面，上节目和看节目的人都能够比较直观地观察可能的交往对象，和传统相亲具有大致相同的视觉效果；另一方面，即使在舞台上没有交友成功，但上电视节目本身大大提高了上节目者的知名度，引起了电视机前观众的注意，这增加了他们台下交友成功的可能性，事实也是如此，许多上过节目的交友者会收到许许多多的追求者的邮件。因此，比起传统相亲来，与互联网联手的电视相亲的效率是显而易见的，而这恰恰满足了现代快节奏生活中人们交友的需求。

效率带来的结果是浓缩。一般来说，谈恋爱本来是一个需要花费时间和精力的过程，相亲只是其中很短暂的过程。电视相亲虽然名为"相亲"，但对效率的追求使得节目有意无意地把相亲之后的一些环节浓缩进舞台上短短的十几二十分钟里，比如，有的嘉宾在电视中就看中了一个交往对象，获准上节目后，就在节目进行中向对方表达了强烈的爱慕之情，还出现过两个人争夺一个人的情况。可见，追求效率，追求最少的付出最大的回报，电视相亲在一定程度上浓缩了谈恋爱的过程。

如前所述，电视相亲把男女恋爱的过程搬上了"舞台"，给"谈恋爱"的新传统增添了非常多的"表演"成分，毋宁说这是一种"秀"出来的恋爱。在相亲节目的舞台上，每个"走秀"的表演者都试图展示出自己最优秀的一面，他们从装扮、姿态、神情、话语、动作等各个方面仔细地修饰和磨炼自己，目的是符合表演的要求，在舞台上做出最佳表演，满足观众的视觉需求。但不可否认的是，这又的确是一场真实的恋爱，并非实在意义上的戏剧表演，所以，秀出来的恋爱是一种塑造出来的真实。当修饰成为重要的要素，表演成为本能，真实可能真的是可以塑造的。

电视相亲节目的以上特点使得它又具有了另一个重要特点——娱乐——电视时代所有人类行为的共同特点，恋爱也被塑造成了一个快乐的娱乐活动。在生活中，相亲是一件严肃但又愉快的事，它是人生幸福的前奏，所以电视相亲虽然不比《快乐大本营》之类的纯粹娱乐节目专门以制造快乐为目的，但还是会把节目办得喜气、幽默、轻松，以帮助相亲者尽量放松心情，迅速地调整好心态，进入表演状态。也是出于这样的考虑，电视相亲节目会借鉴娱乐节目的表现形式，在表演时常常甚至会抓住机会搞笑一下，大大增加了这类节目的娱乐性，做得最受欢迎的《非诚勿扰》就是如此，节目由主持人、嘉宾和观众三类人物组成，主持人极其幽默、风趣，但又不失善意，观众和音乐、灯光一起总是在合适的时候为舞台表演烘托出或热烈、或浪漫、或感人的气氛，极具娱乐效果。而事实上，无论是对表演者还是对观众而言，表演本身就是一个娱乐事件。因此，从某种角度上看，《非诚勿扰》也是一档娱乐节目，恋人们在"秀"出自己恋爱的过程中，娱乐着大众，也娱乐着自己。

　　"电影、电视、电脑及 Internet 的相继问世和蓬勃发展，已日益将人类推进到一个视觉文化时代。现代文化产业从某种程度已经日益演化为视觉产业。"① 在这样一个视觉文化时代，电视台要在海量的视觉信息中脱颖而出，产生足够吸引大众视觉的能量，必须能够满足大众某些迫切的心理需求。当然，大众的种类以及他们的心理需求是多种多样的，某个节目能够吸引一部分观众，必定是它在某种程度上满足了他们的某种心理需求。事实上，媒体的"受众更容易注意到与自己兴趣、需要相关的内容，这可以视作一种关联性心理。……受众总是希望信息贴近实际、贴近他们、贴近他们的生活"②，也就是说，受众最容易被那些与他们的生活相关联的信息所吸引。相亲节目的选材源于生活，对绝大多数人来说，爱情、婚姻和家庭是人生中最重要的几件大事之一，而对正值青春期的少年们来说，这更是他们无比关心和跃跃欲试的事情。因此，相亲节目的内容和主题很贴近受众，具有相对稳定的受众群，节目的主角正在考虑的问题和正在实践的事情是刚刚开始爱情之旅的青少年即将考虑和实践的，对他们来说，节目内容具有相当程度的代

---

① 马季：《电子媒介时代的视觉狂欢》，《新闻大学》2005 年第 3 期。
② 耶丹：《电视相亲节目的受众信息接受心理》，《新闻爱好者》2010 年第 9 期。

人意义，因此，青少年喜爱相亲节目正在情理之中。

相亲事件自古有之，而今天的电子媒体孕育出了视觉时代的相亲文化。传统上的男女相亲是一种极其私人化事件，通常都拒绝无关系的他人观看，但"伴随着图像时代的到来，视觉能力超越其他感官活动得到了很大拓展，观看实践由此展现出独特的当代特征。一方面，图像在当代生活世界中被突出和强化，甚至构成现代人的生存境域；另一方面，视觉观看成为现代人们的基本生活样态和主导存在方式"①。在今天，无论多么隐私的事件，都有可能被无数的大众观看，这导致许多私人事件演变成了"公共事件"，相亲就是如此，在公众视线关注之下，表演可能会逐渐成为相亲乃至谈恋爱的重要特征。

伴随着这些相亲节目长大的孩子们会把这样的相亲方式至少会把表演当作恋爱中理所当然的要素，将表演融入到自己的恋爱中去。当然，目前农村孩子对这种相亲方式的接受程度还有限，在采访中谈到《非诚勿扰》时，许多孩子说"接受不了"这种恋爱方式，觉得自己如果到台上会"说不出来"，没胆量，而且相亲时"让人家看……发现自己的秘密，很尴尬"，但是却"很羡慕他们，他们的大胆，希望自己也能像他们"，但也有孩子犹犹豫豫地说"也许会考虑这种方式"。可以预见的是，随着人们对这种电视相亲的习惯，随着城市化的进程，年龄更小的孩子们到了婚恋年龄会更容易接受它。其实更重要的不是接受哪种相亲方式，而是人们会在潜移默化中将表演渗透到恋爱中乃至于其他生活事件中去。戏剧家说的"人生如戏，戏如人生""社会大舞台，舞台小社会"，在今天才真正成为了现实，这使得每个人都真的生活在舞台上，都在表演，而每个人都在围观和被围观，使得一向作为私人事件的相亲"公共化""视觉化"。

电视以及其他一些视觉手段敞开了秘密，使以前私密的事得以公之于众，这一方面催生了相亲文化的表演性，事实上也从另一方面刺激和满足了人性中固有的基于好奇心的"偷窥"心理。不错，表演与观看、

---

① 高燕：《图像时代的视觉狂欢》，《江苏社会科学》2010 年第 6 期。

围观与被围观、娱乐，可能人们将不得不逐渐习惯这些。

第四节　爱情冰激凌

从问卷调查的结果看出，《一起来看流星雨》（以下称《流星雨》）是最受孩子们喜爱的电视剧作品，尤其是女孩子，更是对它喜爱有加，在表中高居榜首，远远高于其他作品出现的次数，它甚至也是男孩子最喜爱的电视剧，这一状况不能不说是这部电视剧的巨大成就。

《流星雨》是湖南卫视 2009 年制作的一部校园偶像电视剧，网上介绍它说改编自日本漫画《花样男子》，去除了其中的暴力和拜金色彩，使之变成一个励志的故事，事实上，还是一个灰姑娘的故事，被观众称为内地版的《流星花园》，由一批新演员和"快乐男声"出演。从制作过程可以看出，这部电视剧是现代商业媒体运用时尚手段烹调出来的一部最能满足青少年口味的梦幻大餐。事实上，这种制作方式是现代大众文化惯用的手段，用一些现成的材料和社会认可的习俗、观念，添加最受大众欢迎的新鲜的时尚佐料，使用最迅捷的工业化的生产方式，生产出让当下的普通大众吃起来很舒服很享受但口味又很新鲜的菜肴。之所以舒服和享受，是由于产品通过一个灰姑娘故事明确传达的是大众普遍熟悉和接受的主流价值立场，比如诚实、善意、顽强、坚韧……而之所以新鲜，是由于产品应当有一些新的大众不那么熟悉却又非常渴望的刺激性的因素，对于青少年来说，就是时之所尚——时尚，《流星雨》起用了格外受青少年关注的"快乐男声"几名男孩和一些新演员，以中国南方某贵族大学的校园和这些学生的家庭生活为故事背景，选择了厦门、深圳的校园、街景、风景点和主人公的家庭为拍摄地点，身为富家子弟的主要人物的生活奢华、时尚、张扬而又自由，这使《流星雨》的画面充满了时尚色彩。运用这些手段讲述了一个传统的灰姑娘故事，既满足了大众的"灰姑娘情结"，又满足了大众特别是青少年追逐时尚的心理，所有这些促使它制造了一个收视奇迹，不仅如此，《流星雨》的巨大成功又直接导致了其续集《流星雨》的诞生。尽管有人嘲笑和讽刺这部电视剧，但这并未妨碍它的成功，事实上，它的主创人员也并不关心那些嘲笑和讽刺，收视率才是他们最关心的，因为他们知道产品最重要的是最大限度地满足使用者的需求，使用者的喜爱是他们设计和生产产品的唯一追求。

一　纠结于财富和地位的爱情冰激凌

不像孩子们提到的另一部灰姑娘式的电视剧《泡沫之夏》的忧伤，《流星雨》的爱情清新、欢快、活泼，充满了青春和朝气，这正是《流星雨》更受欢迎的重要原因。在采访中，一个女孩就说："更喜欢《流星雨》，不太喜欢《泡沫之夏》，因为《泡沫之夏》太忧伤了"，的确，比起《泡沫之夏》来，《流星雨》的爱情轻松、愉快，偶尔有些小挫折、小障碍，加上富有亚热带特色的南方风景和人物着装，使得《流星雨》的爱情就像夏季里一支清新、爽口、甜蜜的冰激凌。

如果仅仅是一场同一阶层男女之间的快乐爱情还不足以吸引最广大的中下层青少年，因为上流社会的爱情对他们太遥不可及，只有艳羡的份儿，和他们同一阶层的爱情又太缺少距离感和想象的空间，而灰姑娘式的爱情既能带给他们期望和梦想，又能对他们接近和进入上流社会产生一定的带入作用。不仅如此，所有的灰姑娘都具有诸多美好特质，比如美貌、善良、坚韧、勤劳等，这是她们博得王子青睐的原因。而且这类故事中也常常会设计一些"恶"的或"蠢"的上流社会女孩作为灰姑娘的陪衬和障碍，衬托和表现灰姑娘的美好，《流星雨》也不例外，剧中也设计了贵族学校里刁难和陷害灰姑娘的女同学，这样的设计不仅为王子选择灰姑娘找到了天经地义的最合乎人们愿望的理由，使灰姑娘进入上流社会的努力变得合情合理和美好纯洁，同时达到了维护中下层女孩自尊心的目的，使得这部分观众的心理得到极大的安慰和满足，这也是灰姑娘故事所以经久不衰的原因吧？事实上，只要存在阶级差别，灰姑娘的故事就会一直讲述下去，中下层女孩子的灰姑娘梦想就不会泯灭，不同的是有的故事悲伤凄惨，有的故事欢快轻松，《泡沫之夏》和《流星雨》正代表了这两类不同格调的灰姑娘故事。

无论是哪种格调的故事，都表现了爱情纠结于财富和地位的现实，故事的主人公，特别是女主人公试图用爱、自尊、坚强和拼搏给她们追求财富和地位的梦想和努力以合情合理的解释，并且填埋地位和财富的鸿沟。灰姑娘总是坚强而自尊的，《泡沫之夏》中尹夏沫是这样，《流星雨》中的楚雨荨也是这样，她们都是坚强自尊的女孩子，虽身处底层，却努力拼搏向上，毫不贪图和羡慕男孩的家产，不卑不亢。在受到贵族子弟欺负时，她们毫不妥协地维护自己的自尊。

难道没钱就该受你们欺负吗？没有钱就要被你们嘲笑吗？从今天起，我就向你，慕容云海，宣战！你们觉得自己了不起吗？总觉得自己比别人高一等，我倒要问问你们，或许你们家里很有钱，但是你们自己奋斗过吗？有凭自己的双手挣过一分钱吗？

这是故事一开始楚雨荨对欺负自己的傲慢的男主人公宣战时的质问和誓言，明确地表明了自己品格和立场。到后来，爱情诞生时，灰姑娘一般都会极力拒绝，让男主角追得格外辛苦，以表明她们不是因为贪图男方的财富和地位才爱上对方。

总之，以阶层差异为特征的灰姑娘的爱情从开始到发展和结束注定要纠结于财富和地位之中，《流星雨》的清新爽口的冰激凌式爱情也不例外，显然，这种纠结反映的不仅是社会的现实，也是人性的本能。

二　魅力男女的符号

魅力是爱情中不可或缺的要素。其实不仅是爱情，在人类社会的所有生活领域里，被别人接纳和喜欢都是格外重要的一件事，这件事关系到个人在群体中的生存空间的大小和生存能力的强弱。因此，所有的现代男女都忙着打造自己的魅力，特别是魅力的形象和气质（现代社会给普通大众提供了相比传统世袭社会更宽广的靠个人能力向上流动的途径和机会，而有吸引力的形象和气质是能力的最直观和最初的表现），以便从一开始就具有足够吸引人的力量，"俘获"人心，获取爱情、权力、利益、名望……所有的生存必需品。在打造魅力的过程中，媒体特别是电视等视觉媒体起到了重要作用，人们越来越认可甚至依赖于它们传达出的关于魅力的观念，事实上，这也正是媒体的“阴谋”。

《流星雨》也是媒体借以创造和传达魅力，特别是爱情魅力的成功之作，通过一个励志的爱情故事，它塑造了魅力男孩和女孩的形象、性格和行为，告诉观看电视剧的青少年们如何穿衣打扮、如何处事、如何表达自己、如何行动……才能使自己更有魅力，更吸引人，特别是更吸引异性。总之，它和其他媒体产品一样，试图创造关于魅力男女的种种符号。当然，作为电视产品的《流星雨》是通过画面和声音诉诸于受众的视觉和听觉创造这些符号。

对于女孩子来说，小女生应该有一头长发，修长的身材，大大的眼睛，随意休闲的装束，看上去不经意的卡通小饰品，偶尔穿穿运动装，在学校穿漂亮的校服，斜挎一个大书包，经常微笑或噘嘴，当然要开始留意于化妆了。如果是年轻的职业女性，应该精心装扮，上档次的服装、首饰和女包是必须的，可以剪精神干练的短发。对于男性来说，小男生应该穿休闲得体的衣服，剪与众不同的个性的发型，《流星雨》中的四个男孩都被设计了不同的发型和不同的校服领带，时常摆一些他们认为“酷”或“帅”的造型，抓住机会说一些新流行的话。

事实上，什么样子并不重要，重要的是魅力的样子是由电视媒体首先精心制造出来的、随着时间不断更新的形象。一条穿破的牛仔裤没有魅力，而经过精心做旧的牛仔裤就有了魅力；有魅力的破牛仔裤穿得人多了就没有魅力了，第一个穿的人才有魅力。哪怕是一开始多么吸引人的衣服，看得时间长了，也会产生审美疲劳，失去魅力。因此，电视媒体利用大众喜新厌旧的审美心理不断地制造“魅力产品”以满足和刺激人们的需求。因此，事实上，魅力的内含是不确定的，甚至根本就是空洞的，它是由大众喜新厌旧的审美心理和媒体追逐利润的欲望共同制造的“魅力产品”，它既满足和刺激了大众的魅力消费欲望，又满足和刺激了媒体的利润需求。

在这个过程中，媒体与大众相互协调，一开始时是大众想要什么样的魅力，媒体就制造什么样的魅力，逐渐地，权力转移到媒体一边，媒体制造什么魅力，大众就接受什么样的魅力，媒体来定义"魅力"的内含。《流星雨》正是给大众制造了许多关于男生、女生、爱情的魅力符号供电视机前的青少年消费。当然，电视媒体制造的魅力会很快过时，因为电视媒体本身异常强大的传播能力使它的产品能够极其迅速和轻易地传播到每个受众，之后被迅速地模仿和复制，随之而来的是大众的审美疲劳，当然，这也是媒体愿意看到的。所以，时之所尚的"魅力"是短暂的，流行过后，时尚魅力可能就变成了"恶俗"，但接下来，媒体会继续制造新的"魅力"——时尚，开始新一轮的生产和消费过程。

三　流星雨的生活方式：快乐拼搏与上流社会

媒体不仅制造魅力的符号，也制造生活的方式的符号。毫无疑问，《流星雨》通过冰激凌式的爱情故事，当然明确地传达了自尊自强、追求真爱、快乐拼搏、乐观向上、不贪图荣华富贵的生活态度，这些与传统主流价值观和国家意识形态一致的人生观、价值观，但作为视觉消费品，《流星雨》在传达以上这些观念时却使用了上流社会生活方式的符号，这也是它吸引广大中下层青少年的重要因素之一。

除了女主角楚雨荨之外，《流星雨》中的人物几乎都是富家子弟和他们的家人，因此剧中大多数情节都是在他们活动场景里围绕他们的生活内容展开的，比如，他们穿着奢华考究的高档服饰，修剪的精致优雅的发型，有时彬彬有礼、有时傲慢自负的举止，开跑车，住别墅，家里雇着司机、管家、佣人，居所里干净明亮、舒适奢华，在健身房健身，在俱乐部休闲，在高档雅致的餐厅就餐，在摩天高楼里办公、做生意，根据心情和工作的需要随时出国旅行、度假散心，他们的企业在国内同行里首屈一指，每天处理的是上百万元、千万元的大生意，他们的子女生活舒适、自由，买汽车和名牌服装像是买玩具，他们上的是贵族学校，校园环境优美，宿舍宽敞、漂亮、舒适，学校里有丰富的课外活动，经常举办豪华的舞会……对于普通的电视观众，特别是中下层青少年观众来说，这些都是他们从未经历过，也许永远不可能经历的、可望而不可即的生活。

总之，《流星雨》通过上流社会生活方式的视觉符号和灰姑娘故事传递了快乐拼搏、乐观向上等积极的生活态度，这是它大获成功的重要因素。一方面，它所传达的生活态度能被主流社会完全接受的，也能激励那些中下层的孩子们，让他们对生活充满希望和梦想；另一方面，它能让这些孩子通过这类电视剧去认识和想象上流社会的生活方式，从心理上满足他们贵族生活的幻想。但是《流星雨》视觉上的"浮华显阔与电视观众的生活方式存在着一种转喻关系：即观众可以分享使这种生活方式具有价值的文化体系，他们甚至还可以具有电视片所宣扬的一些特征。这是一个充满竞争的、弱肉强食的社会，任何人都可以在这里做发财梦。当然，有些梦想是可以实现的，而大多数观众只能坐在电视机前面观看"①。

四　其他产品

其实，类似《流星雨》的作品还有不少，在孩子们列出电视剧中，像《放羊的星星》《泡沫之夏》《我家的天使》《还珠格格》《命中注定我爱你》《公主小妹》都是差不多的灰姑娘故事，只是产品的感情基调有不同，有的忧伤，有的快乐，《还珠格格》就是20世纪90年代末风靡大陆的讲述灰姑娘快乐爱情故事的电视剧，格调和《流星雨》类似。看来，确实像孩子们自己说的，他们更喜欢的是快乐的冰激凌味的爱情故事，尤其是女孩子，就像她们喜欢冰激凌的甜蜜、爽口的味道。路家镇中学的初中二年级的几个女孩子把《流星雨》要拍五部的传言当了真，对后面的几部充满期待，她们说"一年一部，一年一部，这样正好拍到我们上大学，多好呀！"

---

① 张讴：《电视符号与电视文化》，北京广播学院出版社1994年版，第97页。

第五节　我和我的偶像

"崇拜"是一种普遍的社会心理现象，只是在不同的时代、不同的地域、不同的年龄阶段、不同的阶层，崇拜的内容和对象不同而已。在今天这个电子媒体的时代，以明星为对象的偶像生产和偶像崇拜成为一种重要的社会现象和文化现象。

两个镇的孩子也和其他地方的同龄孩子一样，通过电视、电影和少量的互联网，他们也知晓了许多今日当红的娱乐明星、体育明星或其他什么有名望的人物，自然而然地，基于种种不同的机缘和理由，有些孩子会在其中挑选几个作为自己的偶像来崇拜。

我第一次走进南桥镇中学一个班的教室时，就发现所有孩子的课桌上都贴着明星的照片和小贴画，除了贴桌面外，有的孩子甚至贴满了课桌的前后左右各面，根本看不到桌子的本来面目。孩子们从学校门口附近的小店里买来这些图片，有的孩子喜欢在桌面上贴一张大的明星照，用小的明星贴画装饰桌子的四周，有的孩子喜欢全部用小贴画。见到最多的是飞轮海、吴尊、张涵予、张娜拉、棒棒堂、张韶涵、林志颖、《流星雨》男女主角的合照以及少数几个我不认识的明星，但贴的最多的是以上提到的那几个，可能小店里只出售几个少数的明星照片给孩子们选择，如果有更多的品种，孩子们不至于如此一致地只贴这几个明星照，因为从访谈和问卷中了解到，孩子们崇拜的偶像远不止这几个人。以下是孩子们喜爱的明星的问卷调查的统计结果。

表 5-6　　　　　　　　学生喜爱的明星统计

女生		男生	
名称	频数	名称	频数
无	99	无	67
成龙	55	魏晨	43
李连杰	22	郑爽	29
周杰伦	17	张杰	23

续表

女生		男生	
名称	频数	名称	频数
周星驰	15	张翰	23
科比	13	张娜拉	17
李小龙	10	林志颖	16
姚明	10	武艺	16
罗志祥	9	蔡依林	15
刘翔	7	吴尊	12
詹姆斯	5	罗志祥	11
许嵩	5	成龙	9
吴京	5	韩庚	9
刘亦菲	5	陈翔	9
甄子丹	4	周杰伦	8
林志颖	4	谢娜	8
郑源	4	李宇春	8
周润发	3	赵薇	7
舒畅	3	杨丞琳	7
魏晨	3	刘亦菲	5
刘谦	3	李俊基	5
张杰	3	炎亚纶	5
林俊杰	3	林心如	5
乔丹	3	许嵩	5
影	3	谢霆锋	4
小沈阳	2	S.H.E	4
吴尊	2	刘德华	4
胡歌	2	黄晓明	4
蔡依林	2	梁静茹	3
郑爽	2	苏有朋	3
赵本山	2	林依晨	3
杨丞琳	2	刘翔	3
黄晓明	1	朱梓骁	3
水木年华	1	郑源	3

续表

女生		男生	
名称	频数	名称	频数
梁朝伟	1	至上励合	3
易建联	1	张含韵	3
刘德华	1	李连杰	2
费玉清	1	文章	2
崔建勋	1	代悦	2
霍华德	1	姚明	2
凤凰传奇	1	张韶涵	2
奥尼尔	1	范冰冰	2
张翰	1	贾静雯	2
苏有朋	1	俞灏明	2
吴奇隆	1	章子怡	2
张芸京	1	王心凌	2
艾弗森	1	吴京	2
王杰	1	金莎	2
矢野浩二	1	林俊杰	2
张国荣	1	鸿小玲	2
欢子	1	蔡卓妍	1
古天乐	1	周星驰	1
番纬	1	刘涛	1
邓亚萍	1	王绍伟	1
炎亚纶	1	马琳	1
章子怡	1	周冬雨	1
S.H.E	1	林志玲	1
林依晨	1	周迅	1
六哲	1	马天宇	1
谢霆锋	1	胡歌	1
王力宏	1	含笑	1
侯高俊杰	1	小S	1
周星星同学	1	张静初	1
张涵	1	快乐男声	1

续表

女生		男生	
名称	频数	名称	频数
李幼斌	1	郑元畅	1
王宝强	1	何炅	1
波什	1	贾青	1
聊斋中的书生	1	王菲	1
		安以轩	1
		郑晓东	1
		温峥嵘	1
		科比	1
		郭晶晶	1
		李宁	1
		张涵予	1
		凤凰传奇	1
		红果果，绿泡泡	1
		周华健	1
		张栋梁	1
		陆毅	1
		贺军翔	1
		王子	1
		唐禹哲	1
		古天乐	1
		李伟	2
		方琼	1
		飞轮海	1
		六哲	1
		金基范	1
		李俊杰	1
		欢子	1
		胡宇威	1
		郁可唯	1
		BY－2	1
		李小双	1
		李小鹏	1

续表

女生		男生	
名称	频数	名称	频数
		田亮	1
		流星雨组合	1
		汪东城	1
		李承弦	1
		韩红	1
		宋祖英	1
		刘和刚	1
		谭晶	1
		陈佩斯	1
		王宝强	1
		舒淇	1

注：有些孩子在回答这一题时，填的"无"，有的孩子没有填，有三个男孩子填的是"自己"，其中一个孩子甚至加上了"自己将是新世纪的一颗辉煌的星星"一句，当然这可能是他的一句调侃之语，但也许他想借此表达对同伴们明星崇拜风气的态度。

考虑到除明星外，孩子们一定有其他的崇拜对象，因此问卷中又设计了另外一道题，请他们写出自己崇拜的人的名字，并注明身份，经过整理，得出以下结果。

表 5 - 7　　　　　　　　　　　男生崇拜心理统计

种类	男生	频数	合计
演艺明星	成龙	27	78
	李小龙	14	
	李连杰	8	
	周杰伦	4	
	许嵩	2	
	林俊杰	2	
	王力宏	2	
	刘德华	2	
	周星驰	2	
	周润发	2	
	魏晨	1	

续表

种类	男生	频数	合计
演艺明星	刘德华	1	78
	张杰	1	
	小沈阳	1	
	胡歌	1	
	舒畅	1	
	刘谦	1	
	王力宏	1	
	罗志祥	1	
	吴尊	1	
	六哲	1	
	冯巩	1	
	费玉清	1	
体育明星	姚明	12	22
	科比	5	
	邓亚萍	1	
	艾弗森	1	
	刘翔	1	
	乔丹	1	
	孙？（散打教练）	1	
文化名人	列夫·托尔斯泰	1	1
科学名人	杨利伟	2	5
	袁隆平	1	
	科学家	1	
	牛顿	1	
商业名人	比尔·盖茨，世界首富，美国首富，微软董事长，微软主席，世界上最富有的人	10	10
政治名人	毛泽东	6	12
	胡锦涛	3	
	周恩来	2	
	温家宝	1	

续表

种类	男生	频数	合计
文艺作品人物	谢文东，坏蛋里的主角，洪门大哥，一手创立东北整个省的文东会	2	6
	聊斋中的书生	1	
	蜘蛛侠	1	
	关羽——三国蜀汉名将	1	
	诸葛亮	1	
亲人、老师、同学、自己	爸爸	11	36
	同学	10	
	老师	6	
	妈妈	6	
	哥哥	2	
	舅舅	1	
自己	自己	8	8
道德榜样	雷锋，无畏、奉献精神	1	2
	成长，慈善大使	1	
其他	无	55	63
	某个人	2	
	公司"白骨精"	1	
	读博士的人	1	
	邵艳辉（研究生）	1	
	犀利哥，捡破烂的	1	
	曾刚，上班族国家干部	1	
	伤害我的人	1	

注：有的孩子在回答这道题时，注明了崇拜的原因，更明确地反映了他们的想法，因此将这些一并填入表格中。另外，有的孩子写的是同学的名字，并注明了是自己的同学，但一个陌生的名字透露不出更多的信息，所以统计时全部归入"同学"一类。女生的统计表也是相同的处理办法。

表5-8　　　　　　　　　　　女生崇拜心理统计

种类	女生	频数	合计
演艺明星	张杰	5	79
	林志颖	5	
	刘亦菲	4	
	郑爽	4	
	成龙	3	
	张翰	3	
	李小龙	3	
	周星驰	3	
	许嵩	3	
	周杰伦	3	
	欢子	2	
	林依晨	2	
	谢娜	2	
	魏晨	2	
	章子怡	2	
	赵薇	2	
	洪小玲	1	
	王珞丹	1	
	陈翔	1	
	郁可唯	1	
	刘惜君	1	
	刘和刚	1	
	王宝强	1	
	金晶	1	
	吴尊	1	
	六哲	1	
	炎亚纶	1	
	李连杰	1	
	李宇春	1	
	乐队棒棒堂	1	
	张栋梁	1	
	朱梓骁	1	

续表

种类	女生	频数	合计
演艺明星	迈克尔·杰克逊	1	79
	张韶涵	1	
	蔡依林	1	
	梅艳芳	1	
	张娜拉	1	
	杨丞琳	1	
	韩庚	1	
	罗志祥	1	
	林心如	1	
	黄晓明	1	
	含笑	1	
	小S	1	
	赵本山	1	
	张艺谋	1	
	许飞	1	
体育明星	郭晶晶	3	7
	贝克汉姆	1	
	姚明	1	
	刘翔	1	
	郎平	1	
文化名人	达·芬奇（文化巨人）	1	19
	莎士比亚	5	
	海伦·凯勒，作家	3	
	张海迪，作家	3	
	明晓溪	2	
	张爱玲	1	
	雨果	1	
	鲁迅	1	
	郭敬明	1	
	文学界的名人	1	

续表

种类	女生	频数	合计
科学名人	华罗庚	2	6
	杨利伟	1	
	霍金	1	
	爱迪生	1	
	医生	1	
商业名人	比尔·盖茨，世界首富，美国微软公司老总	4	6
	俞敏洪，新东方创始人	1	
	商业精英	1	
政治名人	毛泽东	2	3
	林则徐	1	
文艺作品中的人物	达尔，达尔行星王子	1	1
亲人、老师、同学、自己	父亲	31	83
	母亲	18	
	老师	16	
	同学	9	
	哥哥	3	
	姐姐	2	
	舅舅	1	
	奶奶	1	
	小姨（一个留学生）	1	
	爷爷，因为爷爷看过很多好书	1	
自己	自己	4	4
其他	无	29	33
	未知	1	
	情侣	1	
	福尔摩斯	1	
	工藤新一，侦探	1	

综合这三个表，可以看出，演艺明星是这些孩子崇拜的最重要对象，在这方面，男孩和女孩的情况是一致的。不同的是，男生更崇拜武

打明星，尤其是成龙、李连杰最受男孩子喜爱，认为"他们的功夫很棒""有两下子"，看了他们的电影"觉得刺激""可以学打架的知识""光想学两招"，可以在受人欺负时跟人家打架，一些孩子觉得成龙"会打还会唱歌"，也很厉害，他们也喜欢他的歌。另外，成龙热心公益也是他受孩子们崇拜的重要原因，而一些性格豪爽的女孩子也有很多喜欢成龙。女孩子更喜欢帅气和漂亮的明星，特别是当时正在热播的《流星雨》中的明星，排在前几位的魏晨、郑爽和张翰都是剧中的主要演员，张杰是快男选手。有趣的是，男孩子喜欢的明星中女性极少，女孩子喜欢的明星中两种性别差不多各半。究其原因，是不是由于女孩子比同龄的男孩子成熟更早，因此她们比男孩子更早地开始关注异性，并对异性产生兴趣和好感？

男孩子还特别喜欢体育明星，尤其是篮球明星，姚明和科比格外受欢迎，这在他们喜欢的电视节目中也有反映，他们明显地表现出对体育节目特别是篮球节目的喜爱，比如《NBA》，也喜欢一些以篮球为内容的电视剧，比如《篮球火》，这和通常人们对男孩子的印象是一致的。而女孩对体育明星却没有那么大的热情，她们列出的有郭晶晶、贝克汉姆、姚明、刘翔和郎平，运动的种类不像男生那么集中，所以她们喜欢体育明星的原因不是像男孩更多地是出于对某项运动的热爱，而是出于运动员的漂亮、帅气和国家荣誉等原因。在访谈中也了解到，男孩对篮球表现出浓厚的兴趣和对篮球明星的崇拜，女孩却很少提到体育运动，极少见到有女孩喜欢体育明星。

和男孩子不同的是，女孩子比他们明显地表现出对文化名人的崇拜。男孩子只列出了列夫·托尔斯泰，而女生出现 19 次文化名人，除了其中的明晓溪和郭敬明尚未有定论，女生列出了更多的文化名人。此外，男生和女生对科学名人的崇拜是差不多的，而且不约而同地写出了杨利伟，也体现了媒体宣传的效果。

从表中还可以看出，男孩子表现出比女孩子更强烈的对商业名人和政治名人的崇拜。而且男生列出的商业名人全部是比尔·盖茨，并且注明诸如"世界首富""美国首富""微软主席""世界上最富有的人"

等他们知道的身份。对政治名人的兴趣，男孩子和女孩子的差别就更明显，男生列出了中国两个时代的主要领导人，这似乎也符合人们对男性的一般印象。这种男性特征也表现在男孩子崇拜的文艺作品人物上，在这一类人物中，他们列出了前文提到的《坏蛋是怎样炼成的》的主人公谢文东和他们最喜欢的古典名著"三国"人物诸葛亮和关羽以及蜘蛛侠，喜欢这类人物似乎男性的专利，这一端倪在青少年时期已经显露出来。

与男孩子形成鲜明对比的是，女孩子对家庭、亲人和身边的人表现出更强烈的兴趣。从男、女生崇拜心理统计表中看出，父亲是女孩子最崇拜的人物，然后依次是母亲、老师，而男生最崇拜的是成龙，之后依次是李小龙、姚明，接下来是爸爸、比尔·盖茨和同学，而且成龙出现了 27 次，远高于其他人。不仅如此，女孩子还列出了种类更多的亲人，这说明亲人在女孩子的心里占据着比男孩子更重要的地位，这似乎也符合人们对女孩子的一般印象。

不过，令我惊讶的是，男生的崇拜对象里居然出现了"雷锋"，崇拜他的孩子还注上了"无畏、奉献精神"，说明自己崇拜他的原因。

按照心理学的解释，崇拜心理是一种特殊的社会心理现象，"是崇拜者对被崇拜者所怀有的一种尊敬、钦佩的情感和心态，一般来说是在两者之间有在不可比的情况下发生的，反映了崇拜者希望成功和追求完美的渴望"，[①] 它指在社会印象形成的过程中，由于发生"光环效应"（晕轮效应），而形成一种夸大或美化崇拜对象的心理倾向。崇拜与被崇拜者之间，一般都具有不可比性，崇拜者能够清醒地看到两者之间的差距，崇拜中表达了人渴望、羡慕、敬佩、赞美、欣赏等情感，体现了崇拜者希望成功，追求完美的心态。不仅如此，心理学家还区分了崇拜和羡慕心理的不同。

羡慕和崇拜的心理机制也是截然不同的。羡慕的心理机制在于

---

① 祥贵编著：《崇拜心理学》，大众文艺出版社 2001 年版，第 4 页。

使羡慕者对被羡慕者的优越之处产生兴趣，引起学习的欲望，产生一种竞争的心理，从而赶上或超过被羡慕者的优越之；或者是仅仅引发对被羡慕者优越之处的兴趣，或是欣赏的心情。而崇拜者的心理机制则根本不同。由于崇拜者和被崇拜者之间的不可预知的遥远距离感，使崇拜者对被崇拜者产生一种永远的尊敬，或是无条件的尊敬和钦佩。其中也有向被崇拜者学习的心绪，但却只能是学习而已，不能缩短二者之间的相差距离。如果不能很好地处理这种遥远的距离感，很可能产生消极、失望的感情，这种消极、失望的感情不是通过沮丧、悲观表现出来，而往往是通过情感失控、情绪狂热、缺乏正常的独立自主精神的极度崇拜行为表现出来。由此产生将被崇拜者神化、偶像化的情绪。

崇拜心理和羡慕心理是两种有质的规定性的不同社会心理。其中的主要区别是：崇拜心理是成长时的、稳定的心理，而羡慕则是短时的、处于变化中的心理，二者具有一定互补关系，在不同的心理状态下各自发挥着独特的心理功能。[1]

如果按照这一标准分析，其实很难区分人类社会的崇拜现象。事实上，崇拜包含了渴望、羡慕、敬佩、赞美、欣赏等诸多心理，但人们通常的感觉是崇拜似乎比以上这些心理都更为强烈和持久，而且孩子们的谈话和回答的问卷显示，他们和普通人一样，不会对崇拜和羡慕、敬佩等心理做那么严格的区分，否则应该不会那么多孩子写自己亲人、老师或同学的说明名字，我想他们把对这些人的爱、尊敬或羡慕当作了崇拜。

事实上，即便是对他们谈到的和在问卷中列出的那些名人，孩子们对他们的感情也不见得就能达到崇拜的程度。在采访中间，当我问他们有没有自己的偶像或崇拜什么人这样的问题时，几乎所有的孩子都要想一想才能回答这个问题，只有部分孩子会说自己喜欢某个人，当我强调说"要特别特别喜欢才能称得上是崇拜，能到这种程度吗？"只有个别

---

① 祥贵编著：《崇拜心理学》，大众文艺出版社 2001 年版，第 22—23 页。

孩子认为自己喜欢的人是自己的偶像，比如一些男生会把成龙当作自己的偶像，而且他们确认自己"崇拜"成龙。只有一次在南桥镇和几个女孩子谈到这个问题的时候，其中两个女孩激动地脱口喊出"BY－2"，让在场的人吓一跳，她们这种表现应该有一点达到"粉丝"的程度了。

可见，陆家镇和南桥镇的孩子们通过电视这个媒介获取了大量关于外面世界的信息和知识，但比起城市孩子来，他们需要花费更多的时间和精力在学业上，能够用来看电视的时间相对少得多，只有周末和寒暑假才能接触到电视，农村地区的电视频道也比城市要少一些，绝大多数家庭没有网络，农村的街道上也没有那么多广告，而亲临偶像的演唱会现场更是遥不可及的事，所以这里的孩子们能够受到的视觉和听觉刺激虽然比他们的父辈要严重一些，但还是远比城市孩子轻微得多，这样的状况使这里的孩子不足以产生"粉丝"这样的偶像崇拜群体。

比起"粉丝"来，这些孩子还只能算是一般的大众受众，因为，"所有的大众受众都能通过从文化工业产品中创造出于自身社会情境相关的意义及快感而不同程度地从事着符号生产，但粉丝们却经常将些符号生产转化为可在粉丝社群中传播，并以此来帮助界定该粉丝社群的某种文本生产形式，粉丝们创造了一种拥有自己的生产及流通体系的粉丝文化，这种文化形成我所指称的'影子文化经济'，它虽然游离于文化工业之外，但同时又与文化工业分享着一些共同特征，而这些特征正是那种比较正常的大众文化所不曾具备的。"[1] 显然，这里的孩子对明星的偶像崇拜基本上还停留在普通受众的水平，他们还未能生产出具有明显特征的有意义的符号，更谈不上形成具有明显界限的能够在其中传播这些符号的粉丝社群。

虽然如此，在这些孩子们中形成粉丝和粉丝文化可能只是个时间问题。毕竟我们看到，现代商业生产出来的娱乐明星类的消费型偶像已经在孩子的生活中占据着越来越重要的位置，这从他们开列出的一长串明星的名单可见一斑，而传统的道德型、文化科技型偶像将会逐渐式微。

---

① ［美］约翰·费斯克：《粉丝的文化经济》，陶东风：《粉丝文化读本》，北京大学出版社2001年版，第4页。

并且可以预见的是，未来孩子们会有更多、更宽广的机会和渠道获取有关明星的信息，最终粉丝社群和粉丝文化也会在这些孩子或他们的后辈中诞生，毫无疑问，对娱乐产业来说，这将会是一个庞大的消费群体。

第六节　本章小结

比起可能看不懂动画片的他们的父辈来，这些孩子生活在一个电视在中国农村几乎完全普及的时代，看电视成为他们生活中不可或缺的重要内容。当在采访中问道"周末、假期回家都玩儿些什么？"时，许多孩子会脱口说出"看电视"。的确，对于生活书籍等文化品并不丰富的乡村，难得进一次城市，甚至根本没有离开过他所生活的乡或县的孩子来说，电视无疑成为他们获取外面世界信息最重要的渠道。

然而，作为一种大众传媒的电视，其"本质上是作为'社会控制的结构'而发生作用的，它能把个体整合进资本主义的文化之中。怎么整合呢？通过扩展法人市场经济，并与此同时，把政治和精英的利益直接渗透到普通人的社会心理体验中去"①，具体地说，电视剧、音乐、新闻、节目、广告，"所有这些东西以种种方式呈现出其商品生产的标准化权力"，当人们看电视的时候，"他们遭遇的是一个标准化的媒体图像世界，他们无可逃避地被带入这个世界，结果他们的思想和情感体验也标准化了。在这种状态下，真正的生活与商品化表现就没有什么区别"②，结果，理念的标准化、图像以及最终的公共话语和商业化也成为一种社会事实。也就是说，电视已经成为一种新的社会权力的工具，政治、精英、商业使用这一工具对大众实施心灵控制，不仅告诉他们什么是真的假的、什么是善的恶的、什么是美的丑的，以此塑造大众的思想，更重要的是，电视还塑造着他们的感觉和本能，训练他们喜怒哀乐的感觉和本能以及表达这些感受的行为，比如，十一二岁的少年应该有自己崇拜的明星作为偶像，见到偶像应该有异常激动的感觉，并且用尖

---

① ［美］隆·莱博：《思考电视》，葛忠明译，中华书局 2005 年版，第 23 页。
② 同上书，第 25 页。

叫、哭泣等方式表达出来。总之，电视不仅传播政治的意识形态，还可以传播感情、感觉的"意识形态"。而比起传统的印刷品传播方式来，电视传播不仅给传播者带来了巨大的方便和权力，更让它的受众如此的轻松、愉悦。

还不止于此，"某个文化中交流的媒介对这个文化精神重心和物质重心的形成有着决定性的影响"，[①] 电视的出现不仅是改变传播方式这么简单。它改变的是已有的传播的话语结构，通过鼓励运用视觉和听觉的理解能力、偏重有关表演和口语表达的智力和智慧、并创造与之相应的讲述故事的形式来改变。在电视媒介的时代，表演成为最受重视的智力，因为电视是以表演为手段的传播方式，正如在印刷品时代，书面语能力是聪明和智慧的标志。从更深远的意义上看，电视媒介实际上改变的是人们认识世界、认识真理的方式，因为"媒介的变化带来了人们思想结构或认知能力的变化"，[②] "任何认识论都是某个媒介发展阶段的认识论。真理，和时间一样，是人通过他自己发明的交流技术同自己进行对话的产物"，[③] 也就是说，对于真理的认识与表达方式密切相关，它至少有一部分来自传递信息的媒体性质，"而电视最大的长处是它让具体的形象进入我们的心里，而不是让抽象概念留在我们脑中"[④]，也就是说，电视媒介时代的真理是具体的形象。

最终的结果是，电视创造了一个"娱乐之城"，"在这里，一切公众话语日渐以娱乐的方式出现，并成为一种文化精神。我们的政治、宗教、新闻、体育和商业都心甘情愿地成为娱乐的附庸，毫无怨言，甚至无声无息，其结果是我们成了一个娱乐至死的物种"[⑤]，电视不仅提供娱乐，而且将一切事件娱乐化。更了不起的是，它培养热爱娱乐的大众，换句话说，"娱乐是电视素有话语的超意识形态。不管是什么内容，

---

① ［美］尼尔·波兹曼：《娱乐至死·童年的消逝》，章艳、吴燕莛译，广西师范大学出版社2009 年版，第 10 页。

② 同上书，第 24 页。

③ 同上书，第 23 页。

④ 同上书，第 105 页。

⑤ 同上书，第 6 页。

也不管采取什么视角，电视上的一切都是为了给我们提供娱乐"①，政治可以娱乐，军事可以娱乐，爱情可以娱乐，家长里短可以娱乐，工作学习可以娱乐，学术可以娱乐，甚至灾难都可以娱乐。结果是，"电视中表现的世界便成了这个世界应该如何存在的模型。模型不仅仅在电视成为所有话语的象征，在电视下这种象征仍然统治这一切。就像印刷术曾经控制政治、宗教、商业、教育、法律和其他重要社会事务的运行方式一样，现在电视决定着一切"，② 人们不再彼此交谈，而是彼此娱乐，他们不交流思想，而是交流图像，他们的成功靠的是中看的外表、名人效应和电视广告，电视传递出来的信息就是"世界是个大舞台"。而且随着时间的推移，"人们对社会世界的反思能力——现代性的基石——毫无疑问地削弱了，而且，人们对一个不同于他们现在生活于其中的世界的想象能力也越来越成问题了"③。因为不是一切都可以用电视表达的，不是一切都可以表演的，比如思考就不是表演艺术，因为在思考时，观众没有东西可看，而电视需要的是表演，观众需要的是娱乐。

同样，这些乡村少年也需要娱乐，或者说娱乐需要他们，电视在给他们带来信息和快乐的同时，也塑造着他们的思维、趣味和快感，更重要的是，电视也塑造着他们表达自己的方式，同样是娱乐。

① ［美］尼尔·波兹曼：《娱乐至死·童年的消逝》，章艳、吴燕莛译，广西师范大学出版社2009年版，第77页。
② 同上书，第81页。
③ ［美］隆·莱博：《思考电视》，葛忠明译，中华书局2005年版，第26页。

第六章 少男少女们的爱情

什么年龄恋爱是合适、正常的？有没有一个明确的界限和标志？进而言之，"成年"是否有一个明确的界限和标志？恋爱有明确的目的吗？如果有，是什么？

谈恋爱在两个学校孩子中是比较普遍的现象，有些孩子虽然没有正式谈恋爱，但也有暗恋对象，而且南桥镇比路家镇谈恋爱的孩子更多些。孩子们说："老师说，这是严重早恋"，但很多孩子还是情不自禁地开始了自己的爱情之旅，无论教师、父母或其他同学怎么看待和评价他们的行为，他们都认为自己是在"恋爱"，在孩子们的意识里（无论是旁观者还是当事人），他和她的关系是特别的，与其他异性的关系不同。

第一节 概况

以下是问卷中显示的两个镇中学孩子谈恋爱的基本情况（见表6-1）。

表6-1 学生谈恋爱的次数

	否	谈过一次	谈过两次	谈过多次	谈过的总数
女生	86.04%	8.3%	3.7%	1.89%	13.89%
男生	77.97%	11.17%	3.73%	7.12%	22.02%

表 6-2　　　　　　　　学生估计的自己班级恋爱人数的比例

	10%	30%	50%	一半以上
女生	46.55%	28.02%	12.5%	11.21%
男生	41.05%	33.58%	5.97%	17.54%

表 6-3　　　　　　　　　　　学生的恋爱态度

	不可以，是一件丢人的事	没什么意思	无所谓	有喜欢的就应该谈，是一件有意义的事
女生	20.10%	44.61%	24.51%	10.78%
男生	13.36%	35.12%	26.34%	25.19%

　　从问卷的统计结果中看出，两个学校谈恋爱的学生大约占了 35.91%，男生高于女生，这个比例不能说高，但相较于过去的时代，再考虑到他们的年龄，这个比例应该说是不算低的。其中超过 87.6% 的孩子认为自己班里至少有 10% 的同学谈恋爱，有 61.6% 孩子认为有 30%，有 18.47% 的孩子认为有 50%，有 28.75% 的孩子认为超过一半同学谈恋爱。

　　值得注意的是孩子们的恋爱心理，分别有 44.61% 和 35.12% 的女生和男生认为谈恋爱没意思，比例最高，认为丢人的女生远高于男生，认为谈恋爱有意义的男生远高于女生，认为无所谓的男女生比例差不多，男生略高于女生；单看女生，认为没意思的最多，其次是无所谓、丢人和有意义，男生也是认为没意思的最多，其次是无所谓、有意义和丢人。因此，综合起来看，女孩子对恋爱的态度要比男孩子更消极，持否定态度的更多。

　　在成人看来，孩子的恋爱是幼稚的，只是在简单模仿成人，并不是真正的恋爱，他们根本不懂什么是恋爱。但是，从好感、追求、交往到分手，这些孩子的恋爱与成人一样，期间也会有嫉妒、伤心和争吵，也会有亲密行为，比如牵手、拥抱之类的，甚至有女孩曾和男朋友亲密到有接吻的行为。

　　恋爱开始的年龄有早有晚，初中一年级（大概 12 岁左右）就有谈恋爱的孩子，有的甚至从小学就开始。成人或许觉得这很好笑，但孩子们自己认为那真的就是"恋爱"。谈到这件事时，有的孩子会认真地问："小学的算不算？"或者会说自己"小学时谈过，现在没有了，现在学习了"。在他们看来，那的确就是恋爱。

第二节　追求

恋爱一般从男孩追求女孩开始。通过写纸条、中间人传话、当面表达或打电话几种方式，男孩向女孩表达自己交往的愿望，还有的孩子利用手机或通过QQ传递信息、表达心意。不过，有时爱情发生在不知不觉中，男孩可能是在挑逗女孩的过程中产生交往的欲望，最终捅破彼此之间的那层纸。路家镇初二男孩张立新就是在经常跟自己同桌的女孩"犯贱"的过程中产生了好感，直接向女孩表示了交往的要求。

访谈者：他最开始怎么表示的？

学　生：一开始，同桌，找她怪点儿，慢慢就有好感了。

访谈者：怎么找她怪点儿？

学　生：跟她犯点贱，这个贱不是那个贱。

访谈者：谁跟她犯贱呀，他跟人家犯贱？

学　生：不是犯大贱。

访谈者：我知道。

学　生：小的。

访谈者：就是戳人家一下。

学　生：嗯。最后走到一块了，现在刚分。

访谈者：有没有明确的表示过？

学　生：有。

访谈者：那怎么表示的？比如说这种表示有几种方式，写信，通过中间人介绍，然后呢直接表示。你是怎么表示的？

学　生：直接表示的。

有时女孩会马上接受男孩的追求，有时男孩会追求一段时间，当然，也有女孩子根本看不上追求自己的男孩子，当即拒绝交往的，还有些时候男孩子会锲而不舍地穷追猛打。

我也办过这事儿，我就当过送信的。在俺班里一个男生看上一个女生，写了"亲爱的，我喜欢你，请你爱上我吧"。然后特别买香纸，专门写情书的纸，然后叠成一个心，再送给那个小闺女儿，叫一个送信人，比如说我吧，送给他，如果这个女生看男生帅的话，人品也挺好就给他回信，"如果你真喜欢我的话，我同意，"让我再给他送去。

有的直接说，哈哈哈……

有的看上人家，四班的有追俺班的女生的很黑的男生，人家不同意，在楼里追截人家，人家不同意，人家不要，不看，给人家，都撕啦，就上俺班里去了，人家不同意，就走了。

不如俺班的，俺班有一个执迷不悟的，一天一封，一节课一封。人家小女孩放袋里，一星期能装一袋，打扫卫生那老太太都说，你班纸咋这么多啊？

有时，某个男孩的好朋友看出他喜欢某个女孩，也会主动撮合他们。路家镇男孩庆华喜欢临班的一个女孩子，他的好朋友看出来了，逼他给女孩写信表达，他不好意思，他们就"威胁"他说如果不写就揍他，还说是"他不愿意表达，帮他一下"。

在追求过程中，有个别男孩追求不成，结果恼羞成怒，由爱生恨的。

学生：我们班有一个叫××的男孩，喜欢一个四班的女孩，他老到她们班去显摆显摆，或者是去找那个女孩聊天啊，但是那个女孩根本就不理他，后来把他给告了，然后他还威胁人家。

访谈者：谁威胁谁啊？

学生：就是那个男孩威胁女孩，那个男孩知道那个女孩把他给告了，很生气，还说要揍她，又被老师知道了，老师把他给骂了。

访谈者：最后结果呢？

学　生：散了。

不过，相反的情况也有，某个女孩也会追求自己喜欢的男孩，甚至穷追不舍，追的男孩"没处躲没处藏"。陆家镇中学的一个男孩子就遇到一个对他穷追猛打的女孩，这事很困扰他。谈话时，他问我能不能帮他解开一个困惑，我问他是什么问题，他和伙伴们讲了自己故事。

学生 A：呵呵，是关于爱情方面的。

访谈者：下面我就想问你们这个问题，有女朋友吗？

学生 A：没有。

访谈者：没有啊？

学生 B：嗯。

访谈者：真没有？

学生 A：没有。

学生 B：呵呵。

访谈者：看来，他肯定是有了！哈哈哈。先说说你的。你到底怎么回事？

学生 A：我没有。

访谈者：你没有，那你说，有什么困惑呢？有喜欢的女孩子？

学生 B：没有。

访谈者：嗯？

学生 B：有一个女孩穷追不舍。

访谈者：穷追不舍？是吗？你们知道吗？

学生 B：呵呵呵……知道。

访谈者：是你们班的？

学生 B：嗯。

访谈者：哦，她追你？

学生 B：嗯。

访谈者：哦，你们觉得怎么样？就是……他怎么——

（学生们笑作一团）

访谈者：没关系。

学生 A：应该谈的……老师您保密就可以了。

访谈者：这个肯定会保密，本身，这也是个学习的过程，也是一个学习，大家不要笑这个事情。谈恋爱是需要学的。

学生 B：呵呵，没到时间。

学生 A：我也感觉是。

学生 B：我感觉那些女孩子就很傻吧。

访谈者：啊，为什么？

学生 B：她们，她们只是图一时之快，我感觉。

访谈者："那些"女孩子，你说"那些"……有女孩子追你？几个人追他？

学生 A：一群一群的。

访谈者：啊？

学生 B：别那么夸张好不好？

学生 A：论群的。

访谈者：哦，是吗？这么有魅力啊？

学生 B：我没感觉。

访谈者：哈哈，一群一群的。咱们说正经的，真是……有几个女孩子追你？

学生 A：查查。

学生 C：数数，数数。

学生 A：呵呵。我也不知道。

访谈者：看来小伙子很有魅力啊。

学生 B：不能说是魅力，不能说是魅力，只能靠人缘吧。

访谈者：人缘好？

学生 B：还行。

访谈者：你说说怎么回事，有些……女孩子怎么追你？怎么回事？咱们具体的说，怎么表示她喜欢你？你怎么知道的？给你写信？还是直接当面跟你说？还是有其他的表示？

学生 B：写信。

访谈者：哦，信写得长吗？

学生 B：一般就是一张多。

访谈者：一张多。然后，她们喜欢你什么？

学生 B：我问她："你喜欢我什么？"她说："我就喜欢你。喜欢你的个性，喜欢你的全部。"呵呵。

访谈者：呵呵。全部吗？

学生 B：我感觉这些话太夸张了，一点都不真实。

访谈者：那你自己，你不喜欢她？我现在问你，有几个女孩子追你？

学生 B：我不想说，呵呵。

访谈者：不想说，大约有几个，你们说。这个没什么，反正是已经有人追，一个两个都差不多的。我就想看看你的魅力指数。哈哈。

学生 B：我不知道。

学生 C：这个他心里明白。

访谈者：到底有几个？

学生 B：他最了解我，我们俩挺聊的来。

学生 A：两个。

访谈者：两个是吧？哦。都是你们班的？

学生 B：不是。

学生 A：光我知道的有俩。

访谈者：哦，那至少反正是有两个。都是你们班的还是都不是你们班的？

学生 A：一个班的。

学生 B：有一个是。

访谈者：一个是？她喜欢你。那，两个同学都是同样的表示吗？

学生 B：有一个，有观察一段时间再写，或者，直接见。

访谈者：直接见，直接就跟你说她喜欢你。

学生 B：我没有见过，我直接推辞了。

访谈者：你没有见？但是肯定是见过面？

学生 B：见过面。

访谈者：是吧？就是说两个女孩，其中一个可能是写信，另外一个是怎么表达的？

学生 B：一般都是写信。

访谈者：都是写信。都是写信，表示她喜欢。但是你都没有见，你都没有说同意交往。有没有说其中一个同意交往？

学生 B：没有。

访谈者：没有。没有正式跟某一个交往的？

学生 B：没有。我感觉着——

访谈者：那你是看不上人家呢？还是觉得——

学生 B：我不在乎她们。

访谈者：不在乎。她们喜欢你，就是两个女孩都喜欢你。

学生 B：再多几个我也不在乎。

访谈者：她们喜欢你的哪一方面呢？刚才说的那个，喜欢你有个性，这个是其中一个；另外一个呢？喜欢你什么？

学生 B：性格，或者身体方面的。

访谈者：但是，你不喜欢她们？

学生 B：嗯。

访谈者：是不喜欢还是觉得无所谓？没有这个想法？

学生 B：没有这个想法。

访谈者：那你有没有说喜欢其他的女孩？

学生 B：没有。班里的女生，我感觉印象都很好的。

访谈者：没有说特别喜欢的，或者说哪一个印象比较好的，有好感的？

学生 B：没有。没有感觉哪一个——

访谈者：啊，还是看不上人家。

学生 B：不是看不上，我把他们都当成同学啦。我不至于跟她们是那种关系。

访谈者：那你说说，就是说你困扰的是什么？

学生 B：她们穷追不舍，让我无可奈何。

访谈者：啊哈哈，那我就问你们三个对这个事情怎么看？特别是你，你跟他，你们两个关系不错。

学生 B：恩，我支持他。

访谈者：支持他就是说，这个事情就是……拒绝她们？

学生 A：不是拒绝，他有时想和她们成为朋友，并不是那种非不正当的关系。

访谈者：哦，你认为这是非不正当的关系？

学生 B：对啊，现在我们还小啊，才 15 岁，差不多平均年龄都是 15 吧。

学生 A：对，有时就模仿电视。

学生 B：对，她们就是模仿类的我感觉。

访谈者：模仿归模仿，但是你们自己就没有这种向往……这种想法吗？

学生 B：我没有。

当然，还是以男孩追求女孩的居多，这似乎是一种比较自然而然的被接受的模式，那些追求男孩子的女孩往往被孩子们特别是女孩子们不屑，有时女孩们认为她们这是"倒贴"。

学生：俺班有个女生，我不能说她是谁，简直是女生的耻辱。从小学里追男生，男生没有喜欢她的。一个一个的追，现在都追了四个了。我实在是看不惯她。

访谈者：你觉得她追男生不好？

学生：嗯。

访谈者：如果男生追她？

学　生：正常。

访谈者：你觉得男孩追女孩正常，女孩追男孩不正常？

学　生：嗯。感觉女孩追男孩，有点太不好意思，有点太丢人了。

访谈者：你们觉得是这个。

学　生：因为小女孩是从来不喜欢表达语言的那种。小男孩特别疯狂。

访谈者：但是女孩确实有喜欢的，怎么办呢？你们现在还模模糊糊，比如你们到了高中或大学，有自己喜欢的男孩了怎么办？你会去争取吗？

学　生：我可能会做一些动作，让他知道但是不会……

访谈者：你们的观点是女孩追男孩不合适。

学　生：不是不合适。

访谈者：假如说你们以后有喜欢的男孩，你们不会去追求？你说的是暗示他，但是同样是一种追求。方式不一样。你们觉得女孩追男孩不好，应该让男孩来追女孩。等待他的追求。有了自己喜欢的，也不去。也不明确的表达。

学　生：对。我感觉。

访谈者：觉得男孩应该追女孩。

学　生：女孩是一个不太表达自己的人。

访谈者：这是你们对女孩的一个界定。

学　生：女孩应该是温柔大方的人。

访谈者：你们觉得女孩和男孩的区别在哪里？在这件事情上就是女孩被追，男孩追。

学　生：嗯。差不多是。

但事实上也有例外，如果男孩对追求自己的女孩也有好感，两人开始交往的话，孩子们就不会这么鄙视她，尤其是对那些在班里原本学习就比较优秀、人缘比较好的女生，大家更不会因为她追求男生而排斥她。路家镇女孩王丽霞就坦率地承认是自己先追男朋友，给他写信，男孩同意了，两人开始交往，虽然也有朋友说她"学习这么好，怎么也干这事呀？"但绝大多数朋友还是支持他们的，因为丽霞不仅学习好，还活泼开朗、多才多艺，对同学们都很好，还有一个是原因是她的男朋友学习也不错，人很可爱，不仅如此，丽霞还说"他很可爱，很有女生缘"。

认哥哥、认妹妹是恋爱的另一个"文法"。男女少年之间的恋情常常是在不知不觉中产生的，一开始，有好感的男孩和女孩互相以兄妹相称，慢慢地，兄妹发展成恋人，南桥镇中学的敏华和男朋友就是这样开始的，她告诉我说：

> 就是那时候，他有一个妹妹，我跟他妹妹在一块玩的很好，然后慢慢……慢慢的，他跟他妹妹他两个也经常在一块，就是，我经常跟他妹妹在一块，他也经常跟他妹妹在一块，就那样，就认识他了。然后，从那见了面就说话啥的，我就想认他当哥哥。……就是感觉着，那种朋友关系吧。想认他当哥哥，慢慢的，他就跟我说了，他想跟我谈啥的，就那样，我们两个就谈啦。

十几岁的孩子，还没有人会明确地告诉她们在恋爱中应该怎么做，应当遵循怎样一种"文法"，但就像语言习得的过程一样，孩子们从文艺作品或上一代人那里"习得"了男孩子和女孩子的气质、举止、行为方式、价值观以及思维方式，并据此对事物做出判断、评价和选择，规范和约束自己的行为，比如写纸条，比如介绍人，比如男追女，比如认哥哥妹妹。尽管如此，一个群体中总会有个别人打破既定的模式，他们可能就会成为群体鄙视、恐惧甚至攻击的对象。然而，也总有例外，例外的行为，例外的遭遇，正是这种例外创造出新的"爱情文法"。

第三节　交往

孩子们恋爱持续的时间有长有短，长的能到一年多，短的可能只有一两周，一般情况下会持续一到三个月左右。或许成人会认为交往一两周只是小孩子简单模仿成人的游戏行为，不是真正的恋爱，但孩子们自己会认为这是的。

男女恋爱，从好感的产生，到追求、交往、分手，都有一套规则，这套规则就像是言语交流的"文法"，符合文法的方式可以被理解和接受，反之就可能遭到误解或排斥，比如女孩追求男孩。当然，文法是在生活环境中习得的，周围人和媒体的观念、行为方式都可能成为孩子们习得的对象，在这些因素的影响下，孩子们依据自己的现实条件，创造出自己的"爱情文法"。

操场，是南桥镇中学孩子们约会的重要场所。他们常常会在晚上到操场"溜达"，老师们知道这些，所以会不定时地到操场去"抓"，因此，有时孩子们会到学校外面镇子里走走。路家镇不太一样，学校管理比较严，除了体育课和上操时间，不允许女生去操场，这大大限制了谈恋爱学生单独在一起的机会和时间，而且晚自习结束、睡觉后女生宿舍楼是关闭着的，根本无法外出，但有些孩子会利用手机联系。此外，周末或假期时通过电话联系也是常有的事。

当然，恋爱对象常常是同班同学，孩子们会在教室里眉目传情，同出同进，或者通过纸条、互相关心、一起吃饭、打打闹闹、单独在角落里聊天、送女孩子回家或回宿舍、一起听歌等方式表达爱意、加深感情，同学们常常是根据这些现象来判断两个孩子在恋爱，或者谁喜欢谁、谁在追求谁。男孩通常会对自己的女朋友特别照顾，在一些生活小事上帮助她，而对别的女孩子却不那么照顾。路家镇中学的男孩张全曾吃饭时总是帮自己的女朋友打开水，不怎么管别的女生，他的女同学们对此颇有"意见"，说"那次灌水，俺们是同学，就让他帮俺灌。他就不帮俺灌，光帮她灌"，甚至男生都调侃他说"回回进去打完就出来，他不管俺"。

此外，恋爱过程中，互送礼物是表达感情的重要行为，这里的孩子也不例外，男孩常常把毛绒玩具、小饰品、小摆设、巧克力、零食等送给女孩做礼物，女孩也会送给男孩合适的礼物，听说有女孩会送给男孩绣有两个人名字的十字绣做礼物的，礼物基本都是镇子里能买到的流行的小玩意。

孩子在恋爱中会有亲密行为，牵手、拥抱等等，极少数也发生了接吻行为。丽丽17岁，假期在外地医院里照顾生病的家人，其间认识了在医院做临时工的一个男孩，两人发生了短暂的恋情，男孩约她晚上出去玩，在公园里两人有了拥抱、接吻这样的亲密行为，回家后，无法再和那男孩在一起，只是通过手机联络了几次，就这样不了了之。事实上，丽丽和男孩子的接触并不多，更谈不上熟悉和了解，她说自己"摸不透他"，可她却莫名其妙地与这样一个"摸不透"的陌生男孩发生了一段说不清楚的恋情，甚至有了如此亲密的行为，这让她很困扰。此外，据孩子们说，恋爱中的孩子甚至有到镇上宾馆里去的，不过，这也只是孩子们的传言。

恋爱过程中会有冲突，比如争夺女孩子，也会因为矛盾，分分合合。

访谈者：你们说的是不是他和另外一个男孩同时喜欢一个女孩？

学　生：嗯。

访谈者：多长时间了？

学　生：问他，我不知道。一年呗。

访谈者：有这么长了？那最后那个女孩跟谁好？

学　生：谁都不愿意。

访谈者：然后他们两个还死缠烂打。

访谈者：三角。像这种情况，你恨那个男孩吗？

学　生：照样玩的很好。还行呗。

访谈者：你们两个还玩的很好，不是情敌？

学　生：这个方面不能和俺俩个的交情掺和在一块。

访谈者：哦。那那个女孩的态度你们明确了吗？

学　生：没。不答应。

访谈者：谁都不答应？

学　生：嗯。

这种争夺偶尔也会发生女孩之间，南桥镇的一个孩子给我讲述了一个女孩抢另一个女孩男朋友的事。

学生：（那女孩）坐在人家男的腿上。人家有女朋友了，中间插一杠子。喊人家这啦、那啦。

访谈者：喊人家什么？

学生：小宝贝。

访谈者：这个女生还有其他行为吗？

学生：上楼上找人家去，坐在人家腿上，我二楼都没去过。

访谈者：还有吗，那男孩喜欢她吗？

学生：不喜欢，礼拜五刚把她给甩了呗，喝酒，喝了四瓶酒。

访谈者：谁啊？这女孩啊？

学生：啊，在厕所里吐了，说难受难受，我说活该。我给她拍，以前我不管她，我说咱买点醋去吧，灌点醋。

学生：就是以前他谈的那个男孩来了，以前跟她谈的这个男孩吧，跟人家谈着呢，那个小女孩也跟他谈。人家那个女生都说她是第三者。骂她，她照样跟那个女生玩，跟人家那个男生谈着，自己没有独立，没有自尊了，反正，人家回来，她又跟人家玩去了。

访谈者：有没有那种两个女孩追一个男生的？

学生：有。

访谈者：也有啊？最后，什么结果？

学生：这个女生先追这个男生吧，这个男生其实不喜欢这个女的，这个男生喜欢另外一个女生，知道她之后给她说不合适。但是她还一直不喜欢这个男生吧，这个男的有喜欢的女生，他就追求他喜欢的女生。追求他的那个女生知道之后吧，恨那个女生。

看得出，孩子们、特别是女孩子对这种女孩是不齿的，她们形容这种女孩"骚"。有时这种争夺可能会变得非常激烈，发生打架斗殴事件，南桥镇中学的孩子们说他们学校以前就发生过这样的事。

学生：有一个男孩拿刀子捅，就是因为那个女孩，那事闹得挺严重的。我们班主任给我们讲的，两个男孩为一个女孩打架，那个男孩拿刀子捅，后来那个男孩好像还死了。

访谈者：啊？什么时候的事？

学生：我不知道，听我们班班主任说的。

当然，事实未必有传闻中的那么严重，但男孩为争夺女孩打架是有过的。

恋爱中的争吵、分分合合的纠缠是常有的事。恋人们在一起，"开心的时候比较好，不开心的时候争吵"，"有的时候吵架就不知道啥都吵起来了"，"比较开心的时候就说比较好啊，有的时候不大开心的时候，就说算了不谈了"，南桥镇女孩张莉亚的同学就说她和男朋友在一起时"基本上打架、吵架"，"也不知道啥原因，说着说着就打起来，吵起来啦"。

前面提到的路家镇女孩王丽霞和男朋友是姐弟恋，因为心里对这个年龄谈恋爱很矛盾，又担心谈恋爱会影响学习，丽霞自己说"上课经常走神。因为我上课的时候，时不时就看他一眼"。就提出过分手，可她的男朋友"女生缘很好"，王丽霞和男朋友学习成绩都不错，都是在班里很受欢迎的孩子，多数同学都很认可他们的关系，同班的许多女生就跑来"给他俩说情"，所以还是继续交往。我离开他们学校后不久，丽霞在 QQ 上向我诉说了她和男朋友又闹矛盾的事。原来是我走之后，他们互赠了礼物，同学们吵着要吃他们的"喜糖"，他们就买了糖分给大家，可男朋友竟然瞒着她又跑到另一班送喜糖给了丽霞的另一个追求者，这让她很生气，因为第二天就要期中考试，王丽霞担心这会影响那个男孩的情绪，她说"那个人很好，我不想伤害他"，因为这件事，丽霞和男朋友开始"冷战"，自己的期中考试也没考好，最终男朋友跟丽霞因为这事道歉了。

南桥镇中学初一的女孩李敏华的爱情就是始终纠缠在几个女孩和男孩之间。敏华交往的第一个男孩子是自己好朋友的哥哥 A，认识了他之后，"就想认他当哥哥"。慢慢开始交往，持续了快4个月，后来另一个初三女生喜欢上A，A就瞒着敏华同时和那女生交往，后来被敏华发现，敏华很恼火男朋友欺骗自己。其实，在他们交往期间，敏华就"听人家说的，都乱说那个男生骗我啦。说他跟一个初三的女生谈着呢，不让我再跟那个男生谈了，我们在一块玩的那么多朋友，都说不让我跟那个男生谈了，说……说他骗我啦，对我不真心啦"。更恼火他这种"脚踏两只船的"行为，但A辩解说"他不喜欢那个女生，只不过不想让那个女生伤心"。让敏华等着他，"因为毕竟那个女生是上的初三，到6月11日那个女生就走了，他说让我等着他，等他上初三的时候我再跟他谈"。敏华问A到底跟谁谈，A说"两个都不分，两个都想谈"。"还说他不跟我分，无论如何都不跟我分。"但敏华无法容忍A的这种态度和行为，说"两个都谈不可能。要不然你就跟着她谈吧，我不想跟你谈了"。就这样，敏华和A很痛苦地分手了，虽然"不愿意，毕竟在一块时间这么长了，其实都已经产生感情了。不愿意跟他分，但是没办法"。敏华认为"要是……我要是让他，这样跟着我谈，也跟着那个女生谈，他一方面欺骗了那个女生，还一方面欺骗了我。他这……让他一下子欺骗两个人"。就在他们分手的晚上，男孩B也和自己的女朋友C（敏华的同班同学）分手了，碰到了正在伤心痛苦的敏华，就安慰她，之后慢慢地两人经常在一起，有时晚上一起出去玩儿，让同学们发现了，说敏华和B在谈恋爱，虽然她认为"没他们那些人想象中那么严重"，但还是默认了。但不久敏华又发现了新情况，她发现B"也经常找C，经常跟C出去，我问他，他还不跟我说实话"。"他还让C……他还经常让C给他介绍一些，就那个，长得比较漂亮的那种小女孩。然后他俩经常在一块，我这……有的时候是我看见了，有的时候是我听人家说的。我一般的听人家说的，我就不跟他计较；然后，我亲眼看见的，我问他，他不跟我说实话，就因为这。"交往了两三个星期之后，两人也分手了。看得出，敏华的爱情之路充满了坎坷，当问到关于男孩子的经验时，她的结论是"男孩子太花心啦""男生都会花言巧语"。

有意思的是，虽说家里有电脑的孩子很少，但也有机会去网吧或者亲戚朋友家上网，所以竟然也有极个别孩子与网友交往。南桥镇女孩张霞向我讲述了这样的故事，说临班的一个女生"跟网友谈着哩，网友还见面了，太过分了我觉得。星期二的时候网友来接她，买了好多好吃的"。路家镇中学男孩张桂生也说自己舅舅家辍学打工的表哥就在和网上认识的临近县的女孩谈恋爱，可能两人条件相当，所以家人也不反对。

第四节　结局

少年们的爱情常常以分手为结局，也有少数例外的。恋爱的时间有长有短，长的可能持续一年以上，短的只有一两周，一般一到三四个月的居多。分手的原因多种多样，有的是因为其中一方移情别恋，比如敏华和她的两个男朋友就是这样；有的是因为觉得不好玩儿了，敏华的同学 C 是个开朗活泼、无忧无虑、思想单纯的女孩，她说自己"对爱情一窍不通""不懂啥是谈恋爱，我就知道跟他玩"。她的好朋友说她"还知道吃，光知道吃，想男朋友给她买东西吃"。有的是因为被老师、家长发现，在他们的极力劝说和阻拦下，认识到这个年龄谈恋爱不合适，并且影响学习，被迫分手。还有些是由于恋爱的一方"不上了"（辍学），离开学校之后，两人少了联系，渐渐分手。

对于一些性格开朗、乐观的孩子来说，分手是一件无所谓的事，比如敏华的同学 C。而对那些性格不那么开朗、感情比较细腻的孩子来说，分手无疑是非常痛苦的。比起其他孩子，这些孩子的恋爱往往持续时间比较长，感情也比较深厚，敏华和她的第一个男朋友就是这种情况。

南桥镇初二年级 17 岁男孩张华和一个女孩交往了半年多，后来女孩辍学，出去打工，两人渐渐分手，这场恋爱对他触动和打击非常大。

访谈者：有女朋友吗？

学　生：没……没有。

访谈者：有，肯定是。回答的这么不干脆，哈哈。说说看。

学生：没有。

访谈者：真的没有？

学生：以前的。

访谈者：哦，以前谈过。说说以前的。

学生：不上了。

访谈者：不管她上不上。谈过多久？

学生：半年吧。

访谈者：哎呀！时间挺长的。你们怎么开始的？

学生：认识，慢慢认识了。

访谈者：总是有一个表示的过程。你怎么跟她说的呢，你追她，她追你？

学生：呵呵，是我追的她。

访谈者：你怎么追的？怎么让她知道你喜欢她？

学生：把她喊出来对她说。

访谈者：把她喊出来对她说？你的胆子够大。别人是写情书。

学生：现在不兴写情书了。

访谈者：现在兴什么？我不知道你们谈恋爱流行什么？

学生：打电话。

访谈者：哦，你是怎么说的？

学生：打电话表示的。

访谈者：哦，你是打电话表示的。

学生：然后再认识，再见面。

访谈者：她一开始就同意了吗，你经过一番斗争了吗？一开始打电话，她就同意了？

学生：没有，那没有。

访谈者：经过了多长时间她才同意？

学生：有一个月，得有一两个月。

访谈者：啊？是吗，挺艰难的啊，轰轰烈烈的。说说，有一两个月？

学生：嗯。

访谈者：这么长时间？

学生：然后，她……现在不上了，没联系了。

访谈者：就是说你开始追了一两个月她才同意？（他点点头）哎呀。那你这个有故事。你怎么跟她说，肯定是换一种不同的方式，每次都跟她说啊，怎么说的，这一两个月怎么表示的？

学生：时间？说长也长，说短也短。

访谈者：不是，我的意思是这一个月里头，你追了人家一个月，人家才同意的。然后又交往了好几个月的时间？

学生：嗯，以后又交往。

访谈者：第一个月里头，你怎么跟她表白的？一开始她不同意嘛，最后你怎么办的啊？

学生：呵呵，不好说。……觉得中学生谈恋爱不好。

访谈者：那你还谈？我就想知道你怎么追的她？先跟她打电话吗，她不同意是吧。那你最后又怎么办了呢，得想个办法啊。

学生：把她约出来，见见面。

访谈者：她出来了吗？

学生：开始不出来。

访谈者：哦，后来多次地约。

学生：对。

访谈者：然后呢，还有其他的行为吗，还有其他的方法吗？

学生：上班里找她。

访谈者：哦，不是你们班的？

学生：嗯，对。

访谈者：还有其他的吗？

学生：一会儿……一会儿说不完。

访谈者：啥意思啊？

学生：事比较多。

访谈者：事比较多？我就想听事多的，说说。

学生：不好说。

访谈者：别不好意思啊。

访谈者：（对在场的其他几位同学）要不你们几个回避。

学生：不用。

访谈者：那你说说。

学生：以前的，说往事，比较啥……

访谈者：说往事，还挺伤心的。说说后来你们怎么在一起的？就是一次一次地不断地说，有没有发生什么故事让你触动的？在你追她的时候，第一个月里？

学生：一开始吧就是……怎么说啊？

访谈者：嗯。怎么样就怎么说呗。

学生：（用手捂住脸）不好说。

访谈者：怎么不好说呢？比如说吧，你看，其实你已经说了一点点，就是打电话，然后呢？把他叫出来，约她，见面，后来怎么同意了？

学生：那也没有啊，事儿比较多啦。

访谈者：事儿比较多？你说。

学生：比如她有困难了，我帮助她啊。

访谈者：哦，主动地去帮她。

学生：然后慢慢地……

访谈者：你帮过她什么事？

学生：比如一件小事。

访谈者：你说说吧，讲个故事。

学生：讲个故事，讲不出来了都。

访谈者：比如说你帮过她什么事儿啊，她哪一次遇到困难了？

学生：她生活上一些困难的事儿。

访谈者：比如呢？讲故事嘛，哪一次，哪一天？她怎么啦，遇到什么困难了，具体的？没有曾经发生过的事情啊？

学生：时间隔得这么长了，不愿说，不愿提了都。

访谈者：为什么？你帮过她什么事儿啊，她遇到什么困难了？

学　生：事也是小事。

访谈者：就是小事嘛，肯定。你们又没有什么特别大的事情。

学　生：说不出来，都不好意思说了。

访谈者：没啥不好意思的。其实我觉得你们两个这么长时间在一起，对你触动还是比较大的。而且你也比较专一。

学　生：以前想起来就……她……她现在不上了也有半年了。

访谈者：为什么不上了？

学　生：听她说是不愿意上了，学不好，不愿意学了。然后她不上了，出去……怎么了，就没有联系过。

访谈者：也没再联系过？走就走了？

学　生：对。

访谈者：走过以后会去想她吗？想过她吗？

学　生：想是肯定想。

访谈者：怎么办呢？

学　生：找到她以前的联系方式，给她打电话，打不通。

访谈者：再给她打电话打不通了？

学　生：对。

访谈者：也不知道她现在在哪儿。她去打工了？去哪儿打工知道吗？

学　生：唉！现在也不愿意想这个。

访谈者：去哪儿打工知道吗？

学　生：现在也不愿想这事了，不清楚。

访谈者：没问过别人？

学　生：也不愿问。

访谈者：为什么？你们在一起发生过什么事情吗？比较美好的事情啊，还有比较伤心的事情啊，有没有？肯定是有的，有什么事，讲讲。

学　生：就是……就是，就是我们……她同意以后，我们经常在一起出去……玩啊什么的。就这一段时间比较很开心。

访谈者：具体的，玩什么呢？去哪里玩？

学生：比如出去……玩儿呀，什么的。

访谈者：去过哪儿？

学生：买衣服啊。

访谈者：你给她买衣服？还是她给你买？

学生：有时候我给她，有时她给我买。

访谈者：她学习好吗？

学生：不怎么好。

访谈者：哦，长得漂亮吗？

学生：怎么说呀？一般人吧。

访谈者：还玩过啥，就是逛街买衣服。你们怎么谈呢，肯定是两个人要在一起。

学生：在一起做的事儿多了。

访谈者：嗯。说说啊，肯定是一些小事。有没有让你伤心的事？

学生：有。

访谈者：说说。

学生：经常在一起发生小矛盾啦。

访谈者：曾经为什么事情发生小矛盾啊？

学生：比如……经常那个……在一起说话，说着说着，说不过去，生气什么的。

访谈者：谁生气啊？

学生：她生气，我也生气。

访谈者：你也生气，最后结果怎么办？

学生：嗯，一开始……生气后她就走了。然后我……再去再去，我再去给她说好话。

访谈者：有没有你生气，她来说好话的？

学生：这很少。

访谈者：谈过几个，这是一个，还有其他的人吗？

学生：那就不算了。

访谈者：追求过是吧？

学生：嗯。

访谈者：现在呢？

学生：现在没有。

访谈者：现在肯定是有的，脸都红了。你好像跟其他的孩子不太一样，谈恋爱比较认真，触动还比较大。我就想知道你们的情况，讲讲你们之间的经历。第一个月，后来又有些什么事情，开心的事情啊，不开心的事情啊，给你留下很深刻的印象的事情啊。

学生：在一起就很开心。

访谈者：在一起就很开心。在一起，除了买衣服，你们都做些什么？聊些什么话题？

学生：比如，我经常给她打电话啥的。

访谈者：打电话说什么？说说你们的故事，我很想听。还有什么事情？说话生气，这是一种。有没有闹得很厉害的行为？

学生：闹得很厉害呀？

访谈者：嗯。你们在一起时间不短了，肯定是很多的。

学生：唉！不愿提。

访谈者：为什么不愿意提呢？

学生：那些往事呀……在一起，很伤心的。

访谈者：很伤心？

学生：嗯。

访谈者：为什么伤心啊，是那个事情让你伤心啊还是什么？分手了，提那些事情很伤心。

学生：毕竟谈了这么长时间了，但她又不上了，也有些联系……有些联系，但是到现在……没有联系过。

访谈者：也没联系过。

学生：但是我觉得她一出去，外边的男人……比我好的这么多。

访谈者：你是想这个？她在外边被别人抢走了？

学生：那是肯定的。

访谈者：你觉得她现在有跟别人在一起吗，跟别人谈吗？

学生：我想很有可能。

访谈者：有可能是因为你听到了什么风声？还是你就这么瞎猜？

学生：我自己想的。

访谈者：哦，你自己想的。她跟你联系过吗？

学生：后来就没有了。

访谈者：走了，你找过她，没找着。

学生：我找过她，没找着。

访谈者：找着了吗？有找着过的时候吗？联系过吗？

学生：那到没有了，她就……她出去了。

访谈者：上哪儿你也不知道？

学生：没有问过。

访谈者：也不问？

学生：没想着问。

访谈者：这个事情你自己什么感受呢？

学生：什么感受？

访谈者：反正你谈过这一场恋爱，你比较专一，而且用情也很深，就是你对恋爱啊、爱情啊什么看法？经历过之后什么看法？对女孩子、对恋爱本身？

学生：呵。

访谈者：你觉得女孩子都是什么样的，你通过她？

学生：多心的。

访谈者：怎么了？她是很多心？你说的这个多心是不是多疑啊，好怀疑？我不知道你这个多心是什么意思？好像这个事情给你触动特别大。

学生：怎么说呢……

访谈者：对女孩子有所了解了吧，你觉得对女孩子了解得深吗？

学生：不深。

访谈者：还是不深。现在我问你女孩子是什么样的人，你说女孩子多心。还有其他的吗，多心是指的什么？多疑？好怀疑还是什么意思呢？什么叫多心呢？

学　生：对爱情不专一。

访谈者：你的意思是女孩子花心。

学　生：对，花心。

访谈者：那她是不是跟你在一起她就有这种情况啊？

学　生：没有过。

访谈者：你就是在她走了以后，你才这样想。

学　生：对。

访谈者：你这样子猜测她肯定跟别人好了，移情别恋了，还有其他的了解吗？这是一个方面，女孩子还有其他的吗？

学　生：女人心，海底针。

张华是我偶然碰到的一个孩子，当时我正在操场边跟另外几个事先约好的孩子谈话，正好他从旁边走过，看到我们很好奇，在一边停下看我们，就这样聊了起来。在我的追问、逼问下，他吞吞吐吐地谈了一些自己的恋爱往事。在谈话过程中，他常常低下头，摇头叹气，或者用手捂住自己的脸，有时抬头望着远方，沉浸在回忆中，一脸往事不堪回首、无限沧桑的神情，女朋友的离去，离去之后的杳无消息，担心女朋友在外面恋上别的男人，所有这些让他感到伤心和无奈。毫无疑问，这段恋情对他的触动是巨大的。

路家镇中学 14 岁男孩张新成和自己同班的一个女孩交往了两三个月，他说"一开始挺好的，后来她说她爸爸不让她谈了。然后就跟我说分手"。他伤心得"在宿舍里哭"，他说"我认为指定有别的事儿瞒着我"。因为他知道以前有男孩追求过她，他的好朋友说"我问过他俩，他说是她背叛他了，她说是他背叛她了"。就这样，两人分手了。

有些孩子用情很深，无法接受恋人提出分手，会做出一些比较激烈的行为。南桥镇中学女孩张欣欣向我讲述了发生在她们学校的一件事。

学生：你一提醒我初一的，我又想起来了。初一的，一个小闺女儿跟一个男生谈了……那一次，那天晚上下着雨，（对她的同伴）你不知道呀？那天晚上下雨了，然后那个女生跟那个男生分手嘞，那个男生在学校门口跪下了，喝了老些酒，在校门口给那个女生跪下了。

访谈者：真的！

学生：真的。

访谈者：然后呢？有人看见吗？

学生：有，老些的学生咧，那会儿正好赶上放学。

访谈者：有老师吧？

学生：有，叫××（老师名字）给逮住了。

访谈者：最后结果呢？然后呢？

学生：就是……没然后。

访谈者：跪下来之后，大家什么反应？还挺轰动的。

学生：对，都看，都围着看，然后一会儿老师过来了，都窜了。

南桥镇中学的张莉亚和她的同伴们说她男朋友给她写血书，求她不要跟他分手，而且她说这是对她真心的表现，虽然她并不欣赏男友这么做。

访谈者：他的真心怎么表现的？你们怎么判断的？

学生：真心吧？如果你跟他分之后，他还追你，对你还说那些话，然后他还是舍不得你，为你写血书。哎呀！你知道我们初中流行啥不？流行写血书。一升初一的时候，都在那写血书，真写，把自己的手割破，然后写"我爱你"，然后写，一封封的。

访谈者：这么写啊，是吗？

学生：还有把手割破，血手印。第二个追我的时候，说"给我一次机会行不？"我没给他机会。写血书我不欣赏。

在成人看来，孩子们的爱情很幼稚，多数不会有完满的结果，但也并非没有例外。南桥镇中学的一个正在恋爱中的男孩就说谈恋爱的人"你情我愿，脾气对得来啥的。谈谈，最后结婚的人也不少，光我知道的就好几个嘞"。路家镇中学的孩子们也说，他们学校有一对老师"从初中就开始谈，然后谈到高中，然后大学，结婚了"。还有初三的两个孩子也得到家里的认可，"初三的那个见家长了，家长同意这事儿了。""男孩的大爷就是他班主任，教他。把那个女孩叫到办公室去了，说，你跟俺侄子好好学。以后争取在一块儿，工作在一块儿。"

在中国农民的传统观念里，订婚结婚、传宗接代是人生头等大事。

在过去，娃娃亲、早婚是普遍现象。1949 年以后，情况有了改变，婚龄不再那么早了。但 20 世纪 80 年代农村包产到户以来，农村经济情况有了改善，生活好起来的农民开始纷纷给未成年的子女早早定下一门亲事，甚至让他们早早结婚。80 年代末 90 年代初，这种现象在 S 县北部历史上比较贫困的农村地区极为普遍，南部乡镇不那么明显。

笔者分析出现这种现象的原因是，长期贫困的农民在生活好起来之后，害怕失去眼前刚刚好一点的生活，希望趁着眼前手头还宽裕，给孩子定下婚事，甚至给那些读书无望的孩子早早娶媳妇进门，早早生子。事实上，这是一种不安全心理的表现，农民们希望通过婚姻、生子这件人生大事抓住眼前的"好生活"，给自己，也给孩子一个确定，给未来的生活一个确定。我的那些生活在 S 县北部农村的堂或表兄弟姐妹无不如此，在他们十二三岁，最迟在十六七岁左右的时候，父母就早早为他们定下了婚事。

但社会和生活是变化，而且今日农村社会的变化早已不同于过去的改朝换代。随着时代渐渐长大的孩子不仅在生理上，更重要的是在思想、感情和品性上发生了巨大的变化，长大的、明白事理的孩子们开始不满意父母给自己定下的结婚对象，纷纷要求退婚，也因此酿成许多家庭纠纷，有的虽然被迫结婚，但事后又离婚的也不少。当然，早订婚、早结婚的事在最近几年少多了，曾被早订婚的一代也成了父母，年轻的父母接受了教训，订婚年龄推迟了，而且父母们在安排孩子婚事的时候，开始更多考虑孩子自己的意愿。有些父母甚至觉得，如果孩子能在学校里给自己找一个合适的、自己喜欢的"对象"，之后再安排订婚、结婚，也是个不错的结果，尤其对那些读书和升学无望的孩子来说，如果自己能在学校里找个"媳妇"或"女婿"，更是省了父母操心。总之，年龄不是问题，重要的是确定下来，确定下终身大事，也确定下未来。对这些农民而言，人生是个完成任务的过程，娶媳妇结婚、传宗接代更是人生的首要任务，用他们的话说是"早晚的事儿"，"早完成任务，早安心"，因此，早早成家，早早生子，早早抱孙子，都是令人羡慕的事，当事者本人也会感到安心，（"完成任务了"仍是几乎所有父母在孩子结婚时的必然会说的一句话，特别是在山东）。为了能早早完成人生的任务，托关系登记结婚或修改户口年龄在当地是十分普遍的事。所以，恋爱、结婚的年龄不是重要的，不是父母们考虑的问题，完成"人生的任务"才是他们考虑的重要问题。

第五节　关于恋爱

孩子们对恋爱的态度不同，恋爱中孩子的心情也是矛盾的。

一般来说，多数谈恋爱的孩子学习不算太好，相当一部分是同学们所说的"混子"，相比学习成绩好的，这些孩子有较多的精力和时间，恋爱也可以让他们填补多余的时间和释放精力，在一部分孩子眼里，交男女朋友甚至成了混子的标志之一。这一现象也形成了他们"谈恋爱的不是好学生或好孩子，好学生或好孩子不谈恋爱"的观念。当我问起路家镇中学几个学习比较好的男孩子有没有女朋友时，他们赶紧声明"没有没有，我们是好孩子"。所谓的"好孩子"就是学习好的孩子，言下之意是：谈恋爱不是一件"好事"，坏孩子才谈恋爱。南桥镇中学一个女孩开玩笑地说"我是良民"，来否认自己有男朋友。

谈恋爱"会耽误学习，不应该谈，""太浪费时光了"，谈恋爱的同学"太浪费现在的时光了。初中打不好底子，要不然到高中怎么过啊，这日子！""他们就是天天不务正业。""我觉得就是看那种青春偶像剧看得太入迷了"，许多孩子这么认为。恋爱中的孩子更是为此感到困扰，王丽霞是一个学习比较好的女孩子，别的同学知道她谈恋爱后就说她："你学习这么好，怎么也干这事呀？"这让她很困惑，理智上认为不应当谈恋爱，不该为恋爱分散精力、花费时间，可感情上又无法控制自己。

有些孩子是很理智的。

> 学生：我感觉着，如果现在谈……我是预备上大学的，如果我现在谈了，在大学不知道又会发生什么事。现在的任务是学习。
>
> 访谈者：现在的任务是学习，很明确，你们是非常理智的。
>
> 学生：对，可以这么说。
>
> 访谈者：看到女孩子，有没有说"我想跟这个女孩子交往，想和这个女孩子谈恋爱"，有没有这种冲动？
>
> 学生：有时候也有啊。

这个男孩子上初三，16岁，学习应该算上游，考试大概都是十名上下，穿着打扮在班里是比较时尚的，大家公认的帅哥，正如他自己所说的"人缘好"，他对所有的同学都很和气，也很照顾女生，脸上总是一副灿烂的笑容，爱帮助人，同伴们也这么评价他，这让他很招女孩子喜欢。但因为学习成绩比较好，考重点高中很有希望，正如他自己所说"我是预备上大学的"，恋爱会影响自己未来的发展，所以他对女孩子的追求毫不在意，有时也会有喜欢的女孩子，但会克制交往的欲望。的确，对这些孩子来说，谈恋爱意味着花费许多原本可以用来学习的时间和精力，从长远看，意味着可能失去升学的机会，意味着继续留在农村。毕竟，机会在任何时候都是"稀缺资源"，对农村孩子而言，尤其如此，因此对绝大多数即便足够聪明但绝非超常儿童的底层孩子来说，拼的是时间、精力和运气。孩子们虽然不会想到这么复杂，但"谈恋爱会耽误学习""谈恋爱会成绩下降"是许多孩子的看法，还认为"谈恋爱的都是学生混子"，当然，真实的情况可能未必如此，学习好的学生也会有谈恋爱的，但相对来说，成绩好的学生谈恋爱的情况还是相对少些。

无论如何，恋爱会占用时间和精力，因为谈恋爱耽误学习，导致成绩下降的事时有发生，孩子们的观点并非毫无根据。南桥镇中学男孩李立就是因为谈恋爱荒废了学习，感到非常烦恼。我是从他的女朋友和同伴那里了解到他谈恋爱这件事的，后来找他来谈，他很不情愿，一谈到这件事，他就要跑，我让他的同伴拽住了他，经过多次追问，他多少说了一些，在谈话过程中，还是多次试图"逃跑"。

访谈者：说说你谈恋爱的事情。

学生：我没谈过。

访谈者：没谈？说说，说说你和静静怎么开始的？

学生：你咋知道呀？

访谈者：我当然知道。

学生：我忘了。

访谈者：你怎么可能忘了呢。

学生：一年多了呗。

访谈者：你们交往了有一年了？怎么开始的？

学生：班里学生……弄的，分桌的时候，把俺俩调一块儿去了。

访谈者：哦，你怎么看待你自己这个事情？

学生：没想过。

访谈者：没想过，就是说你们在一起的时候，什么感觉？

学生：没感觉。

访谈者：不可能没感觉，觉得浪漫吗，有浪漫吗？

学生：还行。

访谈者：你也交往了这一个女孩子了，你认为女孩子都是什么样的？

学生：过去的事情都不愿提。

访谈者：据你对她的了解，你和她在一起这么长时间了，你对她有所了解了，有没有什么看法？你们对这个事情有没有什么看法？

学生：不知道。不愿提。

访谈者：为什么不愿提呢？

学生：烦。

访谈者：烦？烦什么？

学生：气得慌。

访谈者：气得慌？这是你的一个心情是吧？为什么气得慌？

学生：看见她就烦。

访谈者：看见她就烦？跟我谈一谈我就想了解你和她在一起什么情况？

学生：没情况。

访谈者：你们俩在一起，时间也不短了。

学生：没几天。

访谈者：没几天？多长时间了？差不多有一年了。这个时间很长喽。十几了你？

学生：15。

访谈者：15周岁？

学生：嗯。

访谈者：没关系，我想了解你们这个事情。（他总是试图逃开）

学生：你知道就行呗。

访谈者：但是我想了解你的想法，因为这个事情在同学们中间也很普遍。我想了解大家是出于什么样的需求？为什么想去谈恋爱？明明是老师禁止的事情。

学生：我本来学习也血（方言"很"的意思）好，也是十来名里，都是……那时候，她来找我了，嗯……俺俩谈了，然后，学习越来越差，都跟她分了，想学会儿习吧，又学不好了。

访谈者：你觉得是她来找你。你们俩是谁先追谁啊？谁追的谁？

学生：她找的我，我没找过她。

访谈者：你这么说？

学生：本来我不愿意的。

访谈者：本来学习不错，然后呢，跟她谈恋爱之后呢，你学习成绩下降了，所以你是不是因为这个看着她烦？

学生：嗯。

访谈者：是这个原因吗？

学生：对。

访谈者：你觉得她耽误了你？

学生：嗯。

访谈者：那你现在什么想法呢？

学生：现在？

访谈者：其实他们都说你挺聪明。

学生：现在学不下去了。

访谈者：那你学了吗？

学生：不愿学。

访谈者：近来点，看我这个录音机都够不着你了。过来过来。

（他还是试图逃开）

学生：算了，别说了，我有事儿。

访谈者：有什么事啊？我知道这还没到（上课）时间呢。我就是想知道你的心态，你们在一起的时候你觉得快乐吗？愉快吗？

学生：不愉快。

访谈者：在一起的时候还不愉快，为什么呢，怎么不愉快？

学生：不愿意提。

访谈者：不愿意提。为什么不愿意提？是不是因为这个事情很伤心？伤心吗这个事情？

学生：有啥伤心的了。

访谈者：那为什么不愿意提呢？

学生：本来没想跟她那啥。

访谈者：是不是看中别的女孩子了？

学生：是，挺早的。

访谈者：哦，之前还有。在她之前还有。还跟其他女孩子谈过？

学生：对。

访谈者：那是什么情况，谈了多久？

学生：嗯……那也没多少天，忘了，小学的时候。

访谈者：哦，小学的时候。在初中呢？这两年了，就跟她在一起过。也跟别的女孩子谈过吗？

学生：有找过我的。

访谈者：哦，有找过你的。没谈，就是跟她在一起谈过。那你们在一起有浪漫的时候吗，觉得浪漫吗？

学生：不浪漫。

访谈者：不浪漫？这么看你们之间的关系？那你现在什么情况呢？

学生：现在？以前的事不愿提了，先学好习吧。

访谈者：学好习，那你现在学习吗？学习怎么样？

学生：学习啊，反正……是，越来越差呗。

访谈者：那你觉得下一步？初二结束了，马上到初三了。

学生：暑假以后不愿意上了。

访谈者：暑假之后就不想上了？干嘛去？

学生：出去玩儿去。

访谈者：出去玩儿？

学生：不愿意上了。

访谈者：为什么不愿意上了？那你怎么办啊，就出去玩儿去？

学生：嗯，啥也……学不会，还不够花钱的嘞，也考不上。

访谈者：想没想过再发奋一下？

学生：没。

访谈者：没有啊。为什么呢？你是不是因为这件事怨恨她？

学生：不怨恨。

访谈者：那你还看到她烦，烦她。不怨恨，但是烦，

学生：本来就烦。

访谈者：本来就烦？本来就不喜欢她？不喜欢她，那你怎么还跟她在一起？

学生：散伙呗。

访谈者：散伙。你想过以后做什么事情吗？暑假结束之后就不想上了，想干嘛去？

学生：玩呗。

访谈者：玩？那你靠什么？

学生：打工耶。

访谈者：去哪里打工，有计划吗？

学生：没有。

　　"烦""气的慌"是李立对自己恋爱和女朋友的基本心态，他是个聪明孩子，本来学习成绩还是不错的，在班里排十名左右，自从谈恋爱后，成绩一路下滑到班里下游的程度，于是和女朋友分了手，但已经学不会了，升学无望，继续上也是白花钱，想上完初二就出去打工。李立把自己成绩下滑的原因归咎于谈恋爱和女朋友，因此"烦"女朋友，但毕竟还是有感情，又恨不起来，心里很矛盾。在他看来，恋爱真的在某种程度上改变了他的命运，如果没有恋爱这回事，他的成绩或许不会下降，或许能升上重点高中，再或许能上大学，但现在他想出去打工，即便推迟到初三，看他当时的学习状况，几乎没有升高中的希望，一旦走上打工这一步，可以想象到他将来的生活情景。不能否认，生活可以有多种的可能性，照目前社会变化的状况，生活常常会发生让人意想不到的变化，但对他这样一个出身社会最底层、无学历的少年来说，生存和发展的空间有多大？变化的可能性又有多少？

　　比较起来，路家镇中学那位"预备上大学"的男孩要理智多了，也幸运多了。同是十四五岁的乡村少年，在处理爱情问题采用了不同方

式，可能导致他们未来命运的巨大差别。这一切对南桥镇的李立来说，用"一失足成千古恨"来形容应该不算夸张吧？而对路家镇的那个男孩来说，也许他是目前还没遇到心仪的女孩子，假如能顺利升入重点高中，随着生理和心理的成熟，未来三年，他可能面临更多爱情的诱惑和选择，如何抉择，如何行动，会直接影响他未来能到达的地位、获得的财富以及名望。

可见，对于农村少年来说，爱情是奢侈品，他们输不起本来就很少的资源。

李立因为恋爱荒废了学业，南桥镇中学男孩建设是因为学习成绩下降后开始谈恋爱。

访谈者：初一为什么不谈恋爱？

学生：初一没想过这么多事。初一我学习还不错，初一，初一学习还上中等嘞。初一一开始，俺老师他不教俺（指现在的班主任），我数学就算不错，从他一当俺班主任，我成绩就差了。

访谈者：那你说这个话的意思是想说明你现在学习不好了，所以愿意去谈恋爱了？

学生：不在那。

访谈者：哦？

学生：有喜欢的人啦。

访谈者：要是你学习好呢，也会谈？

学生：那也会谈。

访谈者：那你们觉得学习和谈恋爱这个事情是矛盾的吗？

学生：对我来说没有。

从谈话中可以感觉出来，他觉得自己初一时学习还算好，所以不谈恋爱，后来学习成绩下降，所以谈恋爱，尽管后面说是因为有了喜欢的人才谈恋爱，否认学习和恋爱有矛盾，但当我开始问他为什么初一不谈恋爱时，他下意识的回答是"初一时学习还算好"。

因此，该不该谈恋爱？谈恋爱会不会影响学习？谈恋爱与学习如何协调？这是孩子们必然面临的问题，也是恋爱中的孩子一直纠结着的事。谈到这个问题时，孩子们的态度很不一致。

访谈者：就说你们班吧，谈恋爱的大概有几个人？据你们了解，你们能看得出来的。

学生 A：两三个。

访谈者：在谈，那你们怎么看这个事？

学生 A：谈着呗。

访谈者：那你们是赞同这个行为还是不赞同？

学生 B：不赞同。

访谈者：为什么呢？你呢？

学生 C：也赞成也不赞成。

访谈者：赞成怎么说？

学生 C：赞成，这是个人的事儿。

访谈者：哦。

学生 C：不赞成就是影响学习啥的。

一些经历过恋爱的孩子对自己的爱情是矛盾的，他们感到左右为难，谈恋爱之后学习成绩的下降让他们感到后悔，但对恋爱本身又并不觉得遗憾。

访谈者：你们怎么看待这个事情？

学生：觉得现在年轻，很小，不适合。

访谈者：不适合还……你们这不是矛盾吗？

学生：现在想起来……

访谈者：后悔吗？

学生：说实话吧，有点后悔。

访谈者：后悔什么？后悔跟她在一起还是后悔这件事？不该谈？

学生：后悔这件事儿。

访谈者：那你觉得跟她在一起后悔吗？

学生：我觉得不后悔。

访谈者：你这不是矛盾吗？这也很矛盾啊。你们同学在议论这件事情的时候，这类事情的时候觉得应不应该谈？学校里肯定是不允许的，你们都是私下里秘密地，是吧。

学生：对。

访谈者：那你们怎么议论，大家怎么议论？

学生：只要你愿意了，就可以。

访谈者：愿意就可以。觉得可以吗？

学生：对。

访谈者：初中可以吗？

学生：但是实话说吧，初中还是不可以的。

访谈者：怎么叫不可以？那你是做了一件不可以的事情，而且做的时间很长。老师知道你们的事儿吗？

学生：不知道。

访谈者：隐藏得挺好。家里知道吗？

学生：家里啊，我感觉不知道。

访谈者：她家里呢？

学生：感觉也不知道。

访谈者：大家怎么议论这个事情？我就想知道大家对这个事情的态度。觉得它耽误学习吗？

学生：肯定耽误学习的。

访谈者：你觉得你耽误学习了吗，和学习矛盾吗？

学生：应该是耽误学习了。

访谈者：还是耽误学习了。学习在之前和之后，学习有变化吗？

学生：还是有变化的。

访谈者：变好了还是变坏了？

学生：变坏了。

作为旁观者，尚未开始恋爱的孩子们虽然还没开始经历恋爱的烦恼，但所见所闻的恋爱故事也让他们觉得恋爱是一件说不清的事，说不清该不该，也说不清是好还是坏。

访谈者：那谈恋爱，你们班主任肯定不同意，都压着，那他发现后什么反应？

学生：做工作。揍……

访谈者：做工作，还揍啊？

学生：哎，那家长……

访谈者：你们呢，你们对这个事情什么态度？

学生：学习不好啦，谈吧，不愁没对象啦。

访谈者：你们觉得可以谈？

学生：我觉得可以谈。

访谈者：就刚才说的好处，还有其他好处吗？

学生：呵呵……反正俺没谈过，俺不知道。

访谈者：就是你们觉的呢？对这个事情的态度，你们了解吗？

学生：谈恋爱，以后可以……说不上来。

访谈者：谈恋爱对学习……

学生：还有就互相帮助有啥事情都可以说说，不用互相藏着。

访谈者：嗯，你们呢？

学生：没谈过。

访谈者：你对他们谈什么态度？

学生：嗯，血（方言，非常的意思）刺激。

访谈者：你看别人谈什么感受呢？

学生：眼儿气！

访谈者：眼儿气？就没人跟你谈，觉得没有才眼儿气呢？你觉得这个事情应该支持还是反对呢？

学生：不好。

访谈者：怎么不好。

学生：应该学习，谈恋爱，不该不该。

学生：有的不是。

访谈者：你呢？

学生：觉得不好。

访谈者：为什么？

学生：说不上来。

访谈者：你呢？

学生：不好。

访谈者：也觉得不好，为什么呢？刚才他们还说了一些好的。

学生：你长大吧？你成家立业吧？你不会谈恋爱行不？俺班那小闺女净谈，今里跟这个男生出去了，明天跟那个出去啦。

访谈者：哦？

学生：练习哩……

访谈者：哦，练习，你们几个觉得呢？

学生：都是玩啊，看跟啥人谈啦。

学生：哈哈哈……

学生：你想谈。

学生：胡说八道。

访谈者：你们几个有想有男朋友的吗？

学生：不想。

访谈者：你想吧？要不怎么眼儿气啊？

学生：不。

访谈者：那你呢？

学生：说不想是假的。

学生：俺真不想。

可以看出，对于这些孩子们来说，恋爱是有吸引力的，如果遇到喜欢的人，很多孩子还是会去追求或者接受，尽管有些孩子很难为情，不想承认这一点，或者表面上坚决地否认这一点，但言语之间还是透露出对爱情的好奇和向往。有些孩子则明确表示，如果有人追求自己或者有自己看中的，会去考虑谈恋爱。

访谈者：你们会怎么办，或者说如果有男孩向你们表示，……你们想象一下按照你们的想法你们的愿望，你们会怎么处理这个事情？

学生：应该先答应，然后再看看。

访谈者：先答应再看看，考查，怎么看法？你先答应跟他交往啊？

学生：就是比同学关系再近一点，不属于那种正式的。

访谈者：这个之间有黑白分明的界限吗？

学生：应该有。

访谈者：应该有啊？你觉得呢？比如说有男孩向你们表示，你怎么办？

学生：我会先跟他熟悉一段时间，了解一下。

实际上，在接受访谈的孩子中，两成孩子在谈恋爱，六成以上都承认心里有喜欢的异性，而且表示自己已经是在"暗恋"对方。

除了恋爱本身的吸引力之外，一些孩子认为模仿、从众是谈恋爱的重要诱因。

第一段

学生：我觉得就是看那种青春偶像剧看得太入迷了。

访谈者：哦。

学生：就是学的吧，盲目从众的心理。

学生：我觉得也有电视方面的意思。

第二段

访谈者：你跟两个男孩子相处，还有你，也有男孩子追过，你们对这个恋爱什么看法？

学生：谈恋爱吧，满足心理的欲望，因为在学校里吧，很多谈恋爱的，见了自己心仪的男孩子啦，也想干啥。主要是满足心理欲望。这样说吧，我喜欢他，他知道我喜欢他，但是我见了面给别的女孩说，就吃醋。或者是远距离觉得他好看，真正地谈了，亲密接触了，就不是那回事了。所以说只是满足心理的欲望。

访谈者：什么欲望呢？

学生：人家都谈。

访谈者：所以自己也想谈？

学生：其实谈恋爱是春日里的一把火，总有燃烧完的那一刻。

访谈者：哈哈，总有燃烧完的那一刻。

从孩子们的话语中看得出，模仿、从众心理和基于本能的异性吸引力交织在一起的，促使一些孩子陷入情网。

但是，可以跟从和模仿"恋爱"，还可以跟从和模仿"不恋爱"。不恋爱少了本能上吸引力，但多了老师和家长支持。两种相反的模仿对象和力量，让恋爱中的那些"心事重"的孩子，特别是女孩子顾虑重重。

第一段：

学生：因为现在很小，父母特别注重这方面。注重女生这方面的事，由于种种原因，现在父母大多数都出去打工，母亲或者有的根本就不在家，有的母亲在家。我感觉让别人去堵父母的嘴很不好。

访谈者：别人会怎么说呢？你们觉得这个重要吗？

学生：重要。特别是村里人说你疯，在农村不是城市。不像城市那么开放。

访谈者：你们觉得农村还是不开放。

学生：比较封建。

第一段：

访谈者：你对这个事怎么看。看见别人谈恋爱自己也想吗？

学生：不想。

访谈者：不想？

学生：我不想让我爸爸妈妈抹黑。

访谈者：你自己也感觉这个事情是给父母脸上抹黑？

学生：如果谈恋爱会有很多的事情，有的男生是混子之类的，纯粹是玩，做的很过分。去旅店。

访谈者：真有？

学生：嗯。

访谈者：初中就有？

学生：有。

访谈者：是吗？你们班有吗？

学生：不知道，但是我见过。

访谈者：初中就有啊？

学生：嗯，初一就有了。

访谈者：啊？懂吗，知道吗？

学生：哈哈。

访谈者：你觉得不想给父母抹黑，但是别人这样看。比如说她（在场的另一女生）也谈了，你觉得给她父母脸上抹黑了吗？

学生：别人都不知道。

访谈者：别人都不知道就没事啊？哈哈，知道了就不行了，哈哈。

学生：村里知道了，就会在父母后面指指点点。父母很难抬起头做人。

无论如何，在恋爱中，女孩子承受着更多的限制和压力。人们通常认为，一旦发生什么事情，吃亏的都是女孩子，女孩们的家长也往往把这当作阻止孩子恋爱的一个重要理由。

南桥镇中学女孩张芳芳就面临这样的困扰。芳芳17岁了，我们交谈开始不久，她就有意把话题引到恋爱问题上来，但因为不知道我对这件事的态度，不好意思直接跟一个陌生人谈这件本来就很难为情的事。

在我问她平时看什么电视时，她给我讲了一个电视剧里的故事，接着问我故事中恋爱着的女孩该怎么办，然后告诉我她身边发生过差不多的故事，之后还问我"你感觉我像那种人吗？就是那种谈过恋爱的？"，最后终于承认她讲的实际上是自己的事。芳芳觉得"这就是丑事，要是周围的人知道会让家里人抬不起头来"，"有点感觉这样对不起家里人"，"比如说让周围的邻居啦，什么啦，一些人知道有可能会看扁家里人，是吧？"其实，芳芳的顾虑和烦恼不是她想象出来的，她向我讲述了家人发现她谈恋爱后的反应和发生的事情。

学校里镇长的儿子，他在乡镇上住，俺叔也在乡镇上，他给俺叔说了，我跟谁谈着哩，俺叔叔特别生气，就回家了，骑摩托回家就给俺妈说了。我就给俺叔解释，我说没有谈，就是认识，没谈别的，没谈啥感情。俺家里人都相信我，都知道我脸皮特厚。我承认我脸皮厚，爱说话，爱打打闹闹，大大咧咧的，什么也没有。当时俺家人相信了，俺一大家子，以前俺家并不是说有钱，俺二奶奶她看不起俺，捉弄俺家人，俺爸爸跟俺妈，俺妈在家，俺爸爸去北京了，上俺爷爷奶奶家的时候，捉弄俺，看不起俺，欺负俺。这一段时间俺爸爸在北京挣钱了，俺家有钱了，她这时候看得起俺家里了，对俺家都尊重了，俺妈说来，咱家现在刚抬起来头，你要是在学校再给我弄什么丑事，你这样让我永远抬不起头了，俺妈给我说的这样的话，但我一滴泪也没掉，我心里也说不来，负担特大。我就直接给那个男生打电话说，散了吧，我说咱俩不谈了，算了吧。俺家里知道这事了，咱俩散了吧，不谈了，我说。那个男生就是说："这是啥事啊。"他说，就是说，什么事啊想死去，不想活了。我当时就害怕了，他父母见过我，但是俺父母都不知道这事，谈了，就是他小妹妹过生日，……我买的生日蛋糕，给他小妹妹过生日，他家人都见过我，并没有说不同意的意见。然后我就是说，我就给他，咱俩算了吧，我说家里知道啦，我说。我不想辜负家里人，他就要死要活的。他说："咱又不是说非到了那种无可救药的地步了。"我不敢面对，我说来，我就是心理负担特大，这礼拜天俺妈说来天天在家待着，我说没劲在家待着。俺妈说咋啦？我说没事。我就几乎不敢给俺妈说。今天上午搁班里说别不高兴了，就是跟我在一起比较要好的都劝我，我说没啥。我就是问俺那几个要看好的同学说："是不是要给他分啊？"俺那几个要看好的同学说："我觉得没必要，你真跟他分啊？"我说我转学吧，我想转学。他们说如果你转学的话你到一个环境你又不适应，你得再经过一段时间你适应了。我说那我也不想在这里待了。我就不知道咋面对了，我说咱这一段时间，别说话了，就是别见面了，就像你说的那种心理负担特别大那种，我就觉得对不起家里那种，就连周围的人他们都看不起。

芳芳父母认为她谈恋爱是一件严重的事，一件丑事，母亲因为要观察她推迟了出去打工的时间；芳芳自己也认为父母是对的，自己的行为让父母出丑，她为此感到十分内疚，提出和男朋友分手，却又不忍心让男朋友伤心难过，而且自己也已经很依赖和男朋友的这份感情。所有这些纠缠在心里，让她很煎熬，谈话中能够明显感觉到她的迷茫、困惑和心中的压力。相反，男孩"家人都见过我，并没有说不同意的意见"，显然，男孩家里是默许了他们交往的。其实，男孩家人默许的不仅是芳芳这个可能的未来儿媳妇，他们默许的还有男孩谈恋爱这个事实，对男孩来说，这不是什么"丑事"。

在采访中发现，认为谈恋爱会让父母丢脸、自己感到羞愧的都是女孩子，而且多数女孩子的父母会阻止子女谈恋爱，相反，男孩子一般都是从是否影响学习的角度考虑恋爱问题，他们没有"谈恋爱会让父母丢脸、丢丑"的意识，相应的，男孩子的父母一般不明确反对孩子谈恋爱，通常采取不管不问的做法，有时可能会默许他们这一行为。

有意思的是，由于学生谈恋爱的现象很普遍，老师们也习以为常，老师，特别是女老师常常会站在"女孩受伤"的立场教导恋爱的女生，路家镇中学一位女老师就这样给正在恋爱中的女孩王丽霞做工作。

学生：那次俺老师给我说，如果你两个分了的话，受伤的只是你，现在这男孩，一会儿喜欢这个，一会儿喜欢那个。

访谈者：这是老师说的话？

学生：对。

访谈者：老师这么说话？你们老师是男的还是女的？

学生：女的。

访谈者：哦，她是告诉你们现在男孩比较花心。

学生：对，分了以后，受伤的只是你。

此外，很多孩子从实用的立场考虑爱情问题，前述几个孩子说的"学习不好啦，谈吧，那个干啥喽，不愁没对象啦""你长大吧？你成家立业吧？你不会谈恋爱行不？"就是这个意思。一方面，大多数升学无望的孩子毕业后很快就面临婚姻问题，如果能在学校里谈一个自己喜欢的是再好不过的，省得以后父母给自己包办一个不知道什么样的人，尽管现在的多数父母能够尊重孩子的意愿，但现实的情况是，孩子只有在学校里才有更多的机会与来自不同村庄的孩子接触和交往，离开学校之后，父母包办可能就是一个不得不接受的选择。另一方面，孩子们也隐约认识到谈恋爱需要学习，成家立业，"不会谈恋爱行不？"尽管觉得这时候的恋爱"不现实""没有用"（家长不同意），但还是想在一起，目的是"为了享受一下""想练一下"，就连老师们也说"叫我们'早恋者，早练也'，第一个'恋'是谈恋爱的恋，第二个是练习的练"，也许这只是老师们的玩笑话，但不能不说这是他们在无意中透露出的对孩子们谈恋爱的认识和态度。但也有孩子认为现在不应该谈恋爱，应该努力专心学习，因为"学好了，考上大学，啥好媳妇找不着啊"，"以后当官了，女朋友一大堆"，如果因为谈恋爱耽误了学习，自毁前程，那才是得不偿失，也是一种实用的立场。

此外，有些女孩子的恋爱有另外一种现实的实用目的。南桥镇中学的芳芳向我讲述了这样一些女孩子的情况。

访谈者：那其他的同学也有谈恋爱的吗？

学生：也有，其余的就是为了这个，你也知道校园的这个校园的打架吧，一般这个女的都是为了靠跟男的那个谈，混，就这样，谈了，混的就比较好，所以就这样，所以才跟这个男的谈，俺班普遍的都有。

访谈者：打架？你说说这个事情。就是说那种因为这个事情打架，你说的打架跟这个有什么关系？

学生：有好多方面。就是说感觉谁混的好啊，就跟他好。

访谈者：哦，然后那个怎么又引起打架呢？

学生：就是以后谁也没人敢欺负她啊。

访谈者：打架又是因为什么原因引起的啊？

学生：就像吵了架吧，一般都没多大事吧，她会想起找人揍那个谁，就说因为一句口舌，就打架。

访谈者：哦，那个打架跟谈恋爱有什么关系啊？

学生：谈恋爱可以罩着她啊，就可以让他帮她啊。

访谈者：哦，这个女孩子投靠这个人，跟他谈恋爱，目的就是为了她跟别人吵架的时候有人帮她。然后呢，也确实发生过这样的事情，跟别人吵架了，发生冲突了，然后这个男生就来帮她。

学生：很多。

学生：有，很少，我感觉。

访谈者：你们刚才说的有投靠男孩，男孩是一种什么情况？

学生：就是说学习不好吧，就是说在学校里混吧。就是给她安全感吧。

这样的女孩子会和有一定势力的男孩，一般是所谓的"学生混子"谈恋爱，作为靠山，让男孩帮自己树立威严、发展势力，这些女孩自己也被同学们看作是混子。

谈恋爱"没用""没意思"也是一部分孩子，尤其是男孩子的看法。"谈恋爱有啥用呀？以后上学，也不知道能不能在一个学校，有的不上了，有的打工去了，啥用呀？还知不道能不能在一块儿嘞"，虽说年龄尚小，但他们并不是不考虑未来，仍然希望现在的恋爱能有一个"结果"，男孩子们希望能娶上自己看中的、谈过恋爱的"媳妇儿"，而不是等着家里包办一个自己不认识的女孩，更不要"打光棍儿"（他们认为那是一件很痛苦也很丢人的事）。暂时不能结婚，又难以预料将来能否真正在一起，这一现实让孩子们对目前的恋爱充满迷茫和无奈，这一心态在南桥镇中学初三年级男孩子那里表现得尤为突出。南桥镇的升学成绩不算太好，只有差不多三分之一的学生能升上县一中，其他孩子进普通中学，或者进技工学校，还有一部分学生会外出打工，少部分可能会留在家中给父母帮忙（种地和干其他家庭副业），到了初中三年级，孩子们正面临着这一人生转折。

无论出于什么目的谈恋爱，经历过恋爱，孩子们都会多多少少获得一些关于异性的经验。比如女孩子会觉得男孩子花心，"吃着碗里的，看着锅里的""男人的话不可信"，男孩子会觉得女孩子不可捉摸，"女人心，海底针"。

第六节　本章小结

在中国传统观念里，传宗接代是男女结合的重要目的，门当户对是重要标准，恋爱是不被鼓励的，相反，这是在很大程度上受到排斥的行为。

"五四"以后，自由恋爱成为风尚，但在偏僻落后的农村，特别是山东农村，旧风依旧，这一方面是由于根深蒂固的观念所致，另一方面是由于传统的农村社会很少为男女青少年提供交往的场所和机会，因此，父母之命、媒妁之言仍然是男女缔结婚姻的重要途径。

反过来，以农业生产为基础的基本生活方式没有彻底改变，观念也不会改变，娶妻生子、传宗接代依然是婚姻的重要目的，况且，观念和意识具有极强的滞后性，并不会随着生活方式的改变而立刻转变。

此外，中国传统观念中没有"青春期"的概念，但有"成年"的意识，两个概念所代表的意义不同，而且进入青春期和成年的时间不同。更重要的是，在传统中国社会，成年和未成年的界限并不完全清晰和固定，而且在乡村社会，成年和婚配的时间也并不是完全对应的，未成年而订婚甚至结婚的大量存在。1949 年以后，虽然有法定结婚年龄，但农村社会并不严格遵守，事实上，时至今日这种情况依然存在。

但 90 年代以来，农村的生活方式发生了一些变化。农村入学率上升，绝大多数孩子都能上到初中毕业，也就是说孩子可以在学校里至少待到青春期的中期，这时候，恋爱成为一件自然而然的事。另外，这一代孩子的家长是伴随着改革开放成长起来的，相对比较开通，对恋爱不那么排斥，而他们绝大多数又不会去想什么年龄可以恋爱、结婚，相反，传宗接代的观念在他们身上依然深厚，因此他们对孩子的恋爱比人们想象中宽容得多。所以，很多家长并不那么阻止孩子的恋爱，如果孩子学习不好，升学无望的话，就更是顺其自然了，甚至希望孩子能自己谈恋爱解决婚姻问题，这种传统与现代交替的状况就给孩子们的恋爱开辟了一个小小的自由空间。当然也有极力阻止孩子谈恋爱的家长，一般是学习成绩好一些的孩子家长，或者女孩子的家长，其中理由自然是谈恋爱影响学习，而女孩子谈恋爱是一件"丑事"，担心不小心会出丑（南桥镇的孩子们就说，一般是"男生家里同意，女生家里不同意"）。

需要说明的是，由于南桥镇孩子父母在外打工的非常多，对孩子疏于亲近和管教，孩子比较自由，也需要从恋爱中寻找感情慰藉，因此，南桥镇中学谈恋爱的比例明显高于路家镇中学。

可见，南桥镇和路家镇两个中学孩子的恋爱是在即传统又有些现代的社会环境中进行着。一方面，普遍的传宗接代的传统观念使得孩子们可能在初中毕业后的短短几年时间里就面临婚姻大事；另一方面，新一代的父母在婚姻问题上，开始更多地考虑孩子的意愿，同时幸运的是，义务教育的普及，给青春期的少男少女们提供了交往的场所和机会。正如大学是那些有幸接受高等教育的青年们培育爱情的时期，而对许多农村孩子来说，这个时间提前到了初中。不仅如此，农村孩子的恋爱除了相互吸引的愉悦外，还有结婚成家、传宗接代的责任感。事实上，这种传统与现代的交织贯穿着他们的整个爱情之旅，养成了他们恋爱的心理、观念和行为，那些从祖辈那里继承的，又从信息发达的现代生活中获得的混杂的恋爱心理、观念和行为。

然而，"作出一个选择意味着放弃其他选择。你所做的每一个两性关系间的选择都会有利有弊"。① 是的，对于这个年龄的农村孩子来说，不仅选择和谁交往，单是选择是否恋爱就是一件可能影响他们未来生活的决定，对学习好的孩子尤其如此。南桥镇中学的李立和路家镇中学的张正化是两个典型的例子，面对爱情，他们做出了不同的选择，可以预见的是，这种选择可能成就他们未来不同的生活道路。但无论如何，不能就此判断李立的选择是错的、没有远见的。事实上是，对于这些农村孩子来说，可供他们选择的恋爱对象是稀少的，不过是生活在方圆十几公里左右村庄里的孩子们，更残酷的是，在发现选择不当后，他们几乎没有纠正的机会。因此，从某种意义上讲，那些试图向上流动的农村孩子没有太多恋爱的自由。当上、下之别成为一种既定和必须的社会结构，总是有一部分人失去这样或那样的自由。

此外，这样的一种传统与现代的混杂也对教育者提出了一些令人感到困惑的问题。

首先，从什么年龄开始恋爱是合适的？什么年龄的恋爱称得上是真正的爱情？今天的教育者通常称这些孩子的行为是"早恋"，甚至认为他们是在简单地模仿成人，不是什么爱情，但孩子们是认真的，他们或她们和那个异性对象间的关系与其他异性对象是完全不同的，有特别的意义，这种心理和行为甚至可以提早到小学。从尊重和认真对待孩子的立场上讲，教育者依据什么标准否认他们的恋爱呢？否认之后，又该如何定义这种行为？的确有"早恋"这个概念，但通常是指高中生的恋爱，那初中生和小学生呢？也是早恋吗？

进一步要追问的是，成人与孩子之间是否有明确的界限？如果有的话，是什么时间？这个界限能够规定恋爱的时间点吗？如果没有的话，

---

① ［美］大卫·诺克斯、卡洛林·沙赫特：《情爱关系中的选择》，金梓等译，北京大学出版社 2009 年版，第 3 页。

又凭什么轻视和阻止孩子的恋爱？或者换个问题，通常认为恋爱是成人才会有的行为，那么前面所讲述的孩子的这些行为该如何定义？

再进一步追问，恋爱究竟是什么？究竟什么是恋爱？到底依据什么标准区分恋爱与非恋爱？恋爱的要素除了性和爱慕之外，是否还需要有"成年"？"成年"是否就是教育者阻止孩子们恋爱甚至否定他们恋爱的绝对理由？当然学业更是名正言顺的理由，事实上，为了学业——这个与未来生存和事业直接关联的重大事件——可能才是真正促使教师、家长阻止孩子们恋爱，许多孩子自动放弃恋爱的深层理由，毫无疑问，这个理由是"理性"的。

当生存变得不那么自然而然，变得更复杂，变得不那么纯粹，甚至变得艰难时候，人们不得不对恋爱加以种种限制，以使它符合生存的需求，恋爱不再仅仅是一种生存的状态，有时它被人们当成生存的手段或工具。为了使用起来更方便，可以按照生存的需要对工具进行进一步的加工，这样一来，恋爱变成了一件可以有目的地操作的事件。

第七章　生活与学业中的对错、优劣

不像城市生活，南桥镇和路家镇的生活没有那么多的刺激和诱惑，可能不会发生太多令人激动兴奋的事，相对来说，这里的生活依然是宁静的。但像中国其他地区的农村一样，南桥镇和路家镇也在经历着变迁，电视的普及、互联网的进入、外出打工的父母、乡镇工业和乡村经济的缓慢发展，都在不知不觉中为他们的生活和学业带来了变化。

第一节　生活的色彩

学习是这些孩子生活的主要内容，除了上正式的课外，住校生还要上晚自习，所以课余时间并不多，特别是平日上课期间，除了正常的课间休息、午饭、晚饭时间，没有娱乐时间。周末和假期回到家里，多数孩子会帮家里干些家务或农活，当然干得并不多。

南桥镇孩子的父母外出打工的非常多，家里只种植一些小麦、玉米等粮食作物，无须经常打理，平时只要浇浇水、除除草即可，老人就能胜任，不需要孩子们参与，有些家庭索性把地承包出去，更省去了干农活的麻烦，专心在外打工，这样家里基本上没有什么农活需要孩子们做。路家镇的孩子干得家务和农活就要多一些，因为种植大棚需要经常打理，孩子们周末和假期里会帮家里干一些家务，也经常会到大棚里干些力所能及的活儿。这一差别不仅在访谈中有所体现，在问卷中也反映了出来，两个镇孩子课余时间做得最多的都是看电视，南桥镇依次是学

· 257 ·

习功课、和朋友玩耍、干家务农活、看课外书、上网聊天、体育活动、逛街、上网打游戏，路家镇依次是干家务农活、学习功课、和朋友玩耍、看课外书、上网聊天、上网打游戏、逛街、体育活动，其他方面都差不多，只是路家镇孩子的家务农活干得多一些，据孩子们说他们的一个同学不住校，自己能"弄一个大棚"，令他的同学们震惊，不过多数孩子只是在假日里在大棚里干一小时左右的农活，显然，这一差别与两个镇子的生产方式密切相关。不仅如此，由于路家镇有很多家庭作坊式的小企业，有些孩子会在暑假期间去这些地方打工，孩子们说在那里"穿钉子"或者"打卡子"，就是加工一些小的机械零件，一天能挣十到二十元钱，可以给自己挣个零花钱。

其实，孩子们没有太强的零花钱的概念，多数农村的父母不像城市父母一样，按月有规律地给孩子一定数额零花钱。孩子们每周日晚或周一早上离开家去学校时，父母会给孩子们二十元到五十元钱的生活费，除了吃饭会剩下一些钱，加上从其他渠道会得到一些钱（比如压岁钱、其他长辈给一些钱，父母也会视需要给孩子一些钱），孩子们会买一些文具、零食之类的东西。从问卷中的情况看，以买文具居多，然后是买课外书、零食、衣服、喜欢的小玩具、衣服、人情往来、上网等，男女生的情况差不多，有些孩子另外填上了买充值卡、乱花、存起来等，也有些孩子说没什么零花钱，过节得到的压岁钱也都被爸爸、妈妈收回去。不过在采访中了解到，家里会另外给孩子们买衣服，这似乎是合乎情理的。其实，除了以上提到的那些，镇子里可供孩子们消费的地方也不多，而且一些孩子知道自己家境不太好，更是很少花钱，一个男孩就说自己知道家里不是很有钱，所以除了吃饭基本不花什么钱，每周的生活费花不完就再放回家里，回学校时再拿。

看电视是孩子们最重要的娱乐方式，占用了他们很大一部分课余时间，在问他们周末或假期回到家都玩儿些什么时，孩子们往往脱口而出"看电视"，一个孩子开玩笑地说"电视一开，到晚上 12 点，基本上是电视一开，这边躺着，那边吃着，人生一大享受"。

镇上和村子里可供娱乐的方式和地方并不多，当然镇上有一两家网吧，孩子们、特别是男孩子偶尔会偷偷溜出学校跑到网吧里玩儿，个别男孩子甚至会溜出去打通宵，但这种情况极少，多数孩子还是趁周末或假期到网吧里玩玩儿。看影视剧、聊天和打游戏是孩子们上网的主要活动，但由于条件所限，上网并不是孩子们的主要娱乐，这和城市孩子有很大不同。尽管如此，有限的网络活动还是使这里的一些孩子享受着和城市孩子一样的游戏，孩子们用 QQ 聊天，玩地下城与勇士、问道等最新的网络游戏，其中一些孩子还在游戏上表现出过人的天分，个别孩子还大着胆子见过网友，南桥镇的一些孩子还从网上的视频里学会了街舞，在学校的艺术节上表演，在同学中引起了震动。网络似乎的确能在一定程度上进一步缩短城乡之间在某些事情上的距离。

城乡距离的缩短还表现在其他一些事情上。南桥镇和路家镇虽然还不能说是穷乡僻壤，但在中国也还算不上发达的农村，许多孩子甚至从没离开过自己生活的镇子，但他们还是通过各种渠道自然而然地接受了各种外来的观念和习俗。这里的孩子也开始过圣诞节、愚人节这样的洋节日，尽管可能并不太清楚这些节日的来历和意义，在接受这些节日的时候，中国年轻人创造了平安夜吃苹果的习俗，这里的孩子又再创造一番，"到那天，找二十四个人，一个人借一毛钱，不能找姓赵的，姓李的，不能找这几个姓，找那姓少（指人口较少的姓）的最好了，凑够两块四毛钱，买一个苹果，把那个吃了，头几天就开始筹钱"。

电视、互联网把时尚也带到了这些农村孩子的视野里，一个孩子说她弟弟看了《流星雨》之后就去街上找那里面的服装。如果不仔细看做工，单看款式色彩，这些孩子的穿着与城市孩子并无太大区别，比如运动衣、带褶子的牛仔裤、运动鞋、T恤、马裤、有许多口袋的肥肥的裤子、人字拖鞋、宽大的韩式女装、紧身裤、带有孩子们所说的"非主流"图案的 T 恤……在校园里都能见到。发型也是孩子追逐时尚的一个方面，虽说学校明令禁止，但许多男孩子还是把自己的头发烫成了蓬松的根根向上的"毛穗"，有的还染了颜色，尽管不敢染得太鲜艳；女孩子不敢烫成太明显的卷发，正好可以拉直，也是时尚。穿耳洞也可以表达自己的时尚追求，不是穿一个，而是穿两个、三个，不仅女孩子，甚至个别男孩子也给自己的耳朵穿了洞，这都不是中国农村的传统习俗。

台球是一种颇受男孩子喜爱的运动，其实，与其说它是一种运动，不如说是一种时尚游戏，它也流行到了这些不太发达的乡村。距离路家镇中学校门不到一百米的一个住户家开有一个简易的台球厅，这家人的女主人经营着一个小吃店，专门卖烧饼、菜盒子和其他食品给学校里的孩子们，她利用这个便利在自家后院儿里放了三张台球厅供孩子们玩儿，按五毛钱一局收费。我在路家镇采访时，经常在这里解决午餐，发现了这个很隐蔽的台球厅。来这里打台球的都是男孩子，其中几个经常来，我连续几天碰到他们。孩子们告诉我，这里打台球的规矩是谁输了谁掏钱，有个孩子说他刚一开始玩儿的时候，总是掏钱，后来慢慢地就再没掏过钱了。有些孩子非常喜欢台球，个别孩子甚至有一阵子对它非常迷恋，几乎上瘾。

虽说体育界认为台球是一项在国际上广泛流行的高雅的室内运动，但在许多文艺作品中，它常常与不良青年、黑社会联系在一起。台球厅都是设在隐蔽的室内，球桌上明亮的灯光衬托出四周的幽暗，打球的男孩们看上去悠闲散漫却暗暗较劲，他们吸烟时喷出的烟雾弥漫在台球室内，打球的人在烟雾缭绕的幽暗中慢慢地晃动，带着极力控制的紧张，围观的孩子不动声色地站在四周，球桌上过亮的灯光使他们变得阴暗、模糊，成为一个暗淡而有些恐怖的背景，这一切给台球营造了神秘、危险的氛围。

总之，台球是一种特别的运动和游戏，它具有对抗性，但又没有篮球、足球那么激烈，是一种比较斯文的运动，但又不像棋牌类游戏完全依靠智力的较量，台球在很大程度上依靠肢体的协调和灵活运动。更重要的是，台球运动在一个相对封闭、狭小、幽暗而且安静但又是公共的空间里展开，这使得它不但把那些闲散的少年召集到一起，又给他们提供了一个边游戏、边交流乃至边较量的空间，一个能够避开成人视线的却又是公共的空间。在这个空间里，他们玩耍着，表现着自己，观察着对方，不那么剧烈的运动和安静的室内环境使他们有时间和机会深入地交流，在边游戏边玩耍中，自然地建立起友谊，一个打过几次台球的聪明女孩子说男孩在打台球时，"过来一个人替你打了，把球打了，那个人也不会恼，他给你说话，你也会回答，慢慢的就……以后要是离着近的话，可以留个电话，约出去"。如果嘈杂的迪厅给青春期少年们的偶遇搭建了舞台，那么台球厅就给男孩子们的深入交往提供了一个相对隐蔽的空间。在这里，男孩们可以聊一些他们自己的话题，比如关于女孩子，做一些不能让大人们知道的事情，比如吸烟。我在那个台球厅连续观察了几个中午，每次都能看到几个男孩子从小卖店买烟抽，小卖店把一包烟拆开，论支卖给他们。吸烟似乎成了打球过程中的一个仪式，一个男孩子买来几支烟，分给对手，有时也分给其他认识的男孩子，好像吸烟能使他们更放松，或者吸烟使他们觉得自己更像成人、更潇洒、更酷。还有喝饮料，汽水或果汁，似乎也成了和吸烟一样的仪式。当然，不打台球时，很多孩子也会买饮料喝，但在台球厅里边打球、边喝饮料、边聊天让他们有一种闲散和享受的感觉。

台球厅的确是一个可以让男孩子上演故事的地方，在他们喜欢的《坏蛋是怎样炼成的》里，主人公谢文东最初发迹时的几个关键的事件就发生在一个叫"欣欣"的台球厅里，在那里，他收服了第一个社会上的小混混"三眼"，那个台球厅也成为他的第一个据点。

第二节　小群体与"天儿"

尽管对多数孩子来说，学习是一件辛苦的事，但孩子们还是更愿意到学校里来，因为"在学校里有同学、朋友可以玩耍"，在学校里"不孤单"，在家里"光见父母，那几个人，不知道说啥，爸爸跟妈妈，妈妈在那里做窗帘，爸爸有时候在外面做点什么，我就自己在家里，只有上网，有时候玩着玩着觉得啥意思也没有，看电视……啥的，就想喊小伙伴去，他们几个也都帮家里干活去了，自己一个人，有时候上房顶上躺着玩去"，"以前有个哥哥在家里跟我玩来，后来出去打工去了，没人跟我玩了，整天在家里除了看电视就是睡觉"。家里的无聊和孤单使得即便是学习上有困难、成绩不好的孩子，多数也都愿意到学校里来。毕竟，无论对孩子还是对家庭和社会，学校远不只是一个学习的场所，更是一个促使孩子社会化的地方，当然孩子们不会明确体会到什么"社会化"的问题，但他们自然而然地被学校吸引，在这里，他们学习、交朋友、谈恋爱、摆脱家长的管制、排遣无聊和孤单。因此通过访谈和问卷了解到孩子们要好的朋友更多的是自己的同学，有心事时，绝大多数愿意和好朋友倾诉。

不过，除了谈恋爱，多数孩子还是交往同性朋友，也有相当部分的孩子交往的朋友中既有同性也有异性。多数孩子喜欢交往活泼、开朗、幽默、乐观、善良的朋友，不喜欢脾气暴躁、自以为是、喜欢招惹人、仗势欺人的同学。一些班干部要求其他同学必须听从命令，"比如说跑操的时候，班主任不在这里，他自己就在这里瞎咋呼，班主任在这里，他从来不敢。喊操的时候，该喊两个八拍，他多喊，不该停的，他停，他是体委"，孩子们称这种"觉得自己很厉害，没了他就不行，他说话，必须得听"的同学"相皮"①。那些"有时候好没事找事"、"没事搂人家一下，你走着撞你一下，故意撞人家，人家写作业呢，他也跟人家闹"、"有时候跟人家闹了以后，人家不理他，人家走了，他还找人家闹去，有时候人家不理他，他也不找人家，下了课人家在他附近玩玩，他不叫人家在那儿，男生基本都不跟他玩"、"他跟人家那种闹不一样，他搂人家一下，人家再搂他一下，他还黏着再搂人家一下"的孩子也让孩子们讨厌。

女孩子特别讨厌喜欢说脏话的男生。路家镇的一个男孩子就说自己不明白为什么那次班里让同学匿名评选最差的学生，女生都评的他，他非常气愤，但是不明白为什么，我之后采访他的女同学时，她们说他特别喜欢说脏话，采访中了解到，这是女孩子一致讨厌的男孩缺点。

男孩子不喜欢脾气暴躁、蛮不讲理、霸道和太男孩子气的女生。路家镇有两个女孩子在这方面比较严重，就很让男生讨厌，男孩子说其中

---

① 方言，多用来形容哪种装模作样、跟别人不一样或者喜欢表现自己的人，比如，冬天为了漂亮穿很薄的衣服，装酷，在人前过分表现自己，都可以用"相皮"来形容。

一个女孩"不高兴的时候说这个说那个，她是班长，管班里的纪律，高兴的时候跟别人说话，不高兴的时候管这个那个'别说话'"，"有的女生还挺讨厌她，不愿和她在一块哩。只要有人惹她了，得把气撒到人家身上，她好找我的事儿，俺们好（喜欢）说话，她就气了，还让我滚出去"。

脾气、志趣相投的孩子会形成关系相对密切的小群体，其中学习成绩是划分学生群体的一个界限，当然，性别也是青春期少年划分群体的重要因素。一般来说，学习好的同性别孩子会形成受老师重视的小群体，他们彼此之间有竞争，但又能互相容忍和帮助。路家镇的张丽君和张婷婷是班里学习最好的女生，两个孩子自然地成了好朋友，但张丽君脾气暴躁，对同一个学习小组的同学非常霸道，动不动就训斥他们，男生都不喜欢她，但她学习好，也拿她没办法，张婷婷却是个脾气非常温和的女孩，不爱说话，说起话来柔声细语的，但两个孩子是很好的朋友，学习成绩是让她们成为好朋友的重要因素，或者说学习是她们的共同志趣，张婷婷的成绩使得张丽君欣赏她并能容忍她。

成绩好的学生群体是被学校和社会接受的主流群体，一般来说，学习占用了这些孩子的大部分时间和精力，使得他们没有更多的心思做其他的事。

学习差的孩子就不同了，由于种种原因，当他们在学业上遇到困难时没能得到及时而有效的帮助，或者他们本身对学校体系的官方知识缺乏兴趣，使得他们的学业无法获得令人满意的成绩，在这种情况下，学习生活就成为漫长而乏味的煎熬，这样的孩子在普通中学特别是这种农村中学大量存在。他们日复一日地坐在教室里，听着他们听不太懂的课程，一节课一节课地熬着，这些孩子通常被老师安排在教室后面的座位上。在学校采访期间，我会每天先坐在一个班级里听一节课，为了尽量不影响他们上课，我经常坐在教室最后面这些孩子的身边。上课时候，他们有时在桌上竖起一本书挡住自己，偷偷地看其他的书，或者干脆睡觉，有时趴在桌子上发呆，有时干点其他的事情，比如画画、玩手机或者其他什么东西，有时和其他同学小声说笑几句，偶尔听几句课，实在无聊的时候也会做几道自己还会的题，或者抄抄同学的作业，上课对于他们来说是一件很无奈也很无聊的事。这样的学习状况迫使这些孩子的精力必须寻找其他方式释放出来，更重要的是，这些得不到老师重视、在学校里没有地位的孩子必须寻找其他的方式来确认自己，确认自己的身份、地位和价值，在这个时候，加入或形成自己的小团伙就成为重要的方式。因此，学业上困难、成绩差的孩子最容易形成校园里的非主流的小团伙，成为人们俗称的校园里的"小混混"，当地的孩子也称"混子"或"学生混子"。当然并不是说成绩优异的学生就不可能加入小团伙，只是比较而言成绩差的孩子远比所谓的"好学生"更容易成为小混混。

"好学生"加入小团伙有着另外的原因。谢文东虽然是个虚构的人物，但也许的确能说明"好学生"加入小团伙的状况和原因，一方面是由于偶然的因素接触了小团伙，受到了刺激，或者尝到了甜头，逐渐进入，另一方面是青春期少年本身具有的叛逆、追求自由的心理，过惯了循规蹈矩生活的好学生更渴望打破常规，渴望品尝做"坏孩子"的刺激。和绝大多数普通中学一样，南桥镇和路家镇也有这样的孩子。

孩子们判断"学生混子"的标准主要是是否学习，多数混子"学习成绩不好"、爱说脏话，如果既不学习又喜欢干点违反学校纪律的事，比如"瞎溜达，上课迟到啥的"、逃课、吸烟、喝酒、上网吧甚至打架，就是真正的"混子"，如果进一步加入小团伙，拉帮结伙、打架，"你欺负我，我找人再揍你"，就更是标准的"混子"。在孩子们眼里，混子们喜欢通过发型、服装、动作来"装酷"，比如"走路流流呵呵""叼个烟什么的""有染头发的""男孩有扎耳钉的"。混子常常因为一些鸡毛蒜皮的小事，就和别人发生争吵、冲突，甚至打架，比如"就是打球的时候，打篮球的时候可能是抓了一下，他不给道歉，他走了。第二天，让他去买盒烟去，他不听，就这样"，结果是打架，或者"看着谁不顺眼就揍"，"一句话说急了"就打，南桥镇的一个混子因为看着一个同学个子矮就揍了他，有时男混子为争夺女孩子或者女混子为争夺男孩子会打架，被老师发现了会被送到政教处，严重的会打伤人，有时候甚至会和老师发生冲突打起来。

学生混子通常会以其中一个人为核心形成一个小团伙，这样不至于太寂寞，混子头儿会在交往中扩展自己的势力，小混子能得到保护，这事实上是一个寻找和建立归属感和自我认同的过程。混子头儿是自然形成的，孩子们认为这样的孩子"就是很有能耐"、"人缘好，能打架"，打架时"有人"、"你的人多，别人没敢欺负你"、"有人跟着你"，能够"摆平"，让人"感觉你很行，佩服你"，孩子们说这种孩子"混得好"，但平时他们并不是"很嚣张"、"并不是很显"，南桥镇的孩子对混子头儿有一个特别的称呼——"天儿"。

一个团伙的混子喜欢聚在一起，其中会有一个比较核心的人物，其他孩子成为追随者，"比如上厕所吧，跟一帮"，跟着的是小混混，领头的就是"天儿"。还是在南桥镇，小混混们常常逃课聚在一起，为了避开老师，他们"上课的时候在厕所里蹲着，都在那儿说话，在厕所里玩吧"（农村中学的教学楼没有卫生间，南桥镇中学的厕所建在操场外侧的围墙边上），他们在那里聊天、吸烟什么的，或者躲在操场上教师不太容易发现的角落里玩儿，课间的时候，他们常常会在厕所外的墙根儿下蹲一排聊天、吸烟，或者不去那么远，就在教学楼侧面，"一蹲就是一排，全都在那里蹲着"，在南桥镇采访时，我也的确观察到了这一景象。

15岁的芳芳向我讲述了自己的好朋友与另外两个女孩之间发生冲突的故事，好友看到那两个女孩和芳芳发生冲突，就替她"上前"（替她出气），结果被她们暗地里拦在厕所里打架，芳芳听说后急忙跑去帮助她，在她的威吓和振振有词的理论下，终于"摆平"了那两个女孩子。

张建设上初中二年级，个头并不高，却是一个男孩团伙的"天儿"，最初是因为初三的几个混混在操场上拦住他们的一个同学要钱，同学不给，挨了打，后来建设带领几个同学又拦住初三的混混打了一架，从此他们就玩儿到一起，成为一个相对固定的小团伙，后来还发生过几次和其他混混群体打架的事，他们在一起玩耍、溜达、喝酒、吸烟。

李新宇上初三了，被同学认为是混子，而且"混的还不孬"，他跟自己的伙伴很能聊到一起、玩儿得开，说他们"够义气"，认为他们

"都不孬"、"能玩儿得开，能放开了"，新宇经常跟他们的头头儿一起出去喝点酒、吸烟、上网，而且头头儿老请客，其实他觉得吸烟并不舒服，但不吸的话，其他人会说自己，所以就接受。

事实上，许多学生、特别是学习成绩中游的处于混子与普通学生两者之间，比如芳芳，相比其他孩子，这种孩子更成熟、干练、有胆量，善于交往，有管理能力，学习成绩也不是很差，有时候教师正是看中了他们的这种品质，安排他们做班干部管理班级，往往能发挥他们的才干，芳芳就是这样的孩子。我曾在办公室看到她和班主任老师讨论班级制度的场面，她的思路很清晰，说话很有调理，让我暗暗吃惊。其实班主任也并不把她当做学生混子看待，当然也有些班主任会真的利用学生混子的势力管理班级。

此外，对两个学校的少年来说，吸烟、喝酒、上网吧已经成为学生混子的一种符号，这些符号标志他们与好学生的区别，接受这些符号意味着他们融入这个群体。也有一些模糊的符号，有个孩子就问过我"谈恋爱算混不？"，因为他发现学生混子基本都谈恋爱，而"好学生"谈恋爱的就少，况且谈恋爱属于学校禁止的事。

当然，这只是两所初中学校，孩子的年龄还不足以使学生混子的小群体形成规模和有组织的形式，多数小群体之间以及群体内部成员间的关系是松散而模糊的，彼此之间没有明确的界限和隶属关系，更没有有目的、有计划的组织活动，孩子们在一起无非是玩耍、上网吧、打游戏、吸烟、喝酒，偷偷做一些学校和家长不允许的事情，偶尔会因为一些事情打架，单挑或群殴的情况都有，但他们的活动具有明显的随意性。

第三节　学习行为的判断与选择

虽然学校里对学生的学习有各种成文、不成文的规定，毫无疑问，对孩子来说，这些规定是一种束缚，对自由的束缚，从孩子进学校时起，这种束缚就开始了，但同时孩子们也展开了与这些束缚的较量。在这个过程中，孩子经历着反抗、妥协、讨价还价、变通或者驯服，在束缚和自由之间寻找腾挪的空间，同时也形成了一套"对付"学习、老师、学校以及其他竞争者的生存观念和生存法则。

采访中了解到，绝大多数孩子喜欢学校，只有极少数孩子不喜欢学校，问卷中也反映出相同的情况。孩子们喜欢学校的原因主要是可以交朋友、学习知识考上大学，也有孩子是因为喜欢老师、喜欢学校的环境和生活。不喜欢学校的原因主要集中在学校里管得严、作业多压力大睡不够、老师管得严、缺少课外活动，也有孩子不喜欢学校的原因是学校生活条件差、课程枯燥听不懂、无聊、同学关系差、不能回家、不喜欢学习。

从问卷"我对学习的态度"一题反映的情况看，选择"多数课程都喜欢"的最多，其次是"喜欢少数课程"，然后是"喜欢所有课程"，极少数选择了"讨厌学习"。在所学课程中，语文、数学两门课程是孩子们最喜欢的，最不喜欢的课程是英语和数学。

孩子们喜欢某些课程的主要原因是对课程本身感兴趣，比如有趣、可以学知识、可以开拓视野，其次是老师讲得好、幽默、脾气好、值得敬佩、对我好，少部分学生列出的原因是为了将来的发展、为了实现理想。不喜欢某些课程的主要原因是听不懂、学不会、背得太多、老师讲得不好、老师态度不好。①

认为自己学习"努力"和"一般努力"的孩子最多，认为自己"很努力"的也有不少，极少数孩子认为自己"不努力"，而且比较起来，认为自己"努力"和"很努力"的女孩子明显多过男孩子，这也符合今天绝大多数教师对学生努力程度的基本印象。孩子们在问卷中写出的努力学习的原因主要是为自己将来的发展和梦想（有的干脆写为考大学、找个好工作、幸福生活）、为父母（不辜负父母的期望、要孝

---

① 从采访中了解到，英语课是绝大多数孩子最感到困难的课程，我分析其原因是新课程改革以来，英语课程提到小学三年级，但当地农村小学短时期内无法配备合格而充足的英语教师力量，导致孩子们在小学里几乎就没有学英语，而目前的英语教科书都是以小学三年的英语学习为起点的，高起点的教科书导致的结果是孩子们根本无法适应初中英语的学习。

敬报答父母），有的孩子写不想当农民、离开农村、报效祖国、出人头地、竞争激烈不努力不行、为拿第一、做成功人士、爸妈的严加看管、充实生活……，不努力的原因主要是学不会、坚持不住、学不进去、压力大、作业多、贪玩、学习太累、没兴趣、想努力不知道落实在哪里、学习很枯燥、成绩差、懒惰、老师讲得不好……。

事实上，从采访中了解的情况看，喜欢学习的孩子是少数，这也是情理之中的事，学习差的孩子不会有学习兴趣，中游孩子喜欢学习的孩子也不会多，不少成绩优异的孩子只是迫于家长的压力才努力学习，并不是喜欢学习，有个学习很好的孩子说自己根本不喜欢学校、不喜欢学习，他的好朋友调侃他说"不喜欢也没办法，只能来啊，他不来，他妈要揍死他"，所以，真正喜欢学习的只是绩优生中的一部分，这部分学生只是学生中很少的一部分。

学习对于学生就如工作对于成人，教师和家长常拿这两件事打比方和作对比，教育学生认真学习，"教师的任务是教学，学生的任务是学习"，因此，学习之于学生的意义犹如工作之于成人的意义，它的意义在于学习本质上不仅是学生为未来生存所做的准备，还在于它本身就是一种生存方式，就是生存。在学习过程中，学生不仅按照官方的明确规范生存着，比如按时上课，比如认真听讲，比如独立完成作业，比如诚实考试，还会自然而然地形成一些生存技巧以及与其相关的习俗和观念，比如考试作弊，比如抄袭作业，比如讨好老师。

从问卷中有关"作弊"的两个问题的统计情况看，认为同学中考试作弊"比较普遍"的学生最多，认为"不普遍"的其次，认为"很普遍"的最少。

对"作弊"行为的态度和选择，南桥镇女生中认为在考试是"任何情况下都不应该作弊"的最多，远高于其他观点，其次是"只要有机会，就可以作弊"；男生选择"为逃避惩罚的话，可以作弊"的最多，其次是选择"任何情况下都不应该作弊"的，但与前一观点非常接近，差别不大，再次是"只要有机会，就可以作弊"。路家镇女生认为"任何情况下都不应该作弊"的最多，也是远高于其他观点，其次是"只要有机会，就可以作弊"；男生选择"为了获得好成绩，可以作弊"的最多，高出其他选项很多，其次是"任何情况下都不应该作弊"和"为逃避惩罚，可以作弊"，两个选项很接近。有些孩子还写上了自己的想法，如"看情况""适当地作弊一次也没关系""看考的重要不重要""在重要的考试中作弊""无所谓""老师规定作弊的时间"（在采访中孩子告诉我，因为有些重要考试与老师的奖金挂钩，所以在这样的考试里，老师会允许学生作弊）、"想多看几分""在迫不得已的情况下"。在回答哪些学生可以作弊的问题时，认为"学习差的"可以作弊的最多，远高于其他选项，其次是"学习中等的"，写"都不可以"略少于"学习中等的"，也有孩子写上了自己认为可以作弊的情况，比如"老师规定作弊的时候""在迫不得已的情况下"。在采访中了解到情况与问卷中反映的是一致的，事实上，问卷中设计这一问题正是受到采访对象的启发的结果。

毫无疑问，正如官场明令禁止行贿受贿、商场明令禁止制假贩假一样，作弊是教育领域最不容置疑的大是大非的事，没有任何可以商量的余地，但是无论在采访中还是从问卷中反映的情况看，孩子们觉得为了现实的生存，在这件事上做出了种种有趣的变通，随情况不同而变换标准。

应该说，作弊在两个学校特别是南桥镇中学是一种普遍现象。

每个班都有，而且抄的特别多，那学生混子吧，拿学习好的抄，都抄到前五名去了。

有时全班没有一个真实的成绩，对，遇到不会的他就抄，还有商量，和学习好的商量，他不会就商量。然后把分数弄高一点。

除非那些混子不愿做的，他不抄，说实话，混子和学习好的在一堆儿，还没混子老实咧，要是考试的话，混子他都不会，没法商量，学习好的，越不会吧越想商量，

俺班第一第二人家不抄，剩下的都抄，但是到那考试的时候，×××第三，英语他根本不会，抄呀！他英语抄了80多分，

要不是抄，嗨！他准不能得第一。

孩子们对作弊的态度是认同的，认为"作弊是一种很正常的行为"，但是根据作弊者的情况，又有不同的评价。多数孩子认为学习成绩好的学生不应该作弊，因为老师信任他们，而且成绩好的学生应该"给我们做榜样"，即便是抄，"你不用考这么好啵！"更不能容忍成绩好的学生考作弊得到好成绩还很骄傲，而学习差的同学为了"不挨吵"、为了"不叫家长"、为了"逃避惩罚"，他们作弊"情有可原"。

其实，在作弊问题上，当关系到生存、利益时，和孩子一样，教师的态度和行为也会做出相应的变通。

学生：抄，那都是老师教的。

访谈者：老师教的？

学生：有的老师。

访谈者：老师教学习好的作弊？

学生：比如我们那回考试吧，老师说只要你们不说话，怎么样都可以。

访谈者：老师为什么这样呢？

学生：因为如果班级考得好的话，在这个年级里排的名次就比较高一点，班主任的威望就比较高，有好处呢。

比起作弊来，抄袭作业是一种更普遍的现象，孩子们对它的认可程度更高，更没有什么心理上的矛盾和不平。路家镇中学的孩子们告诉我，班里抄作业的情况很严重，数学和物理两门课更严重，因为"有的图不太会画"，也有时因为玩儿疯了，忘记做作业，只好抄，不过孩子们认为抄作业是没办法，但抄了以后就会了，几个学习好的孩子就说"抄了以后，必须得会"。

无论从学校纪律层面还是从道德角度上看，考试作弊都是被禁止和被谴责的，是一种毋庸置疑的违纪行为和弄虚作假的行为，但无论是孩子还是成人，出于种种原因，都在这件事上做出了相应的变通，而且这些行为和观念已经形成了一种通行的校园"习俗"。我无意评价这些孩子和老师的行为高尚与否，只是想说这些"习俗"的风行有着它必然的背景——生存的和制度的。

如前所述，学校生活之于学生，不仅是学习生存技能的过程，它首先就是生存，而且是一种社会性的生存，不仅包括身体上的生存，还包括心理上的。无论是哪一方面的生存，趋利避害是人的本能选择，如果一种行为对个体有好处，又不伤及其他大多数个体，特别是不伤及群体中的强势个体，这种行为就可能会被大家接受并风行起来，成为一种习俗。作弊之所以不被教育制度所允许，是由于它严重妨碍了国家选拔人才的愿望，危害了社会群体的生存。但学校范围里的作弊并不直接影响国家的人才选拔，而且学生和教师必须谋求自己的生存，学生要避免挨吵、叫家长、惩罚，教师要谋求好一点的生活，这时候，作弊就成为一种生存的策略和技巧。孩子们之所以能容忍成绩差的学生作弊，是因为他们的行为没有影响自己的生存，而成绩好的学生作弊或者成绩中游的学生由于作弊获得了太好的成绩，就可能霸占了本来就稀缺的资源，比如老师的赞赏和信任，比如好名次带来的荣誉，这是孩子们不能容忍的。当然，从长远上看，作弊对大多数人都没有好处，但是人的眼光常常看不到那么远，而且"远水不解近渴"。作为孩子，眼前家长的一顿打骂是他必须解决的生存问题，如果眼前这一关过不去，哪里还提什么遥远的未来？对于一个孩子来说，近在眼前的惩罚是他必须避免的，这是他的生活，或者说生存。而且对于教师来说，看得见的好处正是他们的本能的生存追求，所以他们会在适当的时候做出有利于自己的选择。也就是说，无论是学生还是教师在作弊问题上都是做出了他们认为对自己最有好处、最有利于自己生存的选择，尽管未必总是这样。

所以，某种习俗或者伦理规范乃至制度的形成总是基于人类对其生存环境的认识、判断做出的即有利于个体又不太伤及其他个体和群体的选择。而且习俗的风行有它的界限，不同的群体有它各自的特殊情况，小范围的习俗可能与大范围的制度相违背，这是常有的事，因为有的时候大范围的制度解决不了小人物面临的眼前的、具体的生存问题。也就是说，作弊在一定范围内的存在有它的原因，正如成人世界的弄虚作假、行贿受贿也有其存在的原因。埃利亚斯说"某种对前一个世纪来说并非是引发羞耻感的东西，可能在后一个世纪就成了十足的羞耻物；反之亦然——我意识到相反方向的运动也是可能的"①，套用他这句话，也可以说，某种对一个范围来说并非是引发羞耻感得东西，可能在另一个范围里就成了无可争辩的犯罪。当然，判断它们存在的合理性不等于接受它们的合目的性。

"在生活世界中，人是一种自相关的存在，人的存在就是选择生活，就是选择存在方式，而选择存在方式就是创作自身"②，是的，对于这些孩子和他们的老师来说，他们无法选择出生和生活的环境，他们只能在一个狭小的范围里极其有限地选择自己存在的方式，创造着渺小而卑微的自身。

当然，人类并不是生存环境的被动适应者，他们会运用智慧依照理想创造出适应现实又合乎理想的制度、规则，这些制度、规则对习俗的养成具有很大的引导作用，也就是说，制度会鼓励一些习俗的养成，也会抑制一些习俗的养成。通过资源的分配原则、奖惩方式，一种制度可以是鼓励诚实、勤劳、善意，也可以鼓励弄虚作假、懒惰、投机取巧，它可能诱发人性向善的愿望，也可能诱发人性的恶。因为当个体的人根本无法抗拒群体制度的束缚时，他总是会在可能的情况下选择最有利于自己的投入最低而回报最大的做法。孩子作弊和成人的弄虚作假一样，作为一种流行的风气，与制度有着密不可分的关系，正如有学者说过的"坏制度能让好人办坏事，好制度能让坏人办好事"。

---

① ［德］诺贝特·埃利亚斯：《个体的社会》，翟三江、陆兴华译，译林出版社 2003 年版，前言第 3 页。

② 赵汀阳：《每个人的政治》，社会科学文献出版社 2010 年版，第 162 页。

第四节　"不上了"的孩子

两个学校辍学的孩子有不少，从初一到初三，每个班平均能流失将近十个孩子，孩子们一般不用"辍学"这个词，总是随口说某某"不上了"。事实上，"不上了"是学习过程中的一种选择，是孩子根据自己当下情况和对未来的预测，比如现在的学习成绩，家庭的状况，将来能不能考上县一中，能不能考上大学……最终做出的选择。

这两个学校不是地处发达区域，但也不是贫困地区，所以已经没有孩子因为贫困辍学，都是因为成绩太差、跟不上课程、不想再学、考学无望。在采访中了解到，辍学的孩子一般学习成绩都不好，在学校里熬的难受，觉得没意思，而且由于农村学校学籍管理并不严格，学生退学后并不注销学籍，到毕业时，学校还是会给孩子发毕业证。偶尔也会有成绩好一点孩子辍学，这时老师会去做工作。表面上看，导致孩子辍学的直接原因也是各种各样的，路家镇初二的几个男孩子给我讲了他们同学刘阳新的事。

> 学　生：好比刘阳新，学习好的，他不上了，刘阳新他要是上，他保准学习很好，他后来他跟他那组一个女生打架了。开学的时候，他说不愿意上了，但又来了，后来又走了。刘阳新在张欣然对面坐，张静静把书搁在（她旁边）刘成伟那个桌子上面了，刘阳新不让她搁，张静静说俺没搁你那边，刘阳新那边还有个空桌子，张静静把书搁那了，刘阳新也把书搁那了，她把刘阳新的书搁到那边那个桌子上去了，她把书搁那了，然后打起来。
>
> 访谈者：打得厉害吗？
>
> 学　生：厉害。
>
> 访谈者：然后后来又来了，来了又走了。
>
> 学　生：嗯。

其实，刘阳新可能早就有不上的想法，打架只是一个导火索。当然，也有其他的原因，几个孩子给我讲了另一个孩子的故事。

> 学生：他不愿意上了，他愿意玩游戏，靠着（方言，"经常""总是"的意思）去上网吧里，家里买电脑了，干脆不上了，光在家里玩电脑，他家是开面铺的，卖米、面条啥的，光在家里玩电脑，来人了，人家来买米了，他就给人家称，他妈跟他爸干活去。

如果采访到的是成绩差的孩子，其中很多都有辍学的想法，有些孩子也像刘阳新一样反反复复。路家镇中学的初二学生张新成就像刘阳新一样也经历了几次反复，只是我采访时他还在。

> 学生：他不上了，后来又来了。
> 访谈者：又来了是怎么回事？
> 学生：不学，想找点事干去吧。在饭店里干了一段，挺累。整天让我端盘子、扫地，不干了。然后俺姐姐也开饭店，然后上那边跟他学厨师，学了一段，感觉不行，还是回来上学吧，在学校里轻省。

不上学之后的孩子可选择的出路并不多，南桥镇的孩子一般会在家人亲戚的兄、姐带领下出去打工，路家镇孩子有的会留在家里帮家里干活，也有的会出去打工，不同的是，南桥镇的孩子会去比较远的城市，路家镇的孩子一般会在比较近的地方或者当地的乡镇企业打工。

事实上，成绩很差和很好的孩子在辍学问题上，都不难做选择，难的是那些中游特别是中偏下的孩子，有些孩子会挺着，特别是如果有家庭的支持和期待，他们会更努力地挺着。路家镇李红伟的堂哥就是在家里的支持下挺到了高中，但"因为他拿钱多①，自己心里也感

---

① 和山东的许多重点高中一样，S县最好的高中是县一中，录取的时候按照不同的分数段交学费，分数越低交的钱越多。

觉有些压力，而且，听他说，好像高中的课程他听不懂，老师也讲得很少很少，自己自立，他在高中……他这里初中上学的时候也没有住校，在那边也住不习惯，这些压力压下来，自己就……"离开高中后，他帮家里干活儿，打工、盖房、跑生意，非常努力，也很能干，几乎成了堂弟的偶像。

无论是不是心甘情愿，无论出于什么样的原因，"不上了"都是辍学孩子的一种选择，但无论是辍学还是坚持，对于多数农村孩子来说，可供选择的出路并不多。

然而，无论出路多么少，这些孩子也会有对未来的想象和追求，会思考生活的意义、人生的价值，尽管他们还只是通过具体的生活事件来思考，比如学习有没有意义、学不会怎么办、辍学回家干什么、将来干什么、能不能考上高中大学、如果上了高中又考不上大学怎么办、考上大学能找到工作吗……然而，梦想的追求、意义的思考和价值的实现总是与阶层、地位纠结在一起，对于不同的阶层来说，梦想和追求不同，思考生活意义的方式和实现人生价值的方式也不同。

第五节　未来：限制中的突围

有的孩子不上了，有的孩子坚持到毕业后回家干活或外出打工，有的孩子能够进入各种技术学校，有的孩子考上高中继续学业。能继续高中学业的学生不到一半，南桥镇中学通常有 30%，路家镇成绩好一些，能达到 40% 以上，等待他们的可能是进入高一级的中专、大专或大学，也可能是推迟的辍学。就这样，孩子们在层层的筛选和淘汰过程中，经验着社会，也经验着人生。

就目前的情况看，无论是考上高中的孩子，还是没能继续学业的孩子，离开农村可能是一部分孩子或者大部分孩子的未来道路。事实上，南桥镇许多离开家乡进入城市年轻人（无论是通过什么渠道走出去的）已经在城市里居住了十几年，而且有了生长在城市中的下一代，可以想象，更年轻的这一代将会继续流入城市。不仅如此，城市作为一个陌生而繁华的地方，对他们的吸引力也是巨大的，无论在采访中还是问卷中，孩子们都表达了这样的想法，倾向性非常明确。在回答问卷上"将来我希望生活在城市还是农村"这个问题时，82%以上的孩子都回答希望生活在城市，17%的孩子回答希望生活在农村，极个别孩子写了"无所谓"或"都行"。但事实上，孩子们并没有在城市里生活过，对城市没有切身的体验，对城市的认识多数是通过媒体和旁人的谈说得来的间接经验，偶尔去城市里走走，只能得到一些浮光掠影的印象。

　　城市的环境太差了。

　　农村里人没有城市里人势利眼。

　　城市里人特别看不起农村人。

　　农村人大方，城里人很谨慎。

　　毕竟农村的发展没有城里的快。

　　比较开放，环境也挺好。

　　我感觉城市环境不太好，都没咱农村好。

　　城市里穿的也好，吃的也好，住的也好。

　　在城市里上班比在农村干活强。

　　城市里工资最高，人多。

　　还有城市人相处的，人跟人不说话。

　　毕竟农村的发展没有城里的快。

　　城市比农村好，种地，种大棚什么的很辛苦。

　　城市里繁华，东西多，想买啥都有，交通便利。

　　说不出来，城市里的小孩长得很漂亮，也不能说城里人都好，有的也不好，俺上聊城去，跟着俺姑父，人家那人一看就知道你是农村人，看你的眼光就那样的，看不起。

　　虽然多数孩子在问卷上都回答将来愿意生活在城市，但在谈话中感觉出很多孩子对此是非常矛盾的，希望到城市里发展，又希望留在农村

和父母守在一起，

　　在农村想和爸爸妈妈在一起。在城市是为了工作吧。

　　希望离父母近一点。

　　就是学好了，到城市里工作了，把父母接到那里，就在那里
生活。

　　事实上，这样的矛盾并非孩子们独有的，它也是成人的。

　　人是一种需要意义、追求意义的物种，他总是在肉体的生存之外寻
求超越于肉体的意义，这种"意义的追求"的力量异常强大，从终极
意义上讲，人是靠意义活着，甚至肉体的生存也需要意义支撑。成就事
业是人类追求意义的重要方式，中国古人说建功立业、报效国家、光宗
耀祖，无不是追求意义的行为。今天，意义的追求依然表现为对名、
权、利的追逐，这种与古人一脉相承的"功业"，不同的是，城市化以
来，能够使人成就"功业"的资源越来越集中在都市中。这些农村孩
子也隐约感到城市里机会多，"发展更好"，可以有更好的工作。尽管
名、权、利可能并不真的就是生活的意义，但谁又能确定无疑地说终日
粗茶淡饭、无欲无求、无所作为真的就是有意义的生活呢？人需要实
实在在的行动去创造，并且需要自己所属的群体认可他的创造，否则
"意义"便无从谈起。然而，生命的有限又使得名、权、利的意义立
刻荡然无存，只剩下虚无，这种虚无使得人们又反过来思考和追求淡
泊宁静的生活。事实上，不只今天，中国自古就有就有城市与田园、
朝与野所象征的追求与退隐、积极入世与离尘绝世两种不同的生活态
度和精神追求，而且，在很多时候，这两种心态共存于同一个人。而
现在，从这些孩子身上也看到到了他们在这件事上的纠结、矛盾，城
市里有成功、有诱惑，乡村里有家、有亲情、有悠闲的生活，该如何
抉择呢？

　　事实上，对这些孩子来说，他们对未来生活的设想很大程度上受制
于他们目前的处境和他们所见所闻的一切。不错，人是渴望超越的，但

无论如何，他能超越的程度都是基于他所经历的一切。

根据孩子们对问卷中"我将来最希望从事的职业"一题回答结果的统计，女孩子希望从事的职业出现最多的是教师，其次是医生，远高于其他职业，然后依次是明星艺人、警察、律师、白领、设计师、科学家、老板、服装设计师、记者、主持人、军人等，男生希望从事职业出现的最多的是军人，接下来依次是教师、老板、警察、电脑网络、科学家、企业家、经理、农业、律师、汽车维修、白领、歌手演员、厨师、航天员、董事长、开车、空军、车手、主持人、篮球等。在列出的职业中，出现次数最多的教师、医生、军人、老板、警察等几种职业都是孩子们生活中最常见到的职业类型，而像明星艺人、律师、白领、电脑网络、科学家、设计师等应该是孩子们在生活中从未接触到的职业种类，他们只是从电视、网络、课外读物等渠道了解到社会上有这样一些职业，笼统地知道了从事这些职业的人做着什么样事、过着什么样的生活，引发了他们对这些职业的想象。此外，职业期望的性别差异也很明显，最受女孩喜欢的职业是教师、医生、明星艺人，最受男生喜欢的职业是军人、教师、老板，而且女孩的愿望中没有与车和篮球有关的职业，与人们印象中的男性和女性的职业爱好是一致的。

很多孩子们写出了自己希望从事所选职业的原因，大致可以几类，一类是这些职业能为国家和社会做贡献、有助于家人或他人，比如以下这些。

当一名医生，因为这个职业可以救很多的人，帮助别人看病。

老师，可以教书育人、可以管学生。

当老师，特伟大、可以为祖国做贡献。

教师，看着学生考上大学很高兴。

法官或（检察官、律事），口才好、有正义感、有责任心。

医生、军人，救死扶伤，为大众服务，保护祖国，为祖国出份力量。

警察，为人类服务，保护大家的安全。

医生是所谓的白衣天使，救死扶伤，我很佩服医生，所以长大后也要当名医生。

白领，可以有足够资源孝敬父母。

另一类是出于对这些职业本身的喜欢。

服装设计师，看到自己设计的服装，感到很骄傲

警察，我的爱好、跑的快。

宇航员，可以登上月球、探索宇宙奥秘。

服装设计师，我对设计一门很感兴趣、很适合我的性格。

当一名军人，军人很勇敢。

警察，1. 可以抓坏人，2. 手枪很威风，3. 警服很好看。

艺人，我喜欢唱歌。

打篮球，我爱打篮球，我热爱这项运动。

当兵，1. 我喜欢枪，2. 我喜欢军营生活，3. 我喜欢紧张。

还有一类是因为这类职业能带来的利益、好处，比如财富、地位、权力。

当位老师，当一位老师不太累。

公司金领，感觉从事这职业很酷。

做一位企业家，可以赚到钱。

艺人，既出名又挣钱。

大学教授，摆脱学生的苦差，翻身做主人。

白领，不用干活，不用那么辛苦。

一个公司的大老板，有钱有权有实力。

白领，挣钱多，自己喜欢做。

房地产，1. 嘿嘿，挣钱多多，2. 可以经常上网，3. 可以坐奔驰。

编程，因为轻巧还可以赚钱。

当老板、开公司，管别人、酷。

老板，很轻松。

金领，可以挣很多钱。

当白领、当老板，很有面子、别人都可以看的起自己。

老板，挣的钱多。

老板，不用费力就有钱花、也比较放松。

董事长，能赚钱。

企业家，有钱、花不完。

能赚大钱的职业。

当老板或经理，这样可以减少劳动的痛苦。

总经理，坐在屋里，要啥有啥，不劳动。

总经理，有钱，可以不劳动。

企业家，因为我喜欢企业家有钱的样子。

银行董事长，1. 有钱，2. 挣钱，3. 花钱。

网吧老板，1. 赚钱多，2. 既可以赚钱又可以玩游戏。

CEO，挣的钱多。

可以看出，学生列出这类职业时，有些只是写出了从事这种职业的外在状态，比如老板、白领、企业家，并没有说出具体的工作内容，有的孩子写的其实不是职业，而是职务，比如经理、董事长、CEO。

虽然孩子们在问卷上列出了许多职业，但孩子们很清楚，有的愿望是可以实现的，有的愿望只不过是不切实际的幻想，说说而已。在采访中谈到这个问题时，孩子们会用开玩笑的口吻说自己将来想当联合国秘书长什么的，但当他们认真讨论这个问题时，孩子们的理想是与他们当前的学习成绩、家庭状况和兴趣等情况相关的。南桥镇初一的男孩王振亚说自己希望从事农业养殖，他说"农业，种植业，就这样一条龙，那个……那个，电视上说的那个种植业和那个养鸡业搭配，嗯，我将来，我就这样干，种植生物"，王振亚个有表演天分的孩子，跟他谈到这个问题时，我以为他想当演员，他却说出了上面一番话，他的愿望让我很感动。采访初三男孩王昌松时是六月初，还有七、八天他就要毕业离校，这是个很内向的孩子，学习成绩不怎么好，他说自己很喜欢车，已经会开车了，毕业以后想去学汽车维修。路家镇初二的男孩杨亚霖是班里的尖子生，他想"当个南开大学的教授"，大家问他为什么不当北大教授，他说"首先我觉得我的能力好像达不到，我觉得南开大学已经不孬了。我觉得目标离自己远着点，自己才能……，南开大学，想到南开大学，不一定能实现"，虽然成绩非常优秀，但这个农村孩子还是觉得南开大学教授只是一个不太可能实现的目标，他懂得"取法乎上，仅得其中"的道理，给自己设定了一个远大而又切合实际的奋斗目标。

　　孩子们中有希望当歌星、演员的，但没有一个孩子说自己想成为钢琴家，有很多想上大学的，但从没有孩子主动谈到过出国留学。正如布迪厄所说，趣味从来不是一种高度个人的品性，而是教育和接触机会的产品，它生产了一种"文化资本"，加固和增强了阶级的经济区分。是的，这些孩子的理想、目标从来不单纯是他个人的想象或者欲望的结果，而是他的家庭、教育和生长环境的赠品。

第六节　本章小结

　　比起城市孩子来，农村孩子的生活色彩不是五彩斑斓的，不是那么"high"，不是那么前卫、时尚，他们没有迪厅，没有电玩，没有游乐场，没有课外活动，没有书店，甚至没有像样的运动设施，但这并没有使他们省略一个人成长过程的所有烦恼和快乐，他们学习、看电视、打台球、帮家里干活、在田野里闲逛、打架、作弊、抄作业、逃学、谈恋爱、毕业、辍学，也并不妨碍他们追求梦想和思考生活的意义。

　　但如前所说，梦想、意义和价值总是与地位和阶层纠结在一起，毋庸置疑的是，这些孩子的梦想、意义和价值受着太多的限制，在某些孩子看来理所当然的事，对这些孩子来说可能就成了必须努力才能实现的梦想；对某些孩子毫无意义的东西，可能成为这些孩子生活中的重要事件。总之，个体的成长、追求和对意义的思考很大程度上受到他们在社会化过程中所处的地位的规定和限制。

然而，不得不承认，正是种种限制赋予了他们的梦想、追求乃至生命以毫不逊色于大人物的意义。

第八章 结论

第一节 讨论

一 青春期的意义寻找和自我认同

进入青春期的孩子，伴随着生理上的成熟而形成自我认同意识是青少年面临的一项最重要的任务，他们希望认清"我是谁？""我想做什么样的人？""我想要什么？"他们开始审视自我以及作为成年人自身未来的角色，开始试图努力寻求自我、生命的意义和自身的价值。然而不同孩子的自我认同和意义寻找的途径和结果大相径庭，可以通过学习，可以通过偶像崇拜，可以通过消遣性阅读，可以通过恋爱……。

尽管非常缓慢，但毕竟在改变。比起 20 年前的农村中学来说，现在的这些孩子们能够从各种渠道获得比较丰富的阅读材料。但是，像所有的阅读行为一样，尽管很少有人能超越自己的现实处境，但这个时期的农村孩子们有了一些条件可以主动选择和创造自己的阅读对象和阅读行为，而不是单纯地接受学校规定的一切。

访谈中发现，喜欢读课外书的孩子集中在学习成绩中下游和下游群体里，越是成绩优异的孩子课外阅读量越小，绝大多数成绩好的学生说自己除了课本、作文书以外，不读书。这并不奇怪，繁重的学业负担使得优秀学生根本无暇顾及课外阅读，哪怕是课标推荐的读物，由于它们并不直接进入考试内容，因而不被他们重视，只能把有限的时间和精力放在课本上；而中下游和下游的孩子就不同了，他们基本上或者彻底放弃了学习，有大量的时间和精力需要释放，课外阅读成为一种最便捷的方式，而且作为一种逃离学习的阅读行为，消遣性和娱乐性是不可避免的，因为这些有时间、有精力阅读的孩子一般不会选择他们不易理解的读物，也不会选择试图对他们进行说教的、乏味的读物。

所以，无论学业多么繁重，消遣、娱乐都有它"有所作为"的空间。而且事实上，学业负担越沉重，消遣和娱乐的空间越大，因为学业的压力达到一定程度致使更多的孩子彻底放弃学业时，需要释放的时间和精力的总量会增长。

事实上，还不止于此，消遣性阅读不仅仅是"坏孩子"多余时间和精力的填充物，它实际上是这些孩子思考意义和形成自我认同的一种来源和方式，因为放弃学业并不意味着能够逃避开意义和认同，这些孩子必须寻找其他的不同于优秀学生的标准和方式思考意义和完成认同，而消遣性读物无论从内容还是形式上都给这些孩子提供了一种完全不同于"好孩子"的标准和模式，他们在这些读物里获得了认同和意义。

学业不成功的男孩子在现实生活中处于被忽视和被排斥的边缘地位，伴随他们的常常是失败、惩罚和轻视，而黑帮小说给他们渴望成功和被认可的愿望找到了投射的对象。这类小说提供了一种与主流价值观完全不同的关于成功、事业、男人、好坏的标准，而这正是适合他们的现实状况的，按照这样标准，他们可以获得另一种标准上的人生意义。当然，绝大多数孩子不可能像书中描写的那样真的去成就一番黑道事业，建立自己的地下王国，但在阅读过程中，他们和书中的人物互相接纳，使他们获得认同和意义，原来，学习并不是获得成功和意义的唯一标准和途径，还有其他的。

爱情小说则是女孩子获得认同和意义的途径。事实上，无论是东方还是西方，女性依靠爱情和婚姻获得幸福始终是一种根深蒂固的社会观念，对于学业平平而又身处底层的女生来说，爱情和婚姻是她们的幸福之路，这是灰姑娘故事所以代代流行的社会基础。这些故事给她们描绘了一个个女孩子凭着漂亮、坚韧、执着和运气获得幸福的图画，在阅读这些作品时，女孩子们将自己对爱情、幸福和未来生活的梦想投射到灰姑娘身上，同时被植入关于幸福、爱情、婚姻、女性、人生……的标准和模式。

所以，无论黑道小说、言情作品怎样被主流的学校教育观点所排斥，它们还是能在校园里秘密地流行，因为学校里存在着被主流价值观所排斥的孩子，他们需要借助这些作品来建立和确认自己的价值和意义，去幻想未来的生活。

二　视觉媒体的符号入侵

在今天的世界，几乎没有人能够逃避视觉媒体的进攻，电视、广告、电影等视觉媒体围绕着每个人，影响着人们分分秒秒、角角落落的日常生活。各种视觉媒体借助着新的视觉技术制造和传播着与传统的语言完全不同的符号，因为它不是用具体的形象表达和记录抽象的意义，这种图像符号在用具体的形象表达另一种与之相关的形象，因此说，这种符号能够表达形象，却不能表达思考，比如用红酒、钢琴、晚礼服的形象能够传达和指代上流社会的生活方式，却无法传达有关上流社会的思想。然而视觉性的图像符号比语言符号更富于传达的力量，因为它们无须艰苦的学习就能掌握，相反，视觉图像符号的学习和掌握是一件无比快乐的事，事实上，它是娱乐。图像符号是由新的视觉媒体创造和使用的专属符号，利用这种符号，媒体更便捷地传播意识形态，塑造受众的感受和思维，总之，更便捷地行使权力，在这一点上，图像符号比语言符号更具力量。

得益于电视在广大农村的普及，这一代农村青少年能够伴随着电视成长起来，电视是这些农村孩子接触的最多的视觉媒体，看电视也成为他们的重要娱乐方式。孩子们通过电视学习有关美、酷、非主流、时尚、摆 pose、恋爱、快乐、白领、明星等的图像符号，并在生活中使用，表达自己。

通过播放逼真的画面以及传播相关的图像符号，电视缩短了这些农村孩子与外面世界的心理距离，开拓了视野，但事实上，这种缩短是虚拟的、感觉上的，孩子们从电视上看到喝红酒、弹钢琴、泡酒吧、坐飞机的情境，但这种距离上虚拟性地缩短又从另一个角度残酷地提示了现实的距离感。

电视传播的最多、最成功的，也是孩子们最喜欢的图像符号是关于娱乐与爱情的，包括快乐、搞笑、偶像、时尚、追求异性、浪漫、上流、白领……诸如此类的图像符号，通过这些符号制造关于快乐和爱情的神话，传达电视认为是正确的观念，比如表达快乐该如何、追求异性该如何、女孩子该如何、男孩子该如何……但事实上，这些快乐和爱情与观看它们的那些农村孩子的现实生活毫不相干，但是快乐神话让他们忘记了现实，"灰姑娘加校园"的爱情梦幻让女孩子们以为真的可以凭借坚强、美貌和运气可以获得上流社会的爱情，以为女孩儿的爱与坚强真的可以填平社会阶层之间的鸿沟。采访中孩子们谈到《流星雨》时说喜欢它是因为它"适合我们看"、"都是发生在学校里的事"，但又觉得自己的生活和电视剧里表现的差距太大。

第一段

学　生：觉得适合我们看。

学　生：差不多都是发生在学校里的事。

访谈者：发生在学校里的事。你觉得那个生活跟你们接近吗？

学　生：不接近，太不一样了。

访谈者：那怎么还喜欢呢？

学　生：喜欢那样的生活。

访谈者：哦，不喜欢现在的生活？对现在的生活满意吗？

学　生：似乎不满意。

第二段

学　生：校园故事和我们现在想的差不多。

访谈者：可是那个校园跟你们的校园一样吗？

学生：那是大学。

访谈者：大学，还是有差距的。

学生：可以看着它憧憬一下未来的——

访谈者：哦，憧憬一下未来生活，那里面表现的主题是什么？恋爱的？还是学习的？

学生：爱情的吧，都有。上面有个女主角学习很好，总拿全校第一。

访谈者：这是喜欢它的原因。一个是校园生活，然后呢，就是学习挺好，和你们生活比较接近。

学生：家境——

访谈者：家境呢？

学生：家境也不是多好的，反正那个男主角家境特别特别好。

访谈者：哦，女主角家境不好，男主角家境很好，然后他们两个——成了。

学生（笑）：还没成嘞这一部。

访谈者：这一部还没成？

学生：第二部成啦。

访谈者：实际上就是一个灰姑娘的故事。

学生：嗯。

事实上，电视受众并不完全是被动的接受者，他们对电视的接受常常是主动的、选择性的，也就是说，电视和受众都是主动的，他们之间存在一种主动传播和主动选择的互动关系，换句话说，快乐神话和爱情梦幻是作为商业媒体的电视和受众共同制作出来的。尽管如此，但是当可选择的内容只是电视提供的全部内容，当孩子们伴随着电视图像成长起来时，电视就成为一种新的社会权力的工具。这种视觉工具不仅传播观念，塑造思维、感觉甚至本能，更重要的是，它实际上改变的是孩子们认识世界和真理的方式，"一种重要的新媒介会改变话语的结构。实现这种变化的途径包括：鼓励某些运用理解力的方法，偏重某些有关智力和智慧的定义以及创造一种讲述故事的形式，从而使某个词语具有某种新的内容"①，以电视为代表的视觉媒体鼓励和偏重使用图像思考的理解方式，而不鼓励使用文字符号思考的理解方式。在看电视的时候"人们看的以及想要看的是有动感的画面——成千上万的图片，稍纵即逝而斑斓夺目。正是电视本身的这种性质决定它必须舍弃思想，来迎合人们对视觉快感的需求，来适应娱乐业的发展"，② 结果是，电视创造了一个"娱乐之城"，它不仅提供娱乐，而且将一切事件娱乐化，它将政治、军事、爱情、工作、学习、学术甚至灾难和战争都娱乐化，更了不起的是，它培养热爱娱乐的大众。已经看到的事实是，孩子们喜欢《流星雨》超过《泡沫之夏》，没有别的原因，只因为《流星雨》更快乐，娱乐性更强。可以想象的是一切不能带来愉快的电视内容会随着电视一代的长大而被淘汰，因为他们热爱的是娱乐。已经看得到的事实是，学校的教学越来越依赖图像符号，多媒体教具的广泛使用，孩子们课本里越来越多的图片，孩子的书架上漫画书越来越多，总之，图像符号通过控制孩子们的时间、注意力和认知习惯控制了人们教育的权力。

当然，这样的变化在这些农村孩子的生活里才刚刚开始，但可以预测的是，农村将会是图像符号的下一个娱乐入侵地，农村青少年不久就会成为娱乐世界的庞大后备军。

三　爱情，我无法阻挡你

"爱情是一种化学反应"，采访中谈到这个问题时，一个孩子这样说，我想他是从哪里看来或电视上听来的一句话。

青春期少年对异性产生兴趣，在此基础上，彼此爱慕，发生恋情，是一件基于人性本能的自然而然的事，但人类文明限制了这一本能。事实上，所谓文明就是对所有人类自然本能的修理和驯化的过程和结果，只是不同的民族、地域和时代是按照不同的标准来修理和驯化，这些标

---

① ［美］尼尔·波兹曼：《娱乐至死·童年的消逝》，章艳、吴燕莛译，广西师范大学出版社2009年版，第25页。

② 同上书，第80页。

准则是基于这些民族在特定时期对人性的理解和对社会期望。修理和驯化，换句话说，就是用诱导和强制的方法压制和训练人的本能需求，使得各种本能欲望被限制在一定范围内，或者以一种经过修饰了的方式释放出来，甚至消除某些人们认为是恶的欲望。

性欲望是一种所有成熟民族都认为需要精心修理和驯化的本能，恋爱、浪漫爱情本身就是这种修理和驯化的结果。不仅如此，人类的各种本能的修理和驯化是相互协调、彼此影响着进行的，并非处于孤立和封闭的状态，在这个过程中，性本能与其他本能纠缠在一起，使得文明社会的人性各种本能呈现出丰富多彩、扑朔迷离的状况。具体地说，恋爱、浪漫爱情这一基于性本能的人类文明成果总是与人类其他文明化的本能，比如饮食、睡眠等生存本能以及精神生活纠缠在一起。此外，高度文明化的社会结构本身更是对恋爱和浪漫爱情产生着不可忽视的影响力。这时候，人类的性本能完全脱离了它的自然状态，各种约束、规范和修饰性行为的观念、制度和手段出现了。

但是不同的文明群体和时代，人类会对性本能做完全不同的规范和修饰，形成不同的性观念，制定相应的制度和手段去约束性行为，这使得青年男女的爱情总是在一定的恋爱环境中展开。除非特殊情况，中国传统的爱情都发生在婚姻之后，或者没有爱情，或者大量的爱情发生在婚姻之外，"五四"以来的自由恋爱也只发生在都市里，直到21世纪初，S县的大多数农村青年依然被包办着进入婚姻。二十四年前肖复兴在《语文报》上发表连载小说《早恋》，这是最早触及中学生爱情生活的作品，在当时的教育界引起了震动，那是一个中学生恋爱普遍被侧目、被排斥和被禁止的年代，谈恋爱的多是一些所谓的"不良少年"。

现在孩子们的环境要宽松多了，虽然学校明令禁止，但孩子们还是早早地开始了他们的爱情之旅。而且事实上，"早恋"也许更多的只是城市中学生的问题，在S县的农村中学，"早恋"始终就不是什么不得了的问题。义务教育初期，农村入学率低，尤其是女孩子能上到初中毕业的很少，孩子们很少有恋爱的机会，而且许多父母早早就给孩子定下婚事，S县西北部一带村庄甚至能早到十三四岁，所以基本不存在早恋问题，即使有个别男孩和女孩之间有意思，教师、家长和同学会说他们"相好"，可能许多孩子的家长并不知道还有"早恋"这个词。现在当然很少有父母再给孩子早早订婚了，这个年龄的孩子多数都还在上学，学校给青春期的少年们提供了交往的场所和机会，加上文艺作品的诱导，"早恋"才成了学校里的现象，但无论是教师还是家长们，都不会把早恋太当回事。而且相当一部分家长认为，如果孩子自己能找一个合适的，倒是省去了父母操心，毕竟多数孩子初中毕业后不会再继续读书，成家立业、传宗接代是必然的、重要的。因此，传统中国社会，特别是农村社会没有"恋爱"意识，更没有"早恋"的概念，对于正处于前现代社会到现代社会过渡期的 S 县农村，"早恋"并不是一件太了不得的事。我甚至听说聊城郊区某地，最近几年形成一种风气，男孩和女孩谈恋爱，如果双方家长都满意，女孩就搬到男孩家里去住，等到了结婚年龄再登记结婚，从双方家长的角度看，都是完成了给儿女成家的人生任务。所以，如果恋爱能够有利于家族延续，没什么早晚的问题。可见，男女恋爱始终都是与生存联系在一起，如果有利于生存就可以接受，对生存不利的就打击和禁止。好学生恋爱对学习和前途不利，要禁止；差学生恋爱对成家立业有利，可以接受。

事实上，爱情是基于人的生存本能——性本能，无论是从个体角度抑或是群体角度，它都是生存的最根本的体现，人类总是依据生存的需要而约束和规范自己的性行为以及恋爱行为。路家镇和南桥镇孩子的恋爱本身就是生命力的释放，选择恋爱还是选择放弃，他们的父母是否接受，无不是他们基于生存的考虑，当然不能否认，有些选择是不利的。其实，城市的恋爱观又何尝不是主要基于生存的考虑，无论是 20 多年前排斥早恋，还是现在社会上的各种择偶观，没有不是建立在生存考虑基础之上的，都是人们基于今天的生存环境、生产方式做出的最有利于生存的判断和选择。所有关于浪漫、温馨爱情的描写都是为了帮助人们更容易走进婚姻和家庭所做的修饰和雕琢。

恐怕只有当爱情摆脱了生存的羁绊和压力，不再以生育繁衍为最终目的时，甚至不再以婚姻、家庭为目的时，爱情才是纯粹的、轻盈的。

四　给定的起点与终点

每个人的生活都是在一个给定的社会环境中展开，在这个环境和过程中，他创造着自己的生活内容和生活方式，无论是谁，他所出身的家庭和阶层是他无法逃避和超越的限制。

路家镇和南桥镇孩子们的生活里有学习、有电视、有课外读物、有田野、有恋爱、有偶像、有打工、有兄弟姐妹、有台球，也有青春期、打架、作弊，但他们的生活里没有旅行、没有音乐会、没有球赛、没有博物馆、没有钢琴、没有科技馆、没有游乐园、没有迪厅、没有夏令营、没有图书馆、没有大商场……当然，也没有补习班。不能否认他们生活的依然是丰富、有色彩的，他们有着并不比城市孩子少的快乐和烦恼，从终极意义上评价，谁又能说王子的快乐和烦恼就比贫儿的更高贵、更有意义呢？

但是，如果仅凭这样的终极立场，仅凭对农村生活以及农村青少年想象中的朴实无华，就无视这些孩子由于被剥夺的所导致的现实生活的缺失和未来选择的窘境。可能有些孩子会鼓励自己说："我不能选择自己的出身，但我能选择我的将来"，不错，他们中的许多人凭着勤奋、聪慧能够脱离这个狭小的空间，考上了大学，甚至名牌大学，实现了"向上流动"，路家镇初三男孩鹏远的姐姐就考上了山东大学，鹏远在姐姐的激励下，也是班里的尖子生。但事实上，这些成功实现向上流动的孩子只是在学校文化的掌握上和他的大学同学们骄傲地站在了同一个平台上，但文化遗产往往是以更隐蔽、更间接的方式传递，比如通过兴趣、爱好、娱乐、休闲、旅行、社交、家庭教养等方式，而对于出身农村的孩子来说，学校却是接受文化唯一和仅有的途径。而且"一种纯学校文化，不只是不完全的文化或文化的一个组成部分，而且是一种低层次的文化。在更广阔的范围里，它的组成部分具有不同的意义。一些人的社会出身决定了他们只能接受学校传播的文化，而不能接受其他文化"①，是的，

---

① ［法］P. 布尔迪约：《继承人——大学生与文化》，邢克超译，商务印书馆 2002 年版，第22 页。

这些农村孩子只能通过勤奋、刻苦，在极端不利中找到克服不利的动力，摆脱和其他农村孩子一样的命运。但这些都不能掩盖农村青少年总体上所遭遇的被剥夺的处境，无论是现实的还是未来的，更不能就此保证那个山大的女孩在未来的学习和事业中就她的城市同学处在同一个起跑线上了。更不能掩盖的事实是，"出身低下的人被社会命运压垮的机会更多"①，因为"对一些人来讲，学到精英文化是用很大的代价换来的成功；而对另一些人来讲，这只是一种继承"②，而事实是，文化的"继承"比文化课程的"学习"更有利于学业和事业上的成功。

当然，也许有人会反驳说"没有理由和权力否认农村本身的文化"，没错，那的确是文化的一部分，而且依据文化多元化的立场，理应给予农村固有的文化以平等的地位，但这些都只是理论上的、理想主义的。真正的现实是，只有上层社会才真正有条件保存、继承并发扬文化，无论这种文化最初来源于哪个阶层。掌握文化的阶层在社会上处于有利的地位，他们"没有真正的危险，可以表现出由更大安全感所造成的超脱"③，他们的现状和前途都有保证，不必费力就能掌握文化的密码，可以悠闲地享受地位及其文化带给他们的所有资源和特权，乃至于凭借这些获得事业上的成功，对于他们来说，成功不是向上流动，而是理所当然的继承，对上层社会的孩子尤其如此。身处底层的孩子则完全不同，向上流动不仅是他们的事业、成功，更是他们摆脱不利处境的唯一途径。教育当然能够帮助底层孩子向上流动，但教育同时也通过强调有教养阶层的文化而忽略甚至贬低底层社会的文化使他们而使等级永久化，因为"各类教育，尤其是文化教育（甚至科学教育），暗含地以一整套知识、本领、特别是构成有教养阶级遗产的言谈为前提"④，因此，底层学生在学校依然处于不利地位，他们所受的家庭教养、社会影响本身就不利于他们掌握学校文化。

---

① ［法］P. 布尔迪约：《继承人——大学生与文化》，邢克超译，商务印书馆 2002 年版，第 29 页。
② 同上书，第 28 页。
③ 同上书，第 20 页。
④ 同上书，第 24 页。

可见无论是从文化继承的层面，还是从教育的层面，底层孩子都处于社会的不利地位，因为"人与他们的境遇及决定这一境遇的社会因素的关系，是他们的境遇及其所需条件的完整定义的一部分。不需被人明确地认识，这些社会因素就可使人根据它们来自我决定，也就是根据本社会属类的客观前途来自我决定"①，无论这些孩子如何努力，从总体上看，只有其中很少一部分能够实现向上流动，而且从某种意义上讲，他们必须用于连式的力量和拉斯蒂涅式的野心才能最终获得挤进上流社会的机会，因为，能够促使他成功的还不仅仅是教育，更多的取决于他的出身所处的社会地位，而对绝大多数农村孩子来说，他们既不能选择自己的出身，也不能选择自己的未来，他们的起点和终点都是被给定的。

第二节　结论

这项研究主要运用质性研究的方法，通过访谈和问卷，描述了中国鲁西北农村两个乡镇初中学校的青少年文化的基本状况，并分析了各种影响因素，研究结果基本证实了本研究的下列假设：

1. 中国农村青少年文化的内容和观点与他们所生活的当地村镇的经济状况、生产生活方式、文化传统和风俗习惯（包括旧的和近几十年新形成的）、家庭生活等直接相关；

2. 中国农村青少年文化的内容和观点与他们的社会地位密切相关；

3. 中国农村青少年文化的内容和观点与性别具有相关性；

4. 中国农村青少年文化的内容与观点与他们所能接触到的媒体的内容和方式具有直接相关；

5. 中国农村青少年文化的内容和观点与他们的学校生活，包括课程、学校管理状况等直接相关。

群体所生活的当地的村镇的经济状况、生产生活方式、文化传统、

---

① ［法］P. 布尔迪约：《继承人——大学生与文化》，邢克超译，商务印书馆 2002 年版，第 30 页。

风俗习惯（包括旧的和近几十年新形成的）学生的家庭生活直接影响着群体亚文化的内容和观点。事实上，由于中国幅员辽阔，各地农村的经济、文化和生活状况使千差万别的，即便是在山东省境内，即便是在相隔仅七十多公里的 S 县的南北两个乡镇，由于其富裕程度、生产生活方式也会有明显的差异，这些差异同样会影响青少年文化的状况。由于种种原因，南桥镇长期以来都要比路家镇富裕些。就目前来说，除了种植粮食外，南桥镇村民的经济来源主要靠青壮年外出打工，大约有三分之二的孩子至少有一位家长常年在外，而路家镇主要靠种植蔬菜大棚和微型的乡镇企业。因此，南桥镇孩子由于家长无暇管教，而打工的亲人也总会带会一些外面的信息，所以孩子们相对比较自由、开放，谈恋爱的比较多，日常开销也多一些，干农活的时间也少，学习成绩平平；而路家镇只有极少数孩子的家长在外打工，因此亲子关系比较紧密，管教及时，孩子的自由度比不上南桥镇，谈恋爱的少一些，日常开销也不及南桥镇，帮家里干农活的情况多一些，但学习成绩相对好一些。所以，比较起来，南桥镇孩子上网、看电视、看课外书的机会要比路家镇多一些，他们提到《坏蛋》的次数比路家镇孩子多得多，而路家镇的孩子根本没有提到《校园狂少》，提到玄幻小说的孩子也少得多，女生提到《泡沫之夏》的孩子也不及南桥镇多，并且南桥镇有 QQ 号和手机的孩子明显多于路家镇。比较起来，南桥镇孩子要活泼、开朗的多，路家镇孩子更朴实、规矩一些，采访中遇到的唯一一个写小说的也是南桥镇的女孩子。而且可以预见的是，南桥镇未能升学的孩子会被他们的亲戚朋友带领着到远方的城市打工谋生，浪迹于城市的角落，当然不能排除他们中间的极少数有发迹的可能。路家镇的多数孩子会回到家里继续经营大棚蔬菜或在附近打打工，然后娶妻生子，过上虽不算殷实但也并不穷困的农家生活。此外，这是个传统观念和习俗非常深厚的地区，传宗接代的意识非常强烈，民间又有早婚的传统，并不排斥十三四岁的孩子有喜欢的异性，对青春期恋爱是非常宽容的，如果孩子学习不好，家长甚至私底下是支持的。

趣味从来不是一种纯粹个人化的品性，而是教育和接触机会的产品，它生产了一种"文化资本"，加固和增强了阶级的经济区分。是的，这些孩子的爱好、兴趣从来不单纯是他个人的想象或者欲望的结果，而是他的家庭、教育和社会地位的赠品。他们喜欢《坏蛋是怎样炼成的》，从那里意淫成功、事业、地位、权力、财富、国家机构，从那里理解自己身处的社会的真相；她们爱看《一起来看流星雨》和《泡沫之夏》，从那里意淫豪门生活和灰姑娘的爱情；他们辍学、打工，梦想未来，依据他们的现实处境选择生活道路、计划未来、为梦想奋斗。凡此种种，无论趣味、观念还是行为方式，都是他们所处的社会地位的直接结果。从这个角度看，无论身处何种地位，个人作为社会的一个原子，"这些个人特质和行为也是参与种种社会系统而形成的。也就是说，社会生活在与人们如何通过社会关系而发生联系。除非社会关系改变，否则社会系统不会改变"①，是社会系统和社会地位决定了于连和拉斯蒂涅，决定了他们的趣味、观念、梦想和行为，而不是相反。

性别是文化研究的不可忽略的影响因素，本研究的结果证实了这一点，两个镇中学男孩和女孩的文化差异是非常明显的，这种差异又是民族文化乃至于世界文化的男权特征的反映。比较起来，两个镇的男孩子都喜欢《坏蛋》、《三国演义》、《水浒传》、武打影视剧、篮球等具有男性文化特征的文艺作品，女孩则喜欢《泡沫之夏》《一起来看流星雨》《红楼梦》等传统上认为具有明显女性特征的作品。谈恋爱多是男孩追求女孩，有些女孩认为女追男是倒贴、太丢人。如果从女性主义的立场看，所有这些不是男性和女性基于天性的差异，而是人类文明的产物。事实上，女孩和男孩哪怕是生活在同一个家庭、上同一所学校，但他们从出生那天起就受着不同的教育，家庭和社会向男孩赞美事业、成就、独立等品格的高贵价值，而向女孩灌输爱情、家庭、献身、依赖、自我奉献对于女性的重要意义。因此，尽管在中国的现实社会中，女性并没有像古代社会一样被禁锢在家庭内部，男性和女性在一起上学，做同样

---

① ［美］艾伦·G. 约翰逊：《见树又见林》，喻东、金梓译，中国人民大学出版社 2008 年版，第 7 页。

的工作，同处一个空间和时间里，生活在"同一片蓝天下"①，但事实上，由于家庭和社会对他们采取不同的教养方式，他们生活在完全不同的两个世界里。

今天，视觉媒体尤其是电视媒体入侵到了公共生活、私人生活的所有领域，它们不仅影响着大众文化，也催生和制造着大众文化，比起传统的印刷媒体，它的力量是压倒性的。两个镇的很多孩子没有课外阅读习惯，加上繁重的学业，许多成绩优秀的孩子说自己没看过什么课外书。看电视是所有孩子占据首位的娱乐方式，它让孩子们"无可逃遁"，孩子们关于外面世界的绝大多数知识、信息是由电视提供的，无论是偶像、娱乐还是社会、文化，无一例外几乎都是首先从电视上获取了最初的了解，这对他们而言不能不说是幸运的，电视让这些土生土长在闭塞农村里的孩子们不出门便了解了天下大事。可以肯定的是，孩子们会在电视的诱导下形成有关社会、生活、世界的认识和观点，比如关于时尚、快乐、偶像、城市、爱情、大学……因此，随着视觉媒体乃至网络媒体普及程度的进一步深入，它们会更深刻地影响农村青少年文化的面貌，我想"粉丝"也会诞生在他们之中。

除了周末和寒暑假，孩子们的时间几乎都是在学校里度过的，所以不能忽略学校的课程、管理方式、校园风气、师生关系对其文化的影响。学校课程是经过国家意识形态和社会需求的过滤和建构起来的特殊知识体系，它有着特殊的内容和结构，或者说逻辑方式，它重视抽象思维的价值，而贬低形象思维的价值，它属于精英阶层的文化体系，"精英文化与学校文化是如此地接近，小资产阶级出身的儿童（农民或工人的子弟更甚）只有十分刻苦，才能掌握给有文化教养得阶级子弟的那些东西，如风格、兴趣、才智等"②。因此，成长过程中精英文化的

---

① 事实上，对女孩子的限制在路家镇中学还是存在的，为了便于管理，路家镇中学不允许女生在体育课和课间操之外的时间去操场，男生可以去；而且出于安全和保护的考虑，女生宿舍在实验楼的二、三楼，晚上休息后关闭楼门，不许进出，男生的宿舍在平房，因为他们不如女生更需要保护。

② ［法］P. 布尔迪约：《继承人——大学生与文化》，邢克超译，商务印书馆 2002 年版，第 28 页。

缺失使得农村孩子在学校文化面前出于极为弱势的地位，他们必须异常努力，拼上所有的时间和精力，才能掌握学校课程，这恐怕是中国"县一中"现象的重要原因①，这也是造成两个镇孩子们普遍反映英语最难学的原因。也是因为这个原因，在这两个并不贫困的乡镇，却一直未能消除辍学现象，"不上了"常常是一些实在学不会、不能适应现代学校生活的孩子的最终选择。

此外，如果具体到每个学校，它的管理方式、学校风气、师生关系都会对学生文化风格产生一定的影响。比较起来，路家镇中学的管理要严格一些，不许女生在体育课和课间操时间去操场是一个很奇怪的、不可理喻的规定，据孩子们说，是怕出事，比如打架什么的，大概是以前因为之前出过什么事吧？晚上休息时间不许女生离开宿舍，所有的宿舍都装有摄像头，不过孩子们说经常不开，但还是有震慑作用。学校的校长只要在学校，他会每节课上课后到所有教室外面走一圈；所有这些使得路家镇孩子朴实、规矩的多，谈恋爱的少，看课外书的也少。南桥镇就宽松一些，所以孩子们也要活跃、开放得多。校园风气和师生关系会直接影响孩子对学习、生活、教师等的看法，比如孩子们对作弊产生的那种奇怪的观念和双重标准，有些孩子直接对我说"老师没好人"，有个孩子就是因为数学老师打他耳光，就再也不听数学课，逐渐成了大家眼中的"混子"，他成为学校少有、班里唯一一个染发的孩子。

总之，中国社会正在经历一个自传统向现代变迁的时代，这种变迁并不如如西方一般是一个渐变的、按部就班的过程，而是一个跳跃式的突变，我们几乎是和西方同步进入了数字媒体时代，而在农村，从收音机、电视机到互联网，这个过程更是只经历了短短不到三十年的时间，却几乎省略了印刷媒体的时代。无论人们怎样评价这样一种状况，这似乎都是一个无可逃避的现实，人们能做的只是面对，并且不得不尽最大努力去消化这一切，不管是不是做得到。而这些农村孩子的文化以自己的方式记录着这个可能伟大、精彩也可能诡异、疯狂的时代。

---

① "县一中"现象当然还有其他原因，比如招生录取制度。

　　我当然不能说南桥镇和路家镇的孩子就是今日中国农村青少年的代表或典型，但这些孩子至少能代表他们自己，重要的是，个体的生命，无论多么渺小、卑微，他们在演绎自己生命故事的时候，都会烙印上社会和历史的痕迹，成为我们认识和解释那个时代的依据。正如我们常常试图凭借某个时代寻常百姓家的普通用具去还原当时人们的生活一样，尽管这不可能，但我们也只能这样。

　　事实上，尽可能地记录下每个哪怕最渺小、最卑微的生命历史也许是我们可以留给后人的一种别样的"史记"。

参考文献

一 中文专著

1. 柳斌、朱小蔓主编：《中国教师新百科》，中国大百科全书出版社 2002 年版。

2. 曾军：《文化批判教程》，上海大学出版社 2008 年版。

3. 韦苇：《儿童文学辞典》，四川少年儿童出版社 1991 年版。

4. 陆扬、王毅：《大众文化与传媒》，生活·读书·新知三联书店 2000 年版。

5. 陆扬、王毅：《文化研究导论》，复旦大学出版社 2006 年版。

6. 林崇德：《发展心理学》，浙江教育出版社 2002 年版。

7. 张春兴：《教育心理学》，浙江教育出版社 1998 年版。

8. 刘冠生：《山东农村劳动力研究》，中国农业科学技术出版社 2007 年版。

9. 刘豪兴：《农村社会学》，中国人民大学出版社 2008 年版。

10. 风笑天：《社会学》，华中师范大学出版社 1994 年版。

11. 姚伟：《儿童观及其时代性转换》，东北师范大学出版社 2007 年版。

12. 李国霖：《社会蜕变中台湾学校文化》，福建教育出版社 1995 年版。

13. 郑金洲：《教育文化学》，人民教育出版社 2000 年版。

14. 陈世联：《文化与儿童社会化》，中国社会科学出版社 2008 年版。

15. 陈向明：《质的研究方法与社会科学研究》，高等教育出版社 2000 年版。

16. 张庭国、郝树壮：《社会语言学研究方法的理论与实践》，北京大学出版社 2008 年版。

17. 辛斌：《批判语言学：理论与应用》，上海外语教育出版社 2005 年版。

18. 张庭国、郝树壮：《社会语言学研究方法的理论与实践》，北京大学出版社 2008 年版。

19. 丁建新：《叙事的批评话语分析：社会符号学模式》，重庆大学出版社 2007 年版。

20. 张泗：《电视符号与电视文化》，北京广播学院出版社 1994 年版。

21. 戴庆厦：《社会语言学概论》，商务印书馆 2009 年版。

22. 辛斌：《批判语言学》，上海外语教育出版社 2005 年版。

23. 徐大明：《社会语言学实验教程》，北京大学出版社 2010 年版。

24. 游汝杰、邹嘉彦：《社会语言学教程》，复旦大学出版社 2009 年版。

25. 杨永林：《社会语言学研究：功能·称谓·性别篇》，外语教育出版社 2004 年版。

26. 高宣扬：《流行文化社会学》，中国人民大学出版社 2006 年版。

27. 陶东风、胡疆锋主编：《亚文化读本》，北京大学出版社 2011 年版。

28. 陶东风主编：《粉丝文化读本》，北京大学出版社 2009 年版。

29. 赵汀阳：《每个人的政治》，社会科学文献出版社 2010 年版。

30. 李银河：《中国人的性爱与婚姻》，内蒙古大学出版社 2009 年版。

31. ［英］安东尼·吉登斯：《社会学》，赵旭东等译，北京大学出版社 2003 年版。

32. ［美］詹姆斯·O. 卢格：《人生发展心理学》，陈国民等译，学林出版社 1996 年版。

33. ［美］罗伯特·博格、罗纳德·费德瑞柯：《人类行为》，梅毅译，中国社会科学出版社 1993 年版。

34. ［挪威］让－罗尔·布约克沃尔德：《本能的缪斯——激活潜在的艺术灵性》，王毅译，上海人民出版社 1997 年版。

35. Jean Charlse Lagree：《对青年文化的反思》，陆士桢主编，《青年参与和青年文化的国际视野》，黄松鹤译，中国国际广播出版社 2008

年版。

36. ［加］迈克尔·布雷克：《越轨青年文化比较》，岳西宽、张谦、刘淑敏译，北京理工大学出版社 1989 年版。

37. ［瑞典］T. 胡森、［德］T. N. 波斯尔斯韦特：《教育大百科全书》第二卷，西南大学出版社、海南出版社 2006 年版。

38. ［日］千石保：《日本的"新人类"——当代日本青年价值观念和行为方式趋向》，何圆圆译，上海社会科学院出版社 1989 年版。

39. ［日］关峋一、返田健：《大学生的心理》，袁绍莹、张伟译，延边教育出版社 1986 年版。

40. ［俄］维果茨基：《维果茨基教育论著选》，余震球选译，人民教育出版社 1994 年版。

41. ［美］大卫·希尔弗曼：《质的研究方法与社会科学研究》，李雪译，高等教育出版社 2000 年版。

42. ［加］罗纳德·沃德华：《社会语言学引论》，雷洪波译，复旦大学出版社 2009 年版。

43. ［英］诺曼·费尔克拉夫：《话语与社会变迁》，殷晓蓉译，华夏出版社 2003 年版。

44. ［荷］冯·戴伊克：《话语心理社会》，施旭、冯冰编译，中华书局 1991 年版。

45. ［美］多米尼克·斯特里纳蒂：《俗文化理论导论》，阎嘉译，商务印书馆 2003 年版。

46. ［英］约翰·斯道雷：《文化理论与通俗文化导论》，杨竹山、郭发勇、周辉译，南京大学出版社 2001 年版。

47. ［英］阿兰·斯威伍德：《大众文化的神话》，冯建三译，华夏出版社 2003 年版。

48. ［法］罗兰·巴特：《符号学原理》，王东亮译，生活·读书·新知三联书店 1999 年版。

49. ［法］罗兰·巴特：《神话——大众文化阐释》，许蔷蔷、许绮玲译，上海人民出版社 1999 年版。

50. ［法］罗兰·巴特:《恋人絮语——一个解构主义的文本》,汪佩荣译,上海人民出版社 2004 年版。

51. ［英］克里斯·罗杰克:《名流——关于名人现象的文化研究》,李立玮、张信然译,新世界出版社 2002 年版。

52. ［英］戴维·莫利:《电视、受众与文化研究》,史安斌译,新华出版社 2005 年版。

53. ［美］隆·莱博:《思考电视》,葛忠明译,中华书局 2005 年版。

54. ［法］古斯塔夫·勒庞:《乌合之众:大众心理研究》,冯克利译,中央编译出版社 2005 年版。

55. ［美］约翰·费斯克:《理解大众文化》,王晓珏、宋伟杰译,中央编译出版社 2009 年版。

56. ［美］迪克·赫伯迪格:《亚文化:风格的意义》,陆道夫、胡疆锋译,北京大学出版社 2005 年版。

57. ［美］尼尔·波兹曼:《娱乐至死·童年的消逝》,章艳译,广西师范大学大学出版社 2010 年版。

58. ［加］埃里克·麦克卢汉、秦格龙编:《麦克卢汉精粹》,何道宽译,南京大学出版社 2000 年版。

59. ［德］诺贝特·埃利亚斯:《个体的社会》,翟三江、陆兴华译,译林出版社 2003 年版。

60. ［美］玛格丽特·米德:《萨摩亚人的成年——为西方人所作的原始人类的青年人心理研究》,周晓虹、李姚军、刘婧译,商务印书馆 2008 年版。

61. ［法］西蒙娜·德·波伏娃:《第二性》,陶铁柱译,中国书籍出版社 1998 年版。

62. ［美］大卫·诺克斯、卡洛林·沙赫特:《情爱关系中的选择》,金梓等译,北京大学出版社 2009 年版。

63. ［法］P. 布尔迪约:《继承人——大学生与文化》,邢克超译,商务印书馆 2002 年版。

64. ［美］艾伦·G. 约翰逊:《见树又见林》,喻东、金梓译,中国人民大学出版社 2008 年版。

二 中文论文

65. 马力：《论新时期中国儿童电影中儿童文化视域三维》，《电影文学》2007 年第 15 期。

66. 吴慧源：《儿童·文化·社会——第三届全国儿童社会性教育研讨会综述》，《学前教育研究》2007 年第 Z1 期。

67. 钱雨：《课堂教学重构：儿童文化的视角》，《全球教育展望》2006 年第 1 期。

68. 钱雨：《儿童文化与成人文化的内在联系》，《早期教育》（教师版）2006 年第 7 期。

69. 朱自强：《儿童文化视角：失乐园的悲凉心境——〈故乡〉的主题思想新探》，《语文教学通讯》2006 年第 14 期。

70. 张珊明：《国外有关儿童游戏的文化研究概述》，《比较教育研究》2005 年第 11 期。

71. 刘晓东：《论儿童文化——兼论儿童文化与成人文化的互补互哺关系》，《华东师范大学学报》（教育科学版）2005 年第 2 期。

72. 陈文高：《多媒体时代儿童文化消费与儿童文学的选择》，《学术交流》2005 年第 1 期。

73. 裴指挥：《理解儿童文化》，《学前教育研究》2003 年第 2 期。

74. 边霞：《儿童文化与成人文化》，《学前教育研究》2001 年第 3 期。

75. 杜晓利：《走向儿童文化》，《教育理论与实践》2001 年第 9 期。

76. 边霞：《论儿童文化的基本特征》，《学前教育研究》2000 年第 1 期。

77. 边霞：《儿童文化与成人文化》，《学前教育研究》2001 年第 3 期。

78. 张东娇：《儿童文化与预期社会化》，《教育科学》1992 年第 2 期。

79. 屈琦：《闲散青少年违法犯罪的文化善治》，《社会科学辑刊》2009 年第 5 期。

80. 郭良婧：《网络文化对青少年成长的影响及其优化措施》，《教育理论与实践》2009 年第 26 期。

81. 王彩凤：《网络文化及其对青少年的影响》，《河南社会科学》2009年第4期。

82. 李庆广：《"亚文化"视野中的青少年流行时尚文化》，《河南社会科学》2007年第6期。

83. 洪守义：《媒体商业化语境下的青少年文化生态》，《中国青年研究》2007年第12期。

84. 宗锦莲：《透过网络语言看青少年文化的特点及其建构》，《中小学信息技术教育》2007年第10期。

85. 张玉霞：《青少年流行文化研究》，《当代传播》2007年第5期。

86. 刘胜枝：《青少年与消费文化：关于网吧的观念冲突与利益博弈》，《中国青年研究》2007年第10期。

87. 宋丽萍：《大众文化环境下青少年思想政治教育的出路》，《中国青年政治学院学报》2007年第5期。

88. 胡元林：《青少年"恐怖文化"流行的社会学解读》，《中国青年研究》2007年第9期。

89. 朱宏力：《青少年亚文化的新形态：哈狗帮现象解读》，《中国青年研究》2007年第2期。

90. 赖明谷、徐彩球：《非主流文化对青少年学生思想品德的影响及对策研究》，《教育探索》2006年第11期。

91. 石勇：《动漫文化：不可小觑的青少年亚文化》，《中国青年研究》2006年第11期。

92. 李和平、刘开源：《青少年流行文化对商业运作的启示》，《商场现代化》2006年第28期。

93. 周晓燕：《青少年"反学校文化"：问题、意义与对策》，《教育学报》2006年第2期。

94. 钟一彪：《青少年网络同居亚文化的社会学分析》，《当代青年研究》2006年第3期。

95. 祝华新、赖龙威：《新技术媒体与青少年文化变局》，《青年研究》2005年第11期。

96. 李晓娟、董娅：《青少年消费西方文化制品的调查》，《当代青年研究》2005 年第 9 期。

97. 周宗伟：《中国摇滚乐与城市青少年文化》，《音乐艺术—上海音乐学院学报》2005 年第 2 期。

98. 张叶云：《短信文化对青少年社会化的影响》，《当代青年研究》2005 年第 1 期。

99. 廖洪中、施锦芳、林宇：《塞林格与美国"反文化"青少年形象》，《南昌大学学报》（人文社会科学版）2005 年第 2 期。

100. 李凡卓：《hip-hop 文化在青少年中的流行性分析》，《青年研究》2004 年第 6 期。

101. 史铮：《青少年反学校文化研究综述》，《当代青年研究》2004 年第 2 期。

102. 张宗亮：《网络文化与青少年素质教育》，《当代教育科学》2003 年第 8 期。

103. 任敏：《青少年文化异化现象的社会学分析》，《当代青年研究》2003 年第 1 期。

104. 沈祖芸：《政协委员呼吁——警惕外来文化侵蚀青少年》，《上海教育》2002 年第 5 期。

105. 傅男：《要重视青少年文化产品的生产和传播——阎肃先生话教育》，《人民教育》2002 年第 8 期。

106. 董士昙：《"灰色文化"与青少年犯罪》，《公安大学学报》2000 年第 4 期。

107. 吴小英：《英国学者论青少年、青少年文化和青少年研究》，《青年研究》1998 年第 3 期。

108. 高中建：《关于青少年犯罪的文化思考》，《当代青年研究》1998 年第 5 期。

109. 姜丽萍：《论青少年文化的法律保护》，《青年研究》1997 年第 3 期。

110. 熊汉富：《农村社会青少年文化消费不良状况亟待改善》，《消费经济》1996 年第 4 期。

111. 王宏宇：《青少年犯罪的文化根源》，《中国青年研究》1996 年第 4 期。

112. 陆士桢：《从青少年亚文化看当代中国青少年社会适应问题》，《青年研究》1995 年第 6 期。

113. 张令振、胡远芳：《青少年影视文化兴趣问卷调查报告》，《中国广播电视学刊》1994 年第 5 期。

114. 花建：《寻找自己的风景——当代青少年文化消费心理漫论》，《当代青年研究》1993 年第 5 期。

115. 张乔：《"多彩"的忧虑——英国的青少年犯罪与亚文化研究》，《社会》1992 年第 3 期。

116. 张苏：《香港青少年犯罪与犯罪亚文化》，《社会》1992 年第 2 期。

117. 俞国良、间剑宝：《青少年心理发展的亚文化系统——校园文化》，《教育理论与实践》1989 年第 4 期。

118. 杨洪林：《青少年业余文化生活追求轨迹管窥》，《当代青年研究》1988 年第 10 期。

119. 刘海善：《论变态副文化对青少年犯罪的影响》，《社会》1988 年第 9 期。

120. 田涛、廖雅珍、粟莹：《流行文化对青少年心理发展的影响与我们的对策》，《教育探索》1987 年第 2 期。

121. 纪蒂、蔡方：《今日香港　三——青少年犯罪与香港文化》，《瞭望》1981 年第 3 期。

122. 杨宝琰、方明钢：《中国西北农村基督教青少年宗教性研究——以甘肃 W 村基督教群体为例》，《青年研究》2009 年第 4 期。

123. 张芹、葛进平：《家庭与大众传媒对农村青少年社会化影响的比较研究：以浙江为例》，《新闻界》2009 年第 4 期。

124. 刘海燕、李玲玲：《农村儿童青少年恐惧的内容特点》，《中国特殊教育》2007 年第 10 期。

125. 刘文利、陈学峰：《农村校外青少年家庭关系和社区认同状况调查与分析》，《青年研究》2007 年第 9 期。

126. 李建生、殷晓清：《当前农村学校在青少年社会化中的功能偏离分析》，《教育与职业》2007 年第 26 期。

127. 周建伟：《农村青少年赌博问题分析及对策》，《安徽农业科学》2007 年第 24 期。

128. 刘文利、姜景一：《贫困地区农村校外青少年出路和生产技能需求状况调查》，《中国青年研究》2007 年第 8 期。

129. 李永健、刘富珍：《农村青少年媒介接触与使用——对山东枣庄农村青少年媒介接触的调查》，《中国青年政治学院学报》2007 年第 4 期。

130. 浙江传媒学院课题组：《大众传播对农村青少年世界观的正面影响》，《中国广播电视学刊》2007 年第 2 期。

131. 陈占江：《社会排斥视角下的农村青少年发展》，《中国青年研究》2007 年第 1 期。

132. 金洁：《略论加强农村青少年心理健康教育》，《教育探索》2006 年第 7 期。

133. 《新疆农村青少年犯罪问题调查》，《调研世界》2006 年第 2 期。

134. 赵金霞、侯超、李鹰：《农村儿童青少年的能力理论、成就目标与学业成绩的关系》，《山东师范大学学报》（人文社会科学版）2005 年第 6 期。

135. 张士菊：《农村青少年辍学的非经济因素》，《青年研究》2003 年第 1 期。

136. 张东峰、纪新强、张健、段建华：《青岛农村青少年行为问题及其影响因素的研究》，《中国学校卫生》1999 年第 6 期。

137. 韩秀桃：《农村青少年犯罪研究中的几个理论问题》，《青年研究》1996 年第 2 期。

138. 沙桂凤：《农村社会转型与青少年就业观念变化》，《青年研究》1992 年第 12 期。

139. 王仲水：《农村青少年性犯罪在增长》，《社会》1992 年第 5 期。

140. 柯贤：《农村青少年犯罪新特点及预测》，《青年研究》1990 年第 6 期。

141. 章平、陈宋义：《南通农村青少年吸烟与吸烟心理调查》，《中国学校卫生》1990 年第 2 期。

142. 夏吉先、林东品：《农村青少年犯罪的新特点与新动态探析》，《现代法学》1986 年第 2 期。

143. 肖建国、顾平、徐建：《对农村变革中青少年犯罪原因的新思考》，《青年研究》1985 年第 9 期。

144. 肖剑鸣：《论经济因素在罪因系统中的地位——福建省沿海部分地带农村青少年犯罪情况近察》，《青年研究》1985 年第 5 期。

145. 肖建国：《实行生产责任制后的农村家庭与青少年犯罪》，《青年研究》1985 年第 4 期。

146. 徐建：《引发农村青少年犯罪的新因素及其防治》，《法学》1985 年第 11 期。

147. 肖建国：《加强对农村青少年犯罪的研究》，《当代青年研究》1984 年第 9 期。

148. 严志高、吴妙华：《从上海县的情况看农村青少年犯罪的新趋势》，《政治与法律》1982 年第 2 期。

149. 张英敏：《青少年文化消费领域中的德育实效性研究》，河南师范大学，2008 年。

150. 查婧：《社区青少年文化消费的影响因素分析——以上海市普陀区为例》，华东师范大学，2008 年。

151. 张修竹：《现代媒体对儿童文化成长的影响研究》，东北师范大学，2009 年。

152. 钱雨：《儿童文化研究》，华东师范大学，2008 年。

153. 苏勤：《回归童真——丰子恺的儿童文化思想及其课程论意蕴》，华东师范大学，2008 年。

154. 毛曙阳：《儿童游戏与儿童文化》，南京师范大学，2008 年。

155. 王晓京：《阻碍留守儿童文化能力发展的因素分析——基于文化资本的视角》，中南大学，2007 年。

156. 侯海凤：《自在世界与规范世界——一项关于幼儿园班级生活中儿童文化建构的研究》，湖南师范大学，2007 年。

157. 张晓玲：《教育视野下的儿童文化研究》，华东师范大学，2005 年。

158. 王晓京：《阻碍留守儿童文化能力发展的因素分析——基于文化资本的视角》，中南大学，2007 年。

159. 李丹丹：《农民工文化资本对农村留守儿童教育的影响探析》，东北师范大学，2008 年。

160. 张钗园：《当前浙北农村青少年之诚信观研究——以安吉县为个案》，浙江大学，2008 年。

161. 姚福涛：《中国农村青少年友谊及其与社交自我概念、孤独感的关系》，山东师范大学，2008 年。

162. 胡雨：《新时期农村青少年德育问题研究》，华中师范大学，2008 年。

163. 程少贵：《农村留守青少年学生心理卫生问题与健康危险行为研究》，安徽医科大学，2008 年。

164. 梁晓青：《广告对农村青少年社会化的影响研究——对湖北省当阳市中学生的调查》，华中农业大学，2007 年。

165. 刘勋昌：《农村儿童、青少年社会化与其家庭教育的相关性研究》，贵州师范大学，2005 年。

166. 石艳玲：《父母教养方式与农村儿童青少年学校适应的关系研究》，山东师范大学，2005 年。

三 外文文献

167. Ken Gelder, *Subcultures*, Abingdon：Taylor & Francis Group, 2007.

168. Wim Meeus, *Adolescence*, *Careers*, *and Cultures*, Berlin；W. de Gruyter, 1992.

169. Sandy Jackson and Hector Rodriguez-Tome, *Adolescence and its Social Worlds*, Hove：Lawrence Erlbaum Associates, Publshers, 1993.

附录一　访谈提纲

一　个人及家庭情况

个人情况：年龄，性别，年级；

家庭情况：居住地，居住地自然环境，人口数量，每个人的年龄、性别、文化程度，家庭收入，家庭在本村的地位及富裕程度；

主要亲属和社会关系的情况：关系、居住地、文化程度、职业及在本村的地位和富裕程度。

二　朋友交往

交往的对象：有没有朋友？几个朋友？谁？年龄？性别？为什么交往（亲戚还是喜欢）？喜欢哪个朋友？喜欢他什么？彼此间发生过什么故事？在一起聊些什么、做些什么？彼此交换礼物的情况。

讨厌交往的对象：谁？年龄？性别？为什么不喜欢？发生过矛盾冲突吗？什么程度？因为什么事发生冲突？现在怎样？

希望交往的朋友：什么样的？年龄？性别？性格品行？为什么希望这样的朋友？

三　业余生活

课余时做些什么？玩什么游戏？和什么样的人玩？怎样玩？最喜欢玩什么？玩的时候什么感受？举个例子。

课余读书吗？读什么书？从哪里获得？喜欢什么类型的书？为什么喜欢？谈谈读最喜欢的书的感受？举个例子。

看什么电影或电视节目？喜欢哪类电影或电视节目？喜欢里面的什么？看的时候什么感觉？举个例子。

四 生活感受和态度

对家庭的：觉得家里好吗？哪里好？喜欢家里的谁？为什么喜欢？在家里经常做些什么？经常走亲戚吗？喜欢去哪个亲戚家？为什么喜欢？他们在你的心里重要还是不重要？为什么？谁最重要？为什么？

对学校的：学校好吗？喜欢学校吗？喜欢学习吗？为什么喜欢？学习让你觉得快乐吗？或者哪一门功课让你喜欢和快乐？为什么喜欢这门功课？你觉得自己学习努力吗？为什么努力（或不努力）？有（不）喜欢的老师吗？为什么（不）喜欢？和老师打交道时什么感觉？怕某位老师吗？为什么怕？

对现实生活的：现在过得开心还是不开心吗？什么事让你开心？什么事让你不开心？有亲戚朋友住在城市吗？什么城市？喜欢城市还是农村？为什么？城市给你什么印象？农村给你什么印象？有无兄、姐在城市打工？喜欢他们还是喜欢乡下的亲戚？为什么？

五 对未来生活的设想

长大后想做什么？从事什么职业？以后希望生活在农村还是城市？为什么？参加亲戚或同村中的兄、姐结婚时，想过结婚的事吗？想过什么样的家庭生活？想长大还是不想长大？为什么？

附录二　问卷

青少年文化问卷

亲爱的同学：

你好！

非常感谢你能参加本次调查！我们的调查主要是想了解当前青少年的爱好、兴趣、态度、行为习惯、生活愿望等方面的情况，目的是通过以上这些情况的了解，探讨当前青少年的文化生活状况。

这不是测验，答案没有"正确"或"错误"的分别，你认为是怎样，就怎样选择，请对每一道题都做出回答。

这份问卷不需要署名，所以请你放心，你的答案仅供我们做研究参考，除了研究人员外，你们的老师和家长都不会看到你们的答案。

再次感谢你的协助！

"青少年文化研究"课题组

一　基本信息

1. 我的性别：＿＿＿＿＿＿＿＿

2. 我的出生年月：＿＿＿＿＿＿＿＿

3. 我的班级：＿＿＿＿＿＿＿＿

4. 父亲的文化程度：_____ 母亲的文化程度：_____

5. 除了我之外，是否还有其他什么样的亲的兄弟姐妹：_____

_____（填"无"或"一个姐姐""一个弟弟一个姐姐"

等等）

二 朋友交往情况

6. 我最要好的朋友的数量：_____

A. 无 　B. 1个 　C. 2个 　D. 3个以上 　E. 很多

7. 和我玩儿的好的伙伴多是：_____

A. 同性 　B. 异性 　C. 两种性别都有

8. 和我玩儿的好的伙伴多是：_____（可多选）

A. 比我年龄大的 　B. 比我年龄小的 　C. 同龄的 　D. 都有

9. 和我玩儿的好的伙伴多是：_____

A. 同班同学 　B. 堂兄弟姐妹 　C. 表兄弟姐妹

D. 同村的其他人 　E. 都有

10. 我是否有把兄弟或干姐妹：_____

A. 有 　B. 无

11. 和我玩的好的朋友具有这样的性格：_____

_____

_____（可多选，也可写上答案中没有的其他项目）

A. 勇敢 　B. 善良 　C. 乐观 　D. 幽默 　E. 开朗

F. 学习好 　G. 仗义 　H. 慷慨 　I. 诚实

12. 我是否谈过恋爱：_____

A. 否 　B. 谈过一次 　C. 谈过两次 　D. 谈过多次

13. 我从_____开始谈恋爱，（如果谈过，填上

年龄和年级）

14. 我和恋爱对象交往的时间一般是：_____

_____（如果谈过，填上时间长度，如一个月、三个月等）

15. 我认为我们这个年龄谈恋爱：_____

_____（如果有选项以外的看法，请写上）

A. 不可以，是一件丢人的事　　B. 没什么意思　　C. 无所谓

D. 有喜欢的就应该谈，是一件有意义的事

16. 我认为我们班的同学中谈过和正在谈恋爱的大概有：_____

A. 10%　　B. 30%　　C. 50%　　D. 一半以上

三　业余生活情况

17. 我课余时间一般做：_____

_____（可多选，也可写上答案中没有的项目）

A. 家务，农活　　B. 学习功课　　C. 看电视

D. 看小说或其他课外书　　E. 体育活动

F. 上网打游戏　　G. 上网聊天　　H. 和朋友玩耍　　I. 逛街

同学中有没有特别流行的笑话或段子？如果有，能写 1 到 2 个吗：

18. 我喜欢的课外书是：_____

_____（如果有喜欢的，填上 1 到 3 部；如果没有，填"无"）

19. 我喜欢的电视节目是：_____

_____（如果有喜欢的，填上 1 到 3 个；如果没有，填"无"）

20. 我喜欢的电视剧是：_____

_____（如果有喜欢的，填上 1 到 3 部；如果没有，填"无"）

21. 我特别喜欢的电脑游戏是：_____

_____（如果有喜欢的，填上 1 到 3 款，如果没有，填"无"）

22. 我最喜欢的偶像明星是：_____

_____（影、视、歌或体育都可以，如果没有，填"无"）

23. 我最崇拜的人是：_____

_____（写出名字并注上身份）

24. 我的零花钱主要花在：_____

_____（可多选，也可写上答案中没有的其他项目）

A. 买服饰　　B. 买学习用书用具　　C. 买课外书

D. 上网吧　　E. 买零食　　H. 买喜欢的玩具等物品

I. 朋友交往时的人情往来花费

四　生活和学习情况

25. 我觉得我的家庭：_____

A. 幸福　　B. 比较幸福　　C. 不幸福　　D. 很不幸

26. 我对我现在的生活：_____

A. 满意　　B. 比较满意　　C. 不满意　　D. 很不满意

27. 有心事时，我喜欢和_____倾诉。（可多选，也可写上答案中没有的项目）

A. 爸爸　　B. 妈妈　　C. 爷爷　　D. 奶奶　　E. 兄弟姐妹

F. 好朋友　　G. 老师　　H. 谁都不讲

28. 我_____学校

A. 喜欢　　B. 一般喜欢　　C. 不喜欢　　D. 讨厌

29. 我喜欢（或讨厌）学校的原因是：（请列出三条）

30. 我对学习的态度是：_____

A. 喜欢所有课程　　B. 多数课程都喜欢

C. 喜欢少数课程　　D. 讨厌学习

31. 我喜欢的课程是：_____（如果有，写出名称）

32. 我喜欢这门课程的原因是：（请列出 1 到 3 条）

33. 我讨厌的课程是：_____（如果有，写出名称）

34. 我讨厌这门课程的原因是：（请列出 1 到 3 条）

35. 我在学习上_____

A. 很努力　　B. 努力　　C. 一般努力　　D. 不努力

E. 很不努力

36. 我努力（或不努力）学习的原因是：（请列出 1 到 3 条）

37. 我上学时 _____

A. 经常逃学　　B. 偶尔逃学　　C. 没有逃过学

38. 如果逃过学，以下情况下我逃过学：＿＿＿＿＿＿＿＿＿＿＿

＿＿＿（可多选，也可写上答案中没有的其他项目）

A. 朋友邀约时　　B. 不开心时　　C. 开心时

D. 讨厌学习时　　E. 有好玩儿的事情时

39. 考试作弊在我的同学们当中：＿＿＿＿＿

A. 很普遍　　B. 比较普遍　　C. 不普遍

40. 我认为在考试时：＿＿＿＿＿＿＿＿＿＿＿＿＿

（可多选，也可写上答案中没有的其他项目）

A. 任何情况下都不应该作弊　　B. 为逃避惩罚的话，可以作弊

C. 为了获得好成绩，可以作弊　　D. 只要有机会，就可以作弊

41. 我认为，＿＿＿＿＿＿＿＿＿＿＿＿＿

＿＿＿＿＿＿　可以作弊（可多选，也可写上答案中没有的其他项目）

A. 学习好的　　B. 学习中等的　　C. 学习差的

42. 我喜欢的老师是：＿＿＿＿＿＿＿＿＿＿老师（填上老

师所教科目）

43. 将来我希望生活在：＿＿＿＿＿

A. 城市　　B. 农村＿＿＿＿

44. 我将来最希望从事的职业是：＿＿＿＿＿＿＿＿＿

＿＿＿＿＿＿＿＿

我希望从事这个职业的原因是：（请列出 1 到 3 条）

45. 我觉得自己是一个这样的人：（请用几个词描述一下自己的性

格、人品、容貌以及对自己的评价）

我的性格：

我的人品：

我的容貌：

后　记

应该说，这是我初入社会学之门的习作，尽管非常努力，但仍不免粗疏和浅陋。

走进社会学的原因很简单，苏格拉底说"未经审视的生活是不值得去过的"，当我审视自己的生活，寻找和思考这个生命的前世今生、前因后果时，无论如何都无法把自己和周围人的生活彻底地隔离开，同样也无法孤立地思考自己的生命而对其他人漠然置之，尽管我曾试图这么做，但我发现，隔绝和孤立的结果是自我的虚化乃至消失。就这样，在思考个人生活的过程中，我走进了社会学。事实上，如果说哲学提醒我"审视生活"，而社会学则告诉我"应当这样审视"，因此，对我来说，做社会学的研究就成为一个认识自我的途径。在这个过程中，我发现这是一个充满愉悦却也令人越来越失望的过程，愉悦的是探索和发现本身，失望的是原来生命追求自由的愿望根本就是一个遥不可及的彼岸世界。尽管如此，还是要感谢社会学和人类学让我觉察到一点生活和生命的真相。

但是，更要感谢的是导师吴康宁老师，蒙他不弃，接受了缺少任何社会学修养的我，给予我严格、耐心的指导，让我参与他组织的"社会学沙龙"活动，让我感受到一种自由的学术氛围，是的，自由，也让我明白：研究和思想应当是这样的，应当是自由的。不仅如此，在这个人际关系日益功利化的时代，老师依然努力和我们建立起一种纯粹的师生关系，实属不易，令人钦佩。

报告能够完成，还要感谢南京师范大学教科院的齐学红老师、程晓樵老师以及南京大学社会学院的贺晓星老师、张玉林老师、杨德睿老师，感谢他们接受一个圈外人、门外汉旁听他们的课程，让我看到社会学以及人类学的一角风景，让一个几乎没有做过真正科学研究的初学者了解了一点研究的思路和方法。同样感谢叶澜老师、胡建华老师、杨启亮老师、胡金平老师、张乐天老师、张新平老师给予我的研究的宝贵建议。还要感谢所有参加"社会学沙龙"的同门，与他们的交流让我受益匪浅。

此外，我的学生任汝汝、刘萍、钟雪元等帮我做了访谈录音的一百多万字的文字录入工作，没有他们的帮助，我的研究将会异常艰难。

还要特别感谢聊城大学的张兆林老师和出版社的陈肖静老师为本书的出版给予的关键性的帮助，是他们让这份在硬盘中沉睡了七年的书稿得见天日，感激之情，难以言表。

本书的出版得到"聊城大学出版基金"、聊城大学教师教育学院院长陈黎明教授"聊城大学课程与教学论学科专项基金"和教育科学学院院长于源溟教授的聊城大学"十二五山东省高校科研创新研究平台"的资助，在此表示衷心感谢。

当然，最要感谢的是路家镇和南桥镇两所中学的孩子们以及校长和老师们，以及为我的研究提供巨大帮助的张燕瑞女士和她的母亲徐清珍女士，以及我的老同学康显广，他们善意地介绍和接纳了一个闯入者，通过他们完成了一段探索人的生命的旅程。虽时隔八年，但那一年从春暖到秋凉的四个月，我们的生命交集一处。

康海燕

2018 年 5 月 4 日